船舶动力定位系统的鲁棒容错控制

郝立颖　刘艳丽　郑柏超　著

科 学 出 版 社
北　京

内 容 简 介

本书主要阐述船舶动力定位系统的鲁棒容错控制设计的基本内容和方法，介绍国内外相关领域的最新研究成果。本书主要内容包括：建立统一的推进器故障模型；考虑未知持续扰动的船舶动力定位系统的鲁棒容错控制设计及仿真验证；考虑信号量化的船舶动力定位系统的鲁棒容错控制设计及仿真验证；具有定常时延和信号量化的船舶动力定位系统滑模容错控制设计及仿真验证；带有未知隶属度函数的 T-S 模糊船舶动力定位系统的量化滑模容错控制设计及仿真验证。

本书适合从事滑模控制、容错控制及船舶动力定位系统研究的研究人员阅读，也可作为高等院校控制理论与控制工程及船舶控制相关专业的研究生及高年级本科生的参考书。

图书在版编目(CIP)数据

船舶动力定位系统的鲁棒容错控制/郝立颖，刘艳丽，郑柏超著. —北京：科学出版社，2023.3

ISBN 978-7-03-071505-0

Ⅰ. ①船… Ⅱ. ①郝… ②刘… ③郑… Ⅲ. ①船舶定位-动力系统-鲁棒控制 Ⅳ. ①U675.6

中国版本图书馆 CIP 数据核字（2022）第 028205 号

责任编辑：姜 红 张培静 / 责任校对：邹慧卿

责任印制：吴兆东 / 封面设计：无极书装

科 学 出 版 社出版

北京东黄城根北街 16 号

邮政编码：100717

http://www.sciencep.com

北京科印技术咨询服务有限公司数码印刷分部印刷

科学出版社发行 各地新华书店经销

*

2023 年 3 月第 一 版 开本：720×1000 1/16

2024 年 1 月第二次印刷 印张：8 3/4

字数：176 000

定价：99.00 元

（如有印装质量问题，我社负责调换）

前言

船舶动力定位系统（dynamic positioning system，DPS）以其定位准确、机动性高、不受水深限制等优点，被广泛地应用于供给、铺缆、钻井、铺管、消防、科研考察以及海洋平台等作业中。随着动力定位作业海域逐渐向深海和恶劣海况海域推进，船舶面临的各种环境因素越来越复杂，船舶推进器可能会面临各种故障情况，倘若无法得到及时处理或处理不当，可能导致巨大的人员伤亡、财产损失，甚至导致海洋环境污染等恶劣事故的发生。因此，考虑推进器出现故障后，如何提高推进系统的鲁棒容错能力，保证船舶 DPS 进行安全可靠的作业便成为海洋工程装备核心技术发展亟须解决的重要问题之一。

本书是作者多年来研究成果的系统总结和梳理，旨在通过专著的形式对船舶 DPS 的鲁棒容错控制研究进行全面的总结与展示，促进国内外同行之间的学术交流及成果分享，努力推进我国相关技术的发展和应用。本书主要围绕滑模控制技术，提出一套船舶 DPS 的鲁棒容错控制策略，以保证动力定位船舶以一定姿态保持在海面固定的位置或精确地跟踪某一给定轨迹。全书共 6 章。第 1 章为绪论，介绍了船舶 DPS 的鲁棒容错控制的研究现状及结构安排；第 2 章介绍了动力定位船舶的数学模型，以及本书涉及的一些相关定义、引理和符号说明；第 3 章建立了统一的推进器故障模型，并分别基于滑模状态反馈和滑模输出反馈技术设计了船舶 DPS 的容错控制器；第 4 章研究了存在信号量化时，分别基于滑模状态反馈和滑模输出反馈技术设计的船舶 DPS 的鲁棒容错控制器；第 5 章研究了存在定常时延和信号量化现象时，基于滑模技术设计的船舶 DPS 的鲁棒容错控制器；第 6 章研究了隶属度函数未知情况下的 T-S 模糊船舶 DPS 滑模容错控制。

感谢大连海事大学控制科学与工程学科为作者提供了良好的工作环境，感谢各位同事的暖心关怀和热心帮助！特别感谢恩师杨光红教授，作为容错控制理论基础的奠基者，杨光红教授对本书的内容给予了悉心指导。研究生张赫、于莹、张雨晴、于秀宁等做了文献翻译、文字整理和校对等方面的工作，在此表示衷心的感谢！感谢我的家人，给予我无限的温暖和宽容，使我得以全力完成本书的工作！

本书的研究工作得到了国家自然科学基金（项目编号：52171292、62103073 和 51939001）和中央高校基本科研业务费专项资金（项目编号：3132021105）的资助，对此表示衷心的感谢！

由于作者水平有限，书中难免有不妥和疏漏之处，若蒙读者不吝告知，将不胜感激。

郝立颖

2022 年 3 月 29 日于大连

目 录

第1章 绪论

1.1 概述

海洋约占地球表面积的70.8%，孕育了生物、矿物、油气、海洋药物、化学等资源，维系了生活在海岸100km以内40%的人类生活。面对21世纪的人口膨胀、资源短缺和环境恶化等难题，“21世纪海上丝绸之路”[1]、“智慧海洋”工程[2]、“坚持陆海统筹，加快建设海洋强国”[3]和《智能航运发展指导意见》[4]等一系列独特的海洋战略都强调了探索和建设海洋的重要性。

船舶动力定位（dynamic positioning，DP）技术以其定位准确、机动性高、不受水深限制等优点，被广泛地应用于供给、铺缆、钻井、铺管、消防、科研考察以及海洋平台等的作业中，成为关心海洋、认识海洋和经略海洋的“利器”[5-10]。DP技术能够在不借助锚泊系统的情况下，利用自身的推进装置来抵御风、浪、流等外界扰动，以一定的姿态保持在海面某一目标位置或精确地跟踪某一轨迹，来完成各种作业[5-8]。因而，DP船舶的开发和利用一定程度上体现了一个国家的海洋科技实力，能够助力丰富完善国家的海洋感知力，提高智慧应用服务军用民生的能力。

然而，DP船舶工作在复杂多变的海洋环境中，受各种不确定因素的影响，高安全性和高可靠性是保证其顺利完成任务的前提[6-8]。一旦DP船舶在作业过程中发生故障，将可能造成财产损失、人员伤亡和环境污染等难以估计的影响[11-15]。1979年11月25日，中国“渤海2号”钻井平台沉没事故，造成72人死亡，直接经济损失高达3700多万元[16]。2001年3月15日，由于石油公司对海洋安全重视不够，巴西P-36半潜式采油平台发生两次连续爆炸事故，给整个巴西的经济带来了重创[16]。2005年7月27日，孟买油田（印度最大的油田）的一个海上石油钻井平台发生大火事故，致使印度石油天然气减产三分之一[17]。2010年4月20日，由于防喷器和紧急解脱系统故障等原因，墨西哥湾的美国钻井平台“深水地平线”发生爆炸，导致大量石油泄漏，污染了约5200km^{2}海域，损失了至少9.3亿美元，造成了无法挽回的经济损失和环境破坏[16]。在这种情况下，海洋安全问题越来越多地受到各国的重视。国际海事组织、国际海洋工程承包商协会和各国船级社都十分关注此问题，陆续颁布相关规范文件、整理分析海洋事故并持续监督各国海洋安全。2014 年，挪威科技大学的 Hauff 教授对近几年的 DP 船舶安全事故的原因进行调查，结果如图 1.1 所示，由推进器故障引起的事故比例高达 38%[18]。另外，DP 船舶的运动通常是由远程陆基控制站来控制的，船舶的位置和速度信息以及远程控制器信号会通过通信信道进行传输[9,11]。由于有限的通信带宽和数据传输率，不可避免地会发生信号量化现象，从而影响 DP 控制系统的稳定性能[19,20]。因而，提高船舶 DPS 的鲁棒容错能力具有十分重要的科学理论价值和实际应用意义。

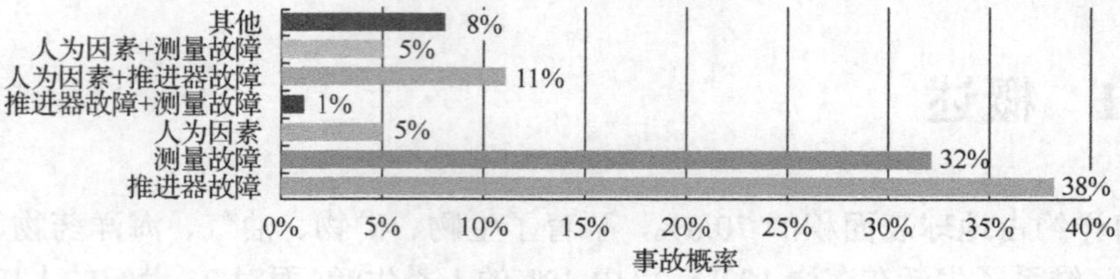

图 1.1 海洋安全事故原因的占比簇状条形图

1.2 船舶动力定位系统的研究现状

1.2.1 船舶动力定位系统的鲁棒容错控制研究现状

容错控制（fault tolerant control，FTC）的思想最早来源于 1917 年波兰学者 Niederlinski 提出的完整性控制的新概念，是指在系统的元部件或分系统出现故障时，系统仍具有实现其基本功能的能力[21]。FTC 的前提是系统存在冗余，且 FTC 的关键是如何利用这些冗余来补偿故障[22,23]。主动 FTC 是 FTC 的一种重要的方法，是指故障发生后，通过调整控制器的参数或改变控制器的结构来实现 FTC 的目标[24]。主动 FTC 是提高船舶 DPS 安全性和可靠性的一种有效方法。关于船舶 DPS 的主动 FTC 研究现状如下。

1. 基于自适应控制方法的船舶容错控制

基于自适应控制方法的 FTC 的基本原理是根据自适应控制方法，利用自适应机构在线估计故障，为控制器设计提供故障参数信息。这种方法不需要故障检测与诊断模块提供精确的故障情况，避免了故障检测与诊断模块所产生的错检、误报和漏报等弊端，因而备受国内外研究者的关注。文献[14]针对带有推进器故障的船舶 DPS，结合滑模控制技术和自适应控制方法，设计了一种不依赖故障检测模块和故障信息上下界的鲁棒 FTC 策略。文献[25]研究了具有执行器时变故障、扰动和参数不确定性的无人潜水器转向子系统的鲁棒控制问题，结合故障的在线估计信息，提出了一种自适应容错补偿滑模控制方法。文献[26]在考虑建模不确定性、海流扰动、未知推进器故障和速度约束饱和的情况下，采用了自适应技术来估计边界系数，设计了一种基于反步法的水下机器人自适应区域跟踪容错控制器。为了实现船舶的动力定位，文献[27]将未知系统故障定义为界限未知的不确定性，采用自适应机制在线估计未知界限，提出了一种无须故障检测与隔离的鲁棒自适应 FTC 方法。文献[28]提出了一种基于故障重构的自适应 FTC 方法，构造了一种改进的二阶滑模观测器来估计推进器故障信息，使得自治式潜水器（autonomous underwater vehicle，AUV）在存在海流干扰和模型不确定的情况下，仍能完成既定任务。文献[29]针对外部扰动和未知推进器故障的水下航行器，设计了一种自适应滑模观测器来实现系统的有限时间收敛。文献[30]将推进器故障刻画为不确定性项，并采用高斯径向基函数（radial basis function，RBF）对其进行近似，提出了一种自适应滑模反步 FTC 方法。为了实现网络随机无人船的 FTC，文献[31]通过在线估计未知的推进器故障和外部扰动来补偿故障和扰动的影响，并引入了一种依赖于自适应触发机制的控制策略，以提高网络资源的利用率。

2. 基于控制律重新调度的船舶容错控制

基于控制律重新调度的FTC的主要思想是先离线设计能容忍多种故障情况的控制律，再获取故障检测与诊断模块的故障检测信息，最后选择与故障模式相匹配的控制律实现容错控制。其优点是实用、快速和简单；其缺点是过分依赖故障检测与诊断模块，易产生误检、错报和漏报。针对船舶 DPS 采用控制律重新调度的 FTC 的研究成果主要有：文献[32]研究了一种新型的开放式水下智能航行器推进器故障诊断与调节系统，该系统由故障诊断子系统和故障适应子系统组成，将这两个子系统提供的信息用来处理故障并进行适当的控制律重新分配。文献[33]针对无人水下航行器推进系统 FTC 分配问题，提出了基于奇异值分解与定点分配的混合算法。与传统方法相比，该方法回避了求伪逆矩阵的问题，且能够满足推进器饱和约束限制。文献[34]基于传统的推进器控制分配方法，将故障因子引入容错控制器设计方案，并将这种方案应用于“海鹞-I”号水下机器人。文献[35]研究了推进器故障下的无人水下航行器可靠性控制问题，提出了一种新的推进器故障诊断与控制律重构算法。文献[36]以 SY-II 号遥控潜水器（remotely operated vehicle，ROV）为研究对象，设计了推力分配建模和基于递归神经网络的 FTC 技术来提高 ROV 的安全性和可靠性。

3. 基于控制律重构设计的船舶容错控制

基于控制律重构设计的FTC的基本思想是利用故障检测与诊断模块提供的故障信息，在线调整或离线重组控制律，实现容错的目的，形成新的稳定的闭环控制系统。此种容错策略简单实用又快速，但是无法考虑所有的故障模式，一旦发生未知类型的故障，该方法便失效了。为了解决夏威夷大学水下智能运载器的推进器故障问题，文献[37]将故障检测、故障隔离与故障调节相结合，设计了带有智能导航的 FTC 系统。文献[38]将执行器 FTC 方案应用于水下遥控潜水器，分别采用变结构系统观测器和滑模控制技术进行故障检测、隔离和控制，利用执行器冗余度来实现控制重构。为了保证水下机器人的控制性能并完成既定任务，文献[39]基于解耦滑模控制律，提出了由故障检测、故障隔离和通过控制重构调整故障模块组成的 FTC 方案。文献[40]结合重构 FTC 思想和自抗扰控制策略，提出了一种定深容错控制方案，使得无人船在发生垂向推进器故障和遭受不同环境干扰时仍能在一定深度完成其任务。

1.2.2 船舶动力定位系统的滑模控制研究现状

滑模控制因其具有设计简单、易于实现等优点，广泛应用于船舶 DPS 的控制设计中。国内外关于使用典型滑模控制方法研究船舶 DPS 现状如下。

1. 鲁棒滑模控制

鲁棒滑模控制是指在系统具有参数摄动的情况下使用滑模控制方法仍能实现某种船舶动力定位目标。文献[14]针对带有推进器故障的船舶 DPS，将滑模控制、自适应技术和容错方法相结合，提出了一种不需要故障检测与诊断模块的鲁棒滑模 FTC 方法。为了克服信号量化和海洋扰动的影响，文献[20]结合滑模控制技术和有限时间观测器，设计了跟踪控制器，使得无人船能够跟踪参考轨迹，并保证船舶 DPS 的稳定性。文献[41]针对船舶 DPS 作业时推进器、舵等执行机构的时滞问题，设计了一种根据时滞上界选取设计参数的鲁棒滑模控制器，以补偿时滞现象对船舶 DPS 的负面影响。文献[42]基于滑模控制技术，设计了欠驱动 AUV 轨迹跟踪控制器，提高系统在模型具有未知动态和外部环境扰动条件下的鲁棒性。基于神经网络进行滑模控制器的设计，避免了不必要且冗长的计算。文献[43]针对带有模型参数不确定性的动力定位船舶，提出一种动力定位船全速域自适应滑模无源观测器，解决了现有观测器只能应用于低速作业 DPS 的问题。文献[44]针对含有未知扰动等不确定性的船舶 DPS，在系统不确定性不满足匹配条件的情况下，提出了一种自适应滑模观测器的设计方法。考虑到船舶 DPS 的实际环境因素，文献[45]提出了基于无源非线性观测器的滑模控制策略，解决了高频运动引起船舶往复周期性运动的问题，保证了系统误差在有限时间收敛到零。文献[46]采用滑模神经控制系统控制遥控水下运载器，以实现高精度的位置控制。文献[47]采用模型预测、自适应神经网络和滑模控制相结合的策略，解决了模型不确定性和输入饱和问题，实现了 AUV 在三维空间中的路径规划控制。针对欠驱动船舶的轨迹跟踪控制问题，文献[48]设计了一种滑模控制方法，解决了模型参数不确定和外部海洋干扰问题。文献[49]针对欠驱动无人船，提出了一种自适应动态滑模轨迹跟踪控制算法，提高了系统对模型参数不确定性和未知环境干扰的鲁棒性。

2. 终端滑模控制

终端滑模控制通过引入非线性函数，使得滑模面上的跟踪误差在有限的时间内收敛到零。针对具有动态不确定性和时变外界干扰的 AUV，文献[50]提出了一种自适应非奇异积分终端滑模跟踪控制方案，使得系统的跟踪精度更高、收敛速度更快、补偿动态不确定性和抗时变外部干扰的鲁棒性更好。文献[51]研究了动力学性能变化和水流环境干扰对 AUV 轨迹跟踪控制的影响，设计了一种基于 RBF 神经网络的 AUV 自适应终端滑模控制方法。文献[52]在现有结果的基础上，提出了一种自适应二阶快速非奇异终端滑模控制技术，使得全驱动 AUV 的轨迹跟踪收敛速度更快。为解决具有动态不确定性和时变扰动的 AUV 的轨迹跟踪问题，文献[53]分别基于自适应积分终端滑模控制和自适应快速积分终端滑模控制设计由运动控制器和动态控制器组成的双环控制器，保证了位置和速度跟踪误差在有限时间内趋近于零。文献[54]对文献[53]中的方法进行了改进，设计了自适应快速非奇异积分终端滑模控制器，提高了 AUV 轨迹跟踪的收敛速度。文献[55]采用一种新颖的非奇异固定时间终端滑模策略，使得额外扰动下无人船实现精确轨迹跟踪控制。为了消除未知欧拉角和不确定流体力学参数对 AUV 的影响，文献[56]基于非奇异终端滑模控制技术，设计了一个有限时间控制器，从而保证了跟踪性能。

3. 积分滑模控制

积分滑模控制在滑模面上附加积分项来避免普通滑模具有趋近阶段的特点，从而改善系统的稳态性能。文献[57]设计了一种改进的基于可视距离（line of sight，LOS）制导算法的自适应积分滑模方法，用于具有不确定参数和时变干扰下的欠驱动无人船航迹跟踪，实现了路径跟踪误差收敛到任意小的球域和整个闭环信号一致有界。在此基础上，文献[58]针对存在未知动态和额外扰动的无人船，提出了基于有限时间预测 LOS 的积分滑模自适应神经网络控制方案。为了解决受外部海流影响的欠驱动无人水下航行器的轨迹跟踪控制问题，文献[59]提出了一种具有双回路结构的积分滑模控制方法，不仅简化了控制器的设计，而且提高了系统的稳定性能。

1.2.3 存在的主要难点

目前，关于船舶 DPS 的控制领域已经取得了丰富的研究成果，这些成果多以改善控制算法和提高控制精度为主要目标。但是对于船舶 DPS 的 FTC 领域的研究还不是十分深入。针对当前国内外已有的科研成果的局限性，主要存在如下难点。

1. 推进器故障类型

现有关于推进器故障的研究成果，考虑的故障类型单一，比如：推进器虚假故障[60,61]、推进器全部故障[62,63]、推进器部分失效故障[64,65]。由于破损的渔网线头或海洋生物缠绕螺旋桨引起的螺旋桨桨叶驱动机构卡死，会发生推进器时变卡死故障。由于控制指令丢失或断线引起反馈信号丢失、螺旋桨空转，会发生推进器满舵故障。如果只考虑一种故障，显然是不符合实际情况的，不利于推进器故障容错的研究。因此，建立一个描述各种推进器故障的统一且通用的推进器故障模型对于船舶 DPS 的 FTC 领域的研究是很有必要的。

2. 量化现象的存在

船舶的运动是受远程路基控制站的控制，控制站与船舶之间通过网络环境进行连接。由于海洋的通信限制，在传感器到控制站和控制站到推进器之间的通信信道中不可避免地会发生信号量化现象。量化误差的存在会影响船舶 DPS 的鲁棒能力，导致系统的性能下降。特别地，与故障因子相关的动态量化参数调节的范围的设计仍是一个比较开放的问题。因此，信号量化已成为船舶 DPS 鲁棒 FTC 领域需要解决的问题之一。

3. 通信时延的存在

对于处于海洋网络环境中的船舶 DPS 来说，由于通信带宽有限、间歇故障和多径效应，信号传输与处理过程中发生通信时延是不可避免的。通信时延包括定常时延和时变时延，是影响船舶 DPS 稳定性的因素之一。因此，研究受状态定常时延或时变时延影响的船舶 DP 控制是一件很有意义与价值的事情。近年来，国内外很多研究人员对船舶 DPS 控制器设计进行了研究，但考虑通信时延的成果较少。

4. 未知的隶属度函数

船舶自身的运动特性使得船舶运动系统模型具有非线性的性质。在这种情况下，传统的基于线性理论的滑模 FTC 方法就难以满足船舶 DPS 滑模 FTC 的要求。根据 T-S 模糊模型的方法，建立 T-S 模糊船舶 DPS 来解决模型非线性问题是非常有价值的。但是，受复杂多变的海洋环境的影响，与艏摇角有关的隶属度函数变得未知。针对带有未知隶属度函数的 T-S 模糊船舶 DPS 设计具有鲁棒性的滑模容错控制器是课题研究的难点之一。

1.3 本书的主要内容与结构安排

基于现有关于船舶 DPS 滑模 FTC 的研究成果及其局限性，本书基于滑模控制技术框架，对船舶 DPS 的鲁棒 FTC 进行研究，本书的章节安排如下。

第 1 章，绪论。介绍船舶 DPS 的研究背景与意义，回顾船舶 DPS 的 FTC 和滑模控制的研究现状，指出目前该领域面临的主要难点问题，并给出本书的主要研究工作。

第 2 章，预备知识。给出船舶数学模型以及一些相关的定义、引理和符号说明。

第 3 章，研究未知持续海洋扰动下的船舶 DPS 自适应滑模容错补偿控制，包括：基于滑模状态反馈的船舶 DPS 的 FTC 和基于滑模输出反馈的船舶 DPS 的 FTC。3.2 节总结现有的推进器故障类型，建立一个含有部分失效、完全、时变卡死、满舵和虚假故障的推进器故障模型。基于滑模状态反馈容错策略，设计不需要故障检测与诊断模块的自适应滑模容错补偿鲁棒控制器，并提出自适应律对未知的故障信息进行在线估计，保证船舶 DPS 的渐近稳定性。3.3 节考虑到船舶的速度信息并不总是可测的，基于滑模输出反馈控制，研究船舶的推进器故障容错控制问题。利用测量输出信息和补偿器状态信息构造增广滑模面，并给出滑动模态稳定的一个充分条件。再设计自适应律来估计有界卡死故障及其故障因子，进而构造滑模容错控制律，保证船舶 DPS 是渐近稳定的且具有自适应 H_∞ 性能指标。

第 4 章，研究考虑信号量化的船舶 DPS 量化滑模 FTC。4.2 节研究带有信号量化的滑模状态反馈船舶 DPS 的 FTC，为了消除在通信信道中量化现象的影响，提出一种灵敏度可调节的动态均匀量化策略。通过参数的灵活选择，量化参数调节范围可以达到现有的无故障的调节范围水平。4.3 节为了补偿推进器故障和量化误差的影响，设计自适应量化滑模容错控制器来抑制艏摇角速度误差和振荡幅值，保证船舶 DPS 的稳定性。接着，研究了带有信号量化的滑模输出反馈船舶 DPS 的 FTC，利用带有参数调节的矩阵满秩分解技术和线性矩阵不等式（linear matrix inequalities，LMIs），给出滑模面在增广空间中维持稳定的一个充分条件，再给出灵敏度参数量化范围及动态调节策略，并结合自适应机制设计量化滑模容错控制律，保证无人海上船舶控制系统是渐近稳定的且具有自适应 H_∞ 性能指标。4.4 节针对量化参数不匹配情况，研究了带有量化不匹配的滑模输出反馈船舶 DPS 的 FTC 问题。基于矩阵满秩分解技术和自适应机制等，设计考虑量化不匹配比例的滑模容错控制器，用于补偿推进器故障和量化误差，保证船舶 DPS 是渐近稳定的且具有自适应 H_∞ 性能指标。

第 5 章，研究具有定常时延和信号量化的船舶 DPS 鲁棒滑模 FTC。首先，建立带有通用的推进器故障模型和海洋扰动的船舶 DPS 状态定常时延系统。对位于海洋网络环境中的船舶 DPS 来说，发生信号量化和状态时延是不可避免的。在这种情况下，本章采用自适应滑模技术与动态量化参数调节策略相结合来补偿量化误差和状态时延。与传统的方法相比较，提出了一个更大的且与时延常数相关的动态量化参数调节范围。其次，引入了新的参数来构造新的输入矩阵的满秩分解方法，降低设计的保守性。然后，针对状态时延、信号量化和推进器故障，设计不需要故障检测与故障诊断模块的量化滑模容错控制器以抑制艏摇角速度误差和振荡幅值，实现对船舶的 DPS 控制。最后，对浮生船进行仿真对比实验，验证所提出算法的优越性。

第 6 章，研究带有未知隶属度函数的 T-S 模糊船舶 DPS 时变时延系统的量化滑模 FTC。首先，基于 T-S 模糊模型方法，建立 T-S 模糊船舶 DPS 时变时延系统模型。由于海洋环境复杂多变，与艏摇角有关的前件变量是未知的。同时，船舶 DPS 通过海洋网络环境被陆地控制站控制，不可避免地会发生信号量化和时变时延。在这种情况下，本章将动态量化参数调节算法和切换容错方法与滑模技术相结合，提出一种新的切换型量化滑模容错控制器。此外，还给出与故障因子和时变时延参数有关的动态量化参数调节范围。与现有的控制器设计方法相比，所设计的控制律在不需要已知隶属度函数的情况下，不仅对状态时变时延和海洋扰动具有鲁棒性，而且在量化误差和推进器故障存在的情况下能保证船舶的 DP 控制性能。最后，通过对典型浮生船的模拟实验，验证了所设计的控制律的有效性。

第2章

预备知识

本章主要给出船舶模型和书中需要使用到的自适应H_∞性能指标的定义、一些相关的引理和符号说明，为后续章节的研究奠定基础。

2.1 船舶数学模型

为了描述船舶的运动，一般选择固定坐标系和运动坐标系来共同表示其位置、姿态、速度和角速度等状态量及其相互之间的转换关系。固定坐标系 O_N-$X_NY_NZ_N$ 和运动坐标系 O_B-$X_BY_BZ_B$ 如图 2.1 所示。

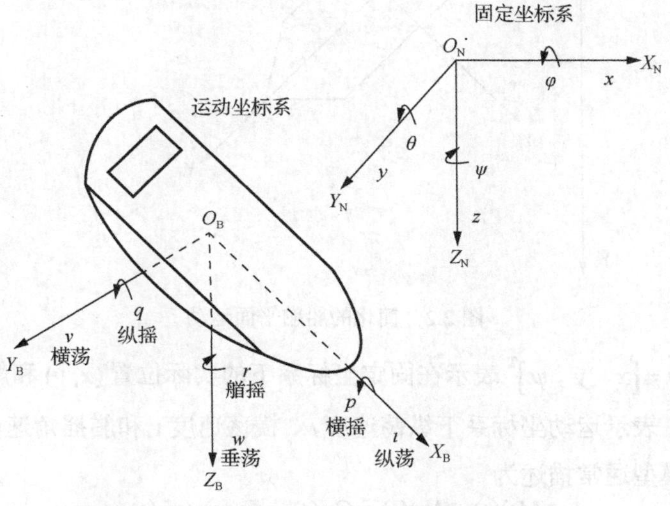

图 2.1 固定坐标系和运动坐标系下的运动定义

图中，固定坐标系中 O_NX_N 指向正北方，O_NY_N 指向正东方，O_NZ_N 指向地心；运动坐标系中，原点 O_B 为船舶首尾连线的中点，O_BX_B 沿中线指向艏向，O_BY_B 指向右舷，O_BZ_B 指向底部。

在风、浪、流等外界环境力和力矩的影响下，船舶将会产生 6 个自由度的运动，通常定义为沿坐标轴的纵荡、横荡和垂荡运动以及绕坐标轴的横摇、纵摇和艏摇运动，如图 2.1 所示。表 2.1 对描述船舶运动的各变量进行了定义。

表 2.1 船舶状态量在坐标系下的表示

固定坐标系	位置/姿态	运动坐标系	线/角速度
沿 X_N 轴向平动	x	沿 X_B 轴向速度	ι
沿 Y_N 轴向平动	y	沿 Y_B 轴向速度	v
沿 Z_N 轴向平动	z	沿 Z_B 轴向速度	w
绕 X_B 轴向转动	φ	绕 X_B 轴向回转率	p
绕 Y_B 轴向转动	θ	绕 Y_B 轴向回转率	q
绕 Z_B 轴向转动	ψ	绕 Z_B 轴向回转率	r

对于 DP 问题，通常考虑在水平面上的纵荡、横荡和艏摇 3 个自由度的运动[66]，也就是令 $w=p=q=0$ 。图 2.2 给出了三自由度船舶平面运动变量描述。

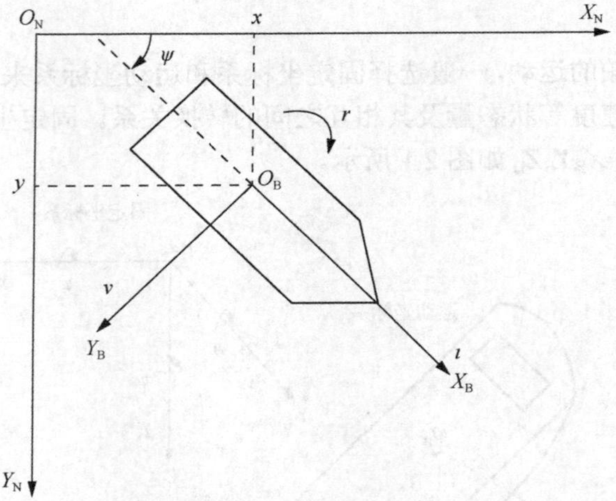

图 2.2 简化的船舶平面运动

以向量 $\eta=\begin{bmatrix}x & y & \psi\end{bmatrix}^{\mathrm{T}}$ 表示在固定坐标系下的实际位置 (x,y) 和艏摇角 ψ ，以 $v=\begin{bmatrix}\iota & v & r\end{bmatrix}^{\mathrm{T}}$ 表示运动坐标系下纵荡速度 ι 、横荡速度 v 和艏摇角速度 r ，则船舶的运动数学模型通常描述为

$$\begin{gathered} M\dot{v}(t)+Nv(t)+G\eta(t)=Eu(t)+\tilde{w}(t) \\ \dot{\eta}(t)=R(\psi(t))v(t) \end{gathered} \tag{2.1}$$

式中，M 为包含附加质量力和力矩的正定惯性矩阵；N 为线性阻尼矩阵；G 表示系泊力矩阵；$u(t)=[u_{1j}(t) \quad u_{2j}(t) \quad \cdots \quad u_{mj}(t)]^{\mathrm{T}}\in\mathbb{R}^m$ 为推力向量；$E\in\mathbb{R}^{3\times m}$ 为推进

器配置矩阵；$\tilde{w}(t)=\begin{bmatrix}\tilde{w}_1(t) & \tilde{w}_2(t) & \tilde{w}_3(t)\end{bmatrix}^{\mathrm{T}}$ 是包括海风、海浪、海流等的外部扰动；$R(\psi(t))$ 是坐标系转换矩阵，具体表达式为

$$R(\psi(t))=\begin{bmatrix}\cos(\psi(t)) & -\sin(\psi(t)) & 0\\ \sin(\psi(t)) & \cos(\psi(t)) & 0\\ 0 & 0 & 1\end{bmatrix}$$

其中，当艏摇角 ψ 足够小时，有 $\cos(\psi(t))\approx 1$，$\sin(\psi(t))\approx 0$，$R(\psi(t))\approx I$。对于不同的船舶，配置矩阵 E 取决于所配备的推进器的数量和类型，通常有主螺旋桨推进器、槽道推进器和全回转推进器等。对于固定安装的螺旋桨或推进器，相应地，将定向角度设置为一个固定值，反映设备本身的实际方向[67]。

在众多描述船舶动力学的数学模型中，一阶 Nomoto 模型最为简单。由于标称高阶状态空间模型的可用性，以及经过一定的变换后与 Nomoto 模型具有相似性，故可以对文献[66]中配备推进器的船舶模型进行讨论[68]。因此，本书的系统变换方式借鉴了文献[68]，当选取状态变量为 $x(t)=[\eta^{\mathrm{T}}(t)\quad \nu^{\mathrm{T}}(t)]^{\mathrm{T}}$，则系统（2.1）变换为

$$\dot{x}(t)=Ax(t)+Bu(t)+D_1\tilde{w}(t) \tag{2.2}$$

式中，$A=\begin{bmatrix}0 & I\\ -M^{-1}G & -M^{-1}N\end{bmatrix}$；$B=\begin{bmatrix}0\\ M^{-1}E\end{bmatrix}$；$D_1=\begin{bmatrix}0\\ M^{-1}\end{bmatrix}$。

对于给定的期望状态参考向量 x_{d}，定义跟踪误差 $e(t)\triangleq x(t)-x_{\mathrm{d}}$。则式（2.2）可写为

$$\dot{e}(t)=Ae(t)+Bu(t)+Dw(t)$$

式中，$e(t)=\begin{bmatrix}e_x(t) & e_y(t) & e_\psi(t) & e_l(t) & e_v(t) & e_r(t)\end{bmatrix}^{\mathrm{T}}\in\mathbb{R}^n$ 为误差状态向量；$w(t)=[x_{\mathrm{d}}^{\mathrm{T}}\quad \tilde{w}^{\mathrm{T}}(t)]^{\mathrm{T}}\in\mathcal{L}_2[0,\infty)$ 归结为扰动项；$D=[A\quad D_1]$，即 $Dw(t)=Ax_{\mathrm{d}}+D_1\tilde{w}(t)$，已知的常数矩阵 A、B 和 D 具有适当维数。

2.2 相关定义及引理

定义 2.1[22] 针对如下状态反馈的闭环系统：

$$\begin{aligned}x(t)&=A_{\mathrm{c}}(\hat{a}(t),a)x(t)+B_{\mathrm{c}}(\hat{a}(t),a)\zeta(t)\\ z(t)&=C_{\mathrm{c}}(\hat{a}(t),a)x(t)\end{aligned} \tag{2.3}$$

式中，$x(t)\in\mathbb{R}^n$ 为系统状态，且 $x(0)=0$；$\zeta(t)\in\mathcal{L}_2[0,\infty)$ 是外部扰动；$z(t)\in\mathbb{R}^r$ 为系统被调输出；a 是参考向量；$\hat{a}(t)$ 为要估计的时变参数向量；$A_{\mathrm{c}}(\hat{a}(t),a)$、$B_{\mathrm{c}}(\hat{a}(t),a)$ 和 $C_{\mathrm{c}}(\hat{a}(t),a)$ 为依赖于 a 和 $\hat{a}(t)$ 的时变矩阵。给定常数 $\gamma>0$，如果系统（2.3）具有以下性质：

（1）系统是渐近稳定的；

（2）如果对于任意的 $\bar{\xi}>0$，存在 $\hat{a}(t)$ 使得下面不等式成立：

$$\int_0^{\infty} z^{\mathrm{T}}(t)z(t)\mathrm{d}t \leqslant \gamma^2\int_0^{\infty} \zeta^{\mathrm{T}}(t)\zeta(t)\mathrm{d}t + \overline{\xi}$$

则称系统（2.3）的自适应H_∞性能指标小于等于γ。

引理 2.1[69] 考虑闭环系统（2.3），并定义传递函数$G(s)=C_{\mathrm{c}}(sI-A_{\mathrm{c}})^{-1}B_{\mathrm{c}}$。若存在一个正标量$\gamma_0$和一个正定矩阵$P$使得以下矩阵不等式成立：

$$\begin{bmatrix} PA_{\mathrm{c}}+A_{\mathrm{c}}^{\mathrm{T}}P & PB_{\mathrm{c}} & C_{\mathrm{c}}^{\mathrm{T}} \\ * & -\gamma_0^2 I & 0 \\ * & * & -I \end{bmatrix} < 0$$

则闭环系统（2.3）是稳定的，而且$\|G(s)\|<\gamma$。

引理 2.2（投影引理）[70] 给定一个对称矩阵$\varPhi\in\mathbb{R}^{n\times n}$和两个$n$维列向量$Y_1$和$Y_2$，那么存在一个矩阵$X$使得以下不等式成立：

$$\varPhi + Y_1^{\mathrm{T}}X^{\mathrm{T}}Y_2 + Y_2^{\mathrm{T}}XY_1 < 0$$

当且仅当

$$\mathcal{Y}_{Y_1}^{\mathrm{T}}\varPhi\mathcal{Y}_{Y_1} < 0,\quad \mathcal{Y}_{Y_2}^{\mathrm{T}}\varPhi\mathcal{Y}_{Y_2} < 0$$

式中，$\mathcal{Y}_{Y_1}$和$\mathcal{Y}_{Y_2}$分别表示Y_1和Y_2的核空间的任意一组基向量作为列向量构成的矩阵。

引理 2.3（Schur 补引理）[71] 设对称矩阵$Y=\begin{bmatrix} Y_{11} & Y_{12} \\ Y_{21} & Y_{22}\end{bmatrix}$，其中$Y_{11}$为$r$阶非奇异矩阵，则以下三个矩阵不等式等价：

（1）$Y<0$；

（2）$Y_{11}<0,\ Y_{22}-Y_{12}^{\mathrm{T}}Y_{11}^{-1}Y_{12}<0$；

（3）$Y_{11}<0,\ Y_{11}-Y_{12}Y_{22}^{-1}Y_{12}^{\mathrm{T}}<0$。

引理 2.4[23] 将系统（2.3）的输入矩阵B_{c}满秩分解为$B_{\mathrm{c}}=B_{\mathrm{v}}\mathcal{N}$，那么对于所有的矩阵$\alpha\in\left\{\alpha^{\ell}\mid\alpha^{\ell}=\mathrm{diag}\{\alpha_1^{\ell},\alpha_2^{\ell},\cdots,\alpha_m^{\ell}\},\alpha_j^{\ell}\in\left[\underline{\alpha}_j^{\ell},\overline{\alpha}_j^{\ell}\right]\right\}$，其中$0\leqslant\underline{\alpha}_j^{\ell}\leqslant\overline{\alpha}_j^{\ell}\leqslant 1$，$j\in\{1,2,\cdots,m\}$，$\ell\in\{1,2,\cdots,n\}$，一定存在一个正标量$\mu$，使得不等式$\mu\mathcal{N}\mathcal{N}^{\mathrm{T}}\leqslant\mathcal{N}\alpha\mathcal{N}^{\mathrm{T}}$成立。

引理 2.5[23] 如果引理 2.4 成立，进一步可以得到

$$\mu\lambda_1|\sigma(t)|_1 \leqslant \sigma^{\mathrm{T}}(t)\mathcal{N}\alpha\mathcal{N}^{\mathrm{T}}\mathrm{sgn}(\sigma(t))$$

式中，λ_1是矩阵$\mathcal{N}\mathcal{N}^{\mathrm{T}}$的最小特征值。

引理 2.6（Hölder 不等式）[72] 对于$\forall\tilde{A},\tilde{B}\in\mathbb{R}^n, p\geqslant 1, q\geqslant 1$，如果$p^{-1}+q^{-1}=1$，则以下不等式成立：

$$\left|\tilde{A}^{\mathrm{T}}\tilde{B}\right| \leqslant \left|\tilde{A}\right|_p\left|\tilde{B}\right|_q$$

引理 2.7（Barbalat's 引理）[73] 设$\overline{\xi}(t):[0,\infty)\to\mathbb{R}$一阶连续可导，并且$\lim\limits_{t\to+\infty}\int_0^{\infty}\left|\overline{\xi}(s)\right|\mathrm{d}s$存在且有界，那么$\lim\limits_{t\to+\infty}\overline{\xi}(t)=0$。

引理 2.8[74] 对于任一给定的非奇异方阵 P，将其分解为如下形式：

$$P=\begin{bmatrix} P_{11} & P_{12} \\ P_{21} & P_{22} \end{bmatrix}$$

式中，P_{11} 和 P_{22} 是非奇异的，则可得逆矩阵

$$P^{-1}=\begin{bmatrix} (P_{11}-P_{12}P_{22}^{-1}P_{21})^{-1} & -P_{11}^{-1}P_{12}(P_{22}-P_{21}P_{11}^{-1}P_{12})^{-1} \\ -P_{22}^{-1}P_{21}(P_{11}-P_{12}P_{22}^{-1}P_{21})^{-1} & (P_{22}-P_{21}P_{11}^{-1}P_{12})^{-1} \end{bmatrix}$$

2.3 符号说明

符号	代表含义
I_n	n 维单位矩阵
$\mathbb{R}^{n\times m}$	$n\times m$ 实数集
Z_+	正整数集
$I(1,N)$	$\{1,2,\cdots,N\}$，其中 $N\in Z_+$
$\mathrm{He}\{A\}$	$\mathrm{He}\{A\}=A+A^{\mathrm{T}}$
$A>(\geqslant)0$	对称矩阵 A 是正定（半正定）的
$A<(\leqslant)0$	对称矩阵 A 是负定（半负定）的
$\lfloor x\rfloor$	不大于 x 的最大整数
C_-	由实部小于零的复数组成的集合
$\lvert x\rvert_p$	向量 x 的 p 范数
$(\cdot)^{\mathrm{T}}$	矩阵或向量的转置
$\mathrm{sat}(\cdot)$	饱和函数
$\mathrm{sgn}(\cdot)$	符号函数
$\sin(\cdot)$	正弦函数
$\cos(\cdot)$	余弦函数
$\mathrm{diag}(\cdot)$	对角矩阵
$\mathrm{rank}(A)$	矩阵 A 的秩
$\lambda(\cdot)$	矩阵或向量的特征值
*	矩阵中关于对角线对称位置的元素
$(\cdot)^+$	矩阵的 Moore-Penrose 逆
$\sqrt{\cdot}$	实数的 2 次开根号值
$\mathrm{round}(\cdot)$	舍入数、向量或矩阵到最接近的整数

第 3 章

考虑统一推进器故障模型的船舶动力定位系统鲁棒容错控制

3.1 概述

关于船舶 DPS 的鲁棒容错问题，一直是广大研究者关注的焦点和热点。

一方面，船舶运行在复杂多变的海洋环境中，受各种因素的影响很容易发生故障。其中，推进器是常见的故障源之一。推进器故障的发生可能导致船舶任务被取消、人员被伤害或环境被破坏。基于此，关于推进器故障的 FTC 引起了广泛的关注。其中，文献[75]提出了一种考虑故障检测与诊断模块的 FTC 方法用来提高船舶操作的可靠性。为了解决推进器故障的问题，文献[76]提出了不依赖于故障检测与诊断模块的方法。文献[77]设计了一种无人船的容错控制器，该控制器能够根据实时更新的故障检测与诊断模块信息处理意外的推进器故障。需要指出的是，上述 FTC 策略是基于预先获得的推进器故障的全部或部分信息而进行的。然而，在复杂的海洋环境中，很难区分推进器故障对船舶 DPS 影响的信息和海洋扰动对船舶 DPS 影响的信息。在这种情况下，如果采用基于故障检测与隔离（fault detection and isolation，FDI）模块的 FTC，可能会出现信息延迟或漏报。此外，关于船舶 FTC 的文献[78]～[81]只考虑了推进器部分故障和全部故障。实际上，由于破损的渔网线头或海洋生物缠绕螺旋桨引起的螺旋桨桨叶驱动机构卡死，推进器会发生卡死故障。因此，如何在不需要故障检测与诊断模块的情况下提出一个补偿推进器故障问题的 FTC 方案是很重要的。

另一方面，未知持续的海洋扰动会影响船舶 DPS 的正常工作。为了解决这一问题，出现了很多的控制方法，比如：比例-积分-微分（proportional-integral-derivative，PID）控制、反步法、滑模控制、模糊控制和观测器控制技术。其中，滑模控制作为一种有效的鲁棒工具被广泛地应用于船舶运动控制之中。滑模控制不仅对扰动具有很好的鲁棒性，而且具有快速的响应能力。文献[82]提出了一种自适应滑模控制方法，该方法旨在操作中因环境变化而降低控制性能时进行自整定。文献[83]

研究了一种用于 AUV 的自适应滑模姿态控制用以减小干扰的影响。为了解决自治式潜水器的不确定的外部干扰问题，文献[84]设计了一个反步自适应滑模控制器。然而，在上述文献中，滑动过程不能反映海洋干扰衰减能力。因此，在考虑推进器故障的情况下，研究持续海洋扰动下的船舶 DPS 的鲁棒滑模控制是很有价值的。

本章基于滑模技术框架，研究了发生推进器故障的船舶 DPS 的自适应鲁棒容错补偿控制问题。主要包括以下内容。

（1）基于滑模状态反馈的船舶 DPS 的 FTC，建立了通用且统一的推进器故障模型，包括推进器部分失效故障、完全故障、时变卡死故障、满舵故障和虚假故障，设计了不依赖于故障检测与诊断模块的自适应滑模容错控制器，抑制了船舶 DPS 的艏摇角速度误差和艏摇角振荡幅值。

（2）考虑 DP 船舶的纵荡速度、横荡速度和艏摇速度并不总是可测情况下，尤其是艏摇速度，进行基于滑模输出反馈的船舶 DPS 的 FTC 的研究。基于矩阵满秩分解技术，在增广空间中利用测量输出和补偿器状态建立滑模面，并给出滑动模态稳定的一个充分条件。再利用自适应机制估计未知有界卡死故障及故障因子，进而设计滑模容错控制律，以保证 DP 控制系统的渐近稳定性并具有 H_∞ 性能指标。

3.2　基于滑模状态反馈的船舶动力定位系统的鲁棒容错控制

3.2.1　问题描述

船舶 DP 误差系统描述为

$$\dot{e}(t) = Ae(t) + Bu^{\mathrm{F}}(t) + D\xi(t) \tag{3.1}$$

式中，$u^{\mathrm{F}}(t)$ 为推进器故障模型；其他各符号含义与 2.1 节相似，不再赘述。

注 3.1　由于复杂多变的海洋环境，船舶在执行任务时一定会受到海洋环境（风、浪、流）的干扰。为了更好地模拟海洋环境，本章中船舶受到的合成干扰 $\xi(t)$ 是持续存在的。

为了抑制艏摇角速度误差与振荡幅值，选择控制输出 $z(t)$ 为

$$z(t) = Ce(t) \tag{3.2}$$

式中，$C = \begin{bmatrix} 0 & 0 & 0 & 0 & 0 & 1 \end{bmatrix}$。

为了实现本章的 FTC 目标，除了假设船舶的所有状态都可测之外，以下假设也成立。

假设 3.1　所有的推进器故障参数 α_j^{ℓ} 都满足关系式：$\mathrm{rank}(B\alpha_j^{\ell}) = \mathrm{rank}(B) = 3$。

假设 3.2　如果 $m - \mathfrak{s}(1 \leqslant \mathfrak{s} \leqslant m-1)$ 个推进器发生完全故障、时变卡死故障、

满舵故障和虚假故障，剩下的推进器依然可以完成控制目标。

注 3.2 假设 3.1 是推进器冗余假设。该假设在鲁棒 FTC 的研究中很常见，很多关于实际系统的容错研究都是在其基础上进行的。尤其，为了完全补偿时变卡死故障和满舵故障，该假设是必不可少的[22,23,85-87]。应用系统可控性原理或者线性代数知识可解释该假设的成立性，详见文献[22]。假设 3.2 保证了推进器故障补偿问题可行解的存在性。

本节的控制目标是在假设 3.1 和假设 3.2 的条件下，针对发生推进器故障和存在持续海洋扰动的船舶 DPS 进行鲁棒 FTC 的研究。对于船舶模型（3.4），基于输入矩阵的满秩分解技术设计滑模面；将滑模控制方法、不需要故障检测与诊断模块的 FTC 技术和 H_∞ 控制相结合，设计滑模鲁棒容错控制器，使得船舶在持续海洋扰动下依然能够实现抑制艏摇角速度误差与艏摇角的振荡幅值，保证船舶 DPS 的渐近稳定性。

3.2.2 主要结果

本节主要结果是建立统一的推进器故障模型，并设计滑模容错控制策略。控制策略分两步来完成：第一步是在输入矩阵满秩分解的基础上设计滑模面；第二步是结合自适应控制，设计鲁棒滑模容错控制器。整个鲁棒滑模容错控制策略结构图如图 3.1 所示。

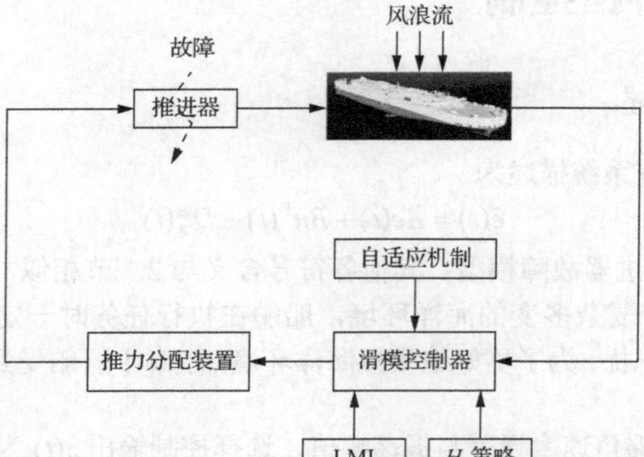

图 3.1 鲁棒滑模容错控制策略结构图

1. 推进器故障建模

推进器是船舶 DPS 重要的动力装置之一。由于恶劣的海洋环境，推进器不可避免地会发生故障。根据文献[12]～[15]、文献[78]～[81]和文献[85]对推进器故障的描述与分析，将推进器可能会发生的故障类型总结如下。

推进器部分失效故障：由于螺旋桨叶片被轻度卡住或破损、液压系统泄漏、逆变器开关元件短路或断路故障等原因，推进器产生的实际推力小于控制器的期望推力，此时推进器出现推力不足的现象。

推进器完全故障：由于电动机烧毁或电机转动轴承断裂而导致推进器故障，在这种情况下，推进器完全丧失推进能力，是无法使用的。

推进器时变卡死故障：由于破损的渔网线头或海洋生物缠绕螺旋桨引起螺旋桨桨叶驱动机构卡死，推进器可能会产生未知的时变有界推力。

推进器满舵故障：由于控制指令丢失或断线引起反馈信号丢失，螺旋桨空转，推进器产生未知的恒力。

推进器虚假故障：由于操作人员的错误认知与判断，将未发生推进器故障的情况错误认为存在推进器故障，此时推进器提供的是真实的推力向量。

综上所述，建立统一的推进器故障模型如下：

$$u^{\mathrm{F}}(t)=\alpha u(t)+\beta u_{\mathrm{s}}(t) \tag{3.3}$$

式中，α 是一个对角半正定加权矩阵，表示每个推进器的有效性，其表达式为 $\alpha\in\left\{\alpha^{\ell}\mid\alpha^{\ell}=\mathrm{diag}\{\alpha_1^{\ell},\alpha_2^{\ell},\cdots,\alpha_m^{\ell}\},\alpha_j^{\ell}\in\left[\underline{\alpha}_j^{\ell},\overline{\alpha}_j^{\ell}\right]\right\}$，其中 $0\leqslant\underline{\alpha}_j^{\ell}\leqslant\overline{\alpha}_j^{\ell}\leqslant1$，$j\in\{1,2,\cdots,m\}$，$\ell\in\{1,2,\cdots,n\}$，$j$ 和 ℓ 分别表示第 j 个推进器和第 ℓ 种故障，m 和 n 分别表示推进器的数量和推进器故障的总数；故障因子 $\beta\in\left\{\beta^{\ell}\mid\beta^{\ell}=\mathrm{diag}\{\beta_1^{\ell},\beta_2^{\ell},\cdots,\beta_m^{\ell}\},\right.$ $\left.\beta_j^{\ell}=0\text{或}\beta_j^{\ell}=1\right\}$；$u_{\mathrm{s}}(t)$ 为推进器时变卡死和满舵故障参数，满足 $|u_{\mathrm{s}}(t)|_2\leqslant\overline{u}_{\mathrm{s}}$，其中 $\overline{u}_{\mathrm{s}}$ 为推进器时变卡死和满舵故障的上限值。

注 3.3　本节提出了适用于船舶的通用且统一的推进器故障模型（3.3），包括推进器部分失效故障、完全故障、时变卡死故障、满舵故障和虚假故障。表 3.1 总结了船舶推进器故障模式、各个参数、推进器状态与故障原因之间的关系。在现有关于推进器故障 FTC 的研究结果中，文献[79]和文献[80]研究了推进器部分失效故障和完全故障。到目前为止，还没有同时考虑部分失效故障、完全故障、时变卡死故障、满舵故障和虚假故障的船舶 DPS 容错研究。但是，由于破损的渔网线头或海洋生物缠绕螺旋桨、控制指令丢失或断线引起反馈信号丢失和操作人员的错误认知与判断，推进器分别会产生未知时变推力、产生未知的恒力和提供真实的推力。因此，本节所建立的包括部分失效、完全、时变卡死、满舵和虚假故障的推进器故障模型在理论和实践中都具有重要的价值，这也是本节重要的贡献之一。为了清楚地表达各推进器故障模式的相关信息，建立推进器故障模式如表 3.1 所示。

结合式（3.1）～式（3.3），可以得到带有推进器故障的船舶状态误差模型为

$$\begin{cases}\dot{e}(t)=Ae(t)+B(\alpha u(t)+\beta u_{\mathrm{s}}(t))+D\xi(t)\\ z(t)=Ce(t)\end{cases} \tag{3.4}$$

表 3.1 推进器故障模式表

故障模式	$\underline{\alpha}_j^\ell$	$\overline{\alpha}_j^\ell$	β_j^ℓ	$u_s(t)$	推进器状态	原因
正常	1	1	0	—	正常	—
部分失效故障	>0	<1	0	0	推力不足	螺旋桨叶片被轻度卡住或破损、液压系统泄漏、逆变器开关元件短路故障
完全故障	0	0	0	0	丧失推进能力	电动机烧毁或电机转动轴承断裂
时变卡死故障	0	0	1	$u_s'(t)$	产生未知时变推力	破损的渔网线头或海洋生物缠绕螺旋桨
满舵故障	0	0	1	u_s^*	产生未知的恒力	控制指令丢失或断线引起反馈信号丢失
虚假故障	1	1	0	≠0	提供真实的推力	操作人员的错误认知与判断

2. 滑模面设计

将输入矩阵 B 进行满秩分解，即

$$B = B_v \mathcal{N} \tag{3.5}$$

式中，$B_v \in \mathbb{R}^{m\times\mathfrak{s}}$；$\mathcal{N} \in \mathbb{R}^{\mathfrak{s}\times m}$。

注 3.4 式（3.5）意味着 $Bu(t) = B_v\mathcal{N}u(t) = B_v\breve{u}(t)$，其中 $\breve{u}(t)$ 为所有推进器产生的作用力的合力。由于 $\mathfrak{s} < m$，可得 B 的零空间是 $(m-\mathfrak{s})$ 维的，即在这个空间里推进器允许完全故障，却不影响船舶 DPS 的动态性能。

设计滑模面为

$$\Xi \triangleq \{e : \sigma(e) = Se(t) = 0\} \tag{3.6}$$

式中，$S = B_v^{\mathrm{T}} P^{-1}$ 是一个待设计的滑模面参数矩阵，且保证以下两个条件：①矩阵 SB_v 是非奇异的；②滑模面上的 $(m-\mathfrak{s})$ 维降阶系统是渐近稳定的。

定理 3.1 对于任意 $\alpha \in \left\{\alpha^\ell \mid \alpha^\ell = \mathrm{diag}\{\alpha_1^\ell, \alpha_2^\ell, \cdots, \alpha_m^\ell\}, \alpha_j^\ell = \underline{\alpha}_j^\ell 或 \alpha_j^\ell = \overline{\alpha}_j^\ell\right\}$，$j \in \{1,2,\cdots,m\}$，$\ell \in \{1,2,\cdots,n\}$，如果存在一个正定矩阵 $P>0$ 和一个矩阵 $X \in \mathbb{R}^{6\times 6}$ 满足矩阵不等式（3.7），则滑模面（3.6）上的降阶船舶 DPS（3.8）是渐近稳定的，并且其自适应 H_∞ 性能指标不大于 γ_0。

$$\begin{bmatrix} AP + PA^{\mathrm{T}} + B\alpha X + X^{\mathrm{T}}\alpha B^{\mathrm{T}} & PC^{\mathrm{T}} & D \\ * & -I & 0 \\ * & * & \gamma_0^2 I \end{bmatrix} < 0 \tag{3.7}$$

式中，γ_0 为给定正标量。

证明 定义状态转移矩阵 T 和相应的变换向量 $\overline{e}(t)$ 如下：

$$T = \begin{bmatrix} \tilde{B}_v^{\mathrm{T}} \\ B_v^{\mathrm{T}} P^{-1} \end{bmatrix} = \begin{bmatrix} \tilde{B}_v^{\mathrm{T}} \\ S \end{bmatrix}, \quad \overline{e}(t) = \begin{bmatrix} \overline{e}_1(t) \\ \overline{e}_2(t) \end{bmatrix} = Te(t)$$

式中，$\tilde{B}_v$ 是矩阵 B_v^{T} 零空间的基；$\overline{e}_1(t) = \mathbb{R}^{6-\mathfrak{s}}$，$\overline{e}_2(t) = \mathbb{R}^{\mathfrak{s}}$。不难得到 $T^{-1} = \left[P\tilde{B}_v(\tilde{B}_v^{\mathrm{T}} P\tilde{B}_v)^{-1} \quad B_v(SB_v)^{-1}\right]$ 和 $\overline{e}_2(t) = \sigma(t)$。

经过上述状态变换，船舶 DPS（3.4）变为

$$\begin{cases}\dot{\bar{e}}(t)=TAT^{-1}\bar{e}(t)+TB(\alpha u(t)+\beta u_{\mathrm{s}}(t))+TD\xi(t)\\ \bar{z}(t)=CT^{-1}\bar{e}(t)\end{cases}$$

即

$$\begin{cases}\begin{bmatrix}\dot{\bar{e}}_1\\ \dot{\sigma}(t)\end{bmatrix}=\begin{bmatrix}\tilde{B}_{\mathrm{v}}^{\mathrm{T}}AP\tilde{B}_{\mathrm{v}}(\tilde{B}_{\mathrm{v}}^{\mathrm{T}}P\tilde{B}_{\mathrm{v}})^{-1} & \tilde{B}_{\mathrm{v}}^{\mathrm{T}}AB_{\mathrm{v}}(SB_{\mathrm{v}})^{-1}\\ SAP\tilde{B}_{\mathrm{v}}(\tilde{B}_{\mathrm{v}}^{\mathrm{T}}P\tilde{B}_{\mathrm{v}})^{-1} & SAB_{\mathrm{v}}(SB_{\mathrm{v}})^{-1}\end{bmatrix}\begin{bmatrix}\bar{e}_1(t)\\ \sigma(t)\end{bmatrix}+\begin{bmatrix}0\\ SB\end{bmatrix}(\alpha u(t)+\beta u_{\mathrm{s}}(t))\\ \qquad+\begin{bmatrix}\tilde{B}_{\mathrm{v}}^{\mathrm{T}}D\\ SD\end{bmatrix}\xi(t)\\ \bar{z}(t)=CP\tilde{B}_{\mathrm{v}}(\tilde{B}_{\mathrm{v}}^{\mathrm{T}}P\tilde{B}_{\mathrm{v}})^{-1}\bar{e}_1(t)+CB_{\mathrm{v}}(SB_{\mathrm{v}})^{-1}\sigma(t)\end{cases}$$

根据等效滑模控制方法[88,89]，可以得到以下等效控制：

$$u_{\mathrm{eq}}(t)=-(\mathcal{N}\alpha)^{+}(SB_{\mathrm{v}})^{-1}SAP\tilde{B}_{\mathrm{v}}(\tilde{B}_{\mathrm{v}}^{\mathrm{T}}P\tilde{B}_{\mathrm{v}})^{-1}\bar{e}_1(t)-(\mathcal{N}\alpha)^{+}\mathcal{N}\beta u_{\mathrm{s}}(t)-(\mathcal{N}\alpha)^{+}SD\xi(t)$$

式中，$(\mathcal{N}\alpha)^{+}$ 是矩阵 $\mathcal{N}\alpha$ 的 Moore-Penrose 逆。

令 $\dot{\sigma}(t)=\sigma(t)=0$，并用 $u_{\mathrm{eq}}(t)$ 代替 $u(t)$，可得如下降阶系统：

$$\begin{cases}\dot{\bar{e}}_1(t)=\tilde{B}_{\mathrm{v}}^{\mathrm{T}}AP\tilde{B}_{\mathrm{v}}(\tilde{B}_{\mathrm{v}}^{\mathrm{T}}P\tilde{B}_{\mathrm{v}})^{-1}\bar{e}_1(t)+\tilde{B}_{\mathrm{v}}^{\mathrm{T}}D\xi(t)\\ z(t)=CP\tilde{B}_{\mathrm{v}}(\tilde{B}_{\mathrm{v}}^{\mathrm{T}}P\tilde{B}_{\mathrm{v}})^{-1}\bar{e}_1(t)\end{cases}\tag{3.8}$$

由引理 2.1 可知，如果存在一个正定矩阵 P_0 满足下式，则系统（3.8）是渐近稳定的。

$$\begin{aligned}&\tilde{B}_{\mathrm{v}}^{\mathrm{T}}AP\tilde{B}_{\mathrm{v}}(\tilde{B}_{\mathrm{v}}^{\mathrm{T}}P\tilde{B}_{\mathrm{v}})^{-1}P_0+P_0(\tilde{B}_{\mathrm{v}}^{\mathrm{T}}P\tilde{B}_{\mathrm{v}})^{-1}\tilde{B}_{\mathrm{v}}^{\mathrm{T}}PA^{\mathrm{T}}\tilde{B}_{\mathrm{v}}+\gamma_0^2\tilde{B}_{\mathrm{v}}^{\mathrm{T}}DD^{\mathrm{T}}\tilde{B}_{\mathrm{v}}\\ &+P_0(\tilde{B}_{\mathrm{v}}^{\mathrm{T}}P\tilde{B}_{\mathrm{v}})^{-1}\tilde{B}_{\mathrm{v}}^{\mathrm{T}}PC^{\mathrm{T}}CP\tilde{B}_{\mathrm{v}}(\tilde{B}_{\mathrm{v}}^{\mathrm{T}}P\tilde{B}_{\mathrm{v}})^{-1}P_0<0\end{aligned}$$

令 $P_0=\tilde{B}_{\mathrm{v}}^{\mathrm{T}}P\tilde{B}_{\mathrm{v}}$，有 $\tilde{B}_{\mathrm{v}}^{\mathrm{T}}(AP+PA^{\mathrm{T}}+\gamma_0^2DD^{\mathrm{T}}+PC^{\mathrm{T}}CP)\tilde{B}_{\mathrm{v}}<0$。

根据引理 2.2，上式变为

$$AP+PA^{\mathrm{T}}+\gamma_0^2DD^{\mathrm{T}}+PC^{\mathrm{T}}CP+B\alpha X+X^{\mathrm{T}}\alpha B^{\mathrm{T}}<0\tag{3.9}$$

由引理 2.3 可知，式（3.9）等价于矩阵不等式（3.7）。

证毕。 □

3. 滑模容错控制器设计

设计自适应鲁棒滑模容错控制器为

$$\begin{aligned}&u(t)=u_1(t)+u_2(t)\\ &u_1(t)=Ke(t)\\ &u_2(t)=-\varphi(e,t)\hat{\mu}_0\mathcal{N}^{\mathrm{T}}\mathrm{sgn}(\sigma(e(t)))\end{aligned}\tag{3.10}$$

式中，$K = XP^{-1}$，X 和 P 由定理 3.1 给出；$\hat{\mu}_0$ 是 μ_0 的估计值，μ_0 是一个未知的正参数，其表达式为 $\mu_0 = 1/\mu$；$\varphi(e,t)$ 的表达式为

$$\varphi(e,t) = \frac{1}{\lambda_1}\left(\sum_{j=1}^{m}\left|\mathcal{N}_j\right|_2 \hat{\beta}_j(t)\hat{\bar{u}}_{sj}(t) + \epsilon\right) \tag{3.11}$$

其中，λ_1 表示 $\mathcal{N}\mathcal{N}^{\mathrm{T}}$ 的最小特征值；$\hat{\beta}_j(t)$ 和 $\hat{\bar{u}}_{sj}(t)$ 分别表示故障因子 $\beta_j(t)$ 和时变卡死与满舵故障上界值 $\bar{u}_{sj}(t)$ 的估计值；ϵ 是一个小的正常数。

针对与故障因子相关的未知参数，设计如下自适应律：

$$\dot{\hat{\bar{u}}}_{sj}(t) = \gamma_{1j}\left|\sigma(e)\right|_2\left|\mathcal{N}_j\right|_2 \tag{3.12}$$

$$\dot{\hat{\beta}}_j(t) = \gamma_{2j}\left|\sigma(e)\right|_2\left|\mathcal{N}_j\right|_2 \hat{\bar{u}}_{sj}(t) \tag{3.13}$$

$$\dot{\hat{\mu}}_0(t) = \gamma_3 \varphi(e,t)\lambda_1\left|\sigma(e)\right|_2 \tag{3.14}$$

式中，γ_{1j}、γ_{2j} 和 γ_3 为自适应增益参数；$\hat{\bar{u}}_{sj}(t)$、$\hat{\beta}_j(t)$ 和 $\hat{\mu}_0(t)$ 的初值分别为 $\bar{u}_{sj0}$、β_{j0} 和 μ_{00}。

定义

$$\begin{aligned} \tilde{\bar{u}}_{sj}(t) &= \hat{\bar{u}}_{sj}(t) - \bar{u}_{sj} \\ \tilde{\beta}_j(t) &= \hat{\beta}_j(t) - \beta_j \\ \tilde{\mu}_0(t) &= \hat{\mu}_0(t) - \mu_0 \end{aligned} \tag{3.15}$$

式中，$\bar{u}_{sj}$、β_j 和 μ_0 分别为自适应参数 $\bar{u}_{sj}(t)$、$\beta_j(t)$ 和 $\mu_0(t)$ 的真实值。

由于 $\bar{u}_{sj}$、β_j 和 μ_0 的导数为 0，可以得到如下自适应参数误差系统：

$$\begin{aligned} \dot{\tilde{\bar{u}}}_{sj}(t) &= \dot{\hat{\bar{u}}}_{sj}(t) \\ \dot{\tilde{\beta}}_j(t) &= \dot{\hat{\beta}}_j(t) \\ \dot{\tilde{\mu}}_0(t) &= \dot{\hat{\mu}}_0(t) \end{aligned} \tag{3.16}$$

定理 3.2 针对船舶 DPS（3.4），在假设 3.1、假设 3.2 和引理 2.4 的条件下，滑模面由式（3.6）给出，其中的矩阵 P 满足线性矩阵不等式（3.7）；自适应律由式（3.12）～式（3.14）给出，则在推进器故障发生和存在持续海洋扰动的情况下，自适应鲁棒滑模容错控制器（3.10）能够保证船舶 DPS（3.4）是渐近稳定的且 H_∞ 性能指标不大于 γ_0。

证明 对于船舶 DPS（3.4），选取李雅普诺夫函数为

$$V(e,\tilde{\bar{u}}_s,\tilde{\beta},\tilde{\mu}_0,t) = e^{\mathrm{T}}(t)P^{-1}e(t) + \sum_{j=1}^{m}\frac{\beta_j(t)\tilde{\bar{u}}_{sj}^2(t)}{\gamma_{1j}} + \sum_{j=1}^{m}\frac{\tilde{\beta}_j^2(t)}{\gamma_{2j}} + \gamma_3^{-1}\mu\tilde{\mu}_0^2(t) \tag{3.17}$$

$V(e,\tilde{\bar{u}}_s,\tilde{\beta},\tilde{\mu}_0,t)$ 沿着船舶 DPS（3.4）的导数为

$$\begin{aligned}&\dot{V}(t)+z^{\mathrm{T}}(t)z(t)-\gamma_0^2\xi^{\mathrm{T}}(t)\xi(t)\\&=2e^{\mathrm{T}}(t)P^{-1}(Ae(t)+B(\alpha u(t)+\beta u_{\mathrm{s}}(t))+D\xi(t))+2\left(\sum_{j=1}^{m}\frac{\beta_i\tilde{\bar{u}}_{si}(t)\dot{\tilde{\bar{u}}}_{si}(t)}{\gamma_{1j}}\right.\\&\left.+\sum_{j=1}^{m}\frac{\tilde{\beta}_j(t)\dot{\tilde{\beta}}_j(t)}{\gamma_{2j}}+\gamma_3^{-1}\mu\tilde{\mu}_0(t)\dot{\tilde{\mu}}_0(t)\right)+e^{\mathrm{T}}(t)C^{\mathrm{T}}Ce(t)-\gamma_0^2\xi^{\mathrm{T}}(t)\xi(t)\end{aligned}\tag{3.18}$$

由于不等式 $2e^{\mathrm{T}}(t)P^{-1}D\xi(t)\leqslant\gamma_0^{-2}e^{\mathrm{T}}(t)P^{-1}DD^{\mathrm{T}}P^{-1}e(t)+\gamma_0^2\xi^{\mathrm{T}}(t)\xi(t)$，式（3.18）变成

$$\begin{aligned}&\dot{V}(t)+z^{\mathrm{T}}(t)z(t)-\gamma_0^2\xi^{\mathrm{T}}(t)\xi(t)\\&\leqslant e^{\mathrm{T}}(t)P^{-1}(AP+PA^{\mathrm{T}}+\gamma_0^2DD^{\mathrm{T}}+PC^{\mathrm{T}}CP)P^{-1}e(t)+2e^{\mathrm{T}}(t)P^{-1}B(\alpha u(t)\\&\quad+\beta u_{\mathrm{s}}(t))+2\left(\sum_{j=1}^{m}\frac{\beta_i\tilde{\bar{u}}_{si}(t)\dot{\tilde{\bar{u}}}_{si}(t)}{\gamma_{1j}}+\sum_{j=1}^{m}\frac{\tilde{\beta}_j(t)\dot{\tilde{\beta}}_j(t)}{\gamma_{2j}}+\gamma_3^{-1}\mu\tilde{\mu}_0(t)\dot{\tilde{\mu}}_0(t)\right)\end{aligned}$$

考虑到鲁棒滑模容错控制律（3.10），上式变为

$$\begin{aligned}&\dot{V}(t)+z^{\mathrm{T}}(t)z(t)-\gamma_0^2\xi^{\mathrm{T}}(t)\xi(t)\\&\leqslant -e^{\mathrm{T}}(t)We(t)+2e^{\mathrm{T}}(t)P^{-1}B(\alpha u_2(t)+\beta u_{\mathrm{s}}(t))\\&\quad+2\left(\gamma_3^{-1}\mu\tilde{\mu}_0(t)\dot{\tilde{\mu}}_0(t)+\sum_{j=1}^{m}\frac{\tilde{\beta}_j(t)\dot{\tilde{\beta}}_j(t)}{\gamma_{2j}}+\sum_{j=1}^{m}\frac{\beta_i\tilde{\bar{u}}_{si}(t)\dot{\tilde{\bar{u}}}_{si}(t)}{\gamma_{1j}}\right)\end{aligned}\tag{3.19}$$

式中，$-W=P^{-1}(AP+PA^{\mathrm{T}}+\gamma_0^2DD^{\mathrm{T}}+PC^{\mathrm{T}}CP+B\alpha X+X^{\mathrm{T}}\alpha B^{\mathrm{T}})P^{-1}$。

根据定理 3.1 可知 $W>0$，在滑模面上可以得到 $\sigma^{\mathrm{T}}(t)=x^{\mathrm{T}}(t)P^{-1}B_{\mathrm{v}}=0$，以及自适应机制由式（3.12）～式（3.14）给出，从而可以得到在滑模面上

$$\dot{V}(t)+z^{\mathrm{T}}(t)z(t)-\gamma_0^2\xi^{\mathrm{T}}(t)\xi(t)\leqslant -e^{\mathrm{T}}(t)We(t)$$

但是，在滑模面外，式（3.19）变为

$$\begin{aligned}&\dot{V}(t)+z^{\mathrm{T}}(t)z(t)-\gamma_0^2\xi^{\mathrm{T}}(t)\xi(t)\\&\leqslant -e^{\mathrm{T}}(t)We(t)+2\sigma^{\mathrm{T}}(t)\mathcal{N}\alpha u_2(t)+2\sigma^{\mathrm{T}}(t)\mathcal{N}\beta u_{\mathrm{s}}(t)+2\left(\sum_{j=1}^{m}\frac{\beta_i\tilde{\bar{u}}_{si}(t)\dot{\tilde{\bar{u}}}_{si}(t)}{\gamma_{1j}}\right.\\&\quad\left.+\sum_{j=1}^{m}\frac{\tilde{\beta}_j(t)\dot{\tilde{\beta}}_j(t)}{\gamma_{2j}}+\gamma_3^{-1}\mu\tilde{\mu}_0(t)\dot{\tilde{\mu}}_0(t)\right)\end{aligned}\tag{3.20}$$

由于推进器时变卡死和满舵故障 $u_{\mathrm{s}}(t)$ 的有界性，可以得到

$$\sigma^{\mathrm{T}}(t)\mathcal{N}\beta u_{\mathrm{s}}(t)\leqslant\sum_{j=1}^{m}\left|\sigma(t)\right|_2\left|\mathcal{N}_j\right|_2\beta_j\bar{u}_{sj}\tag{3.21}$$

将式（3.21）代入式（3.20），不难得到

$$\dot{V}(t)+z^{\mathrm{T}}(t)z(t)-\gamma_0^2\xi^{\mathrm{T}}(t)\xi(t)$$
$$\leqslant -e^{\mathrm{T}}(t)We(t)+2\sigma^{\mathrm{T}}(t)\mathcal{N}\alpha u_2(t)+2\sum_{j=1}^{m}\left|\sigma(t)\right|_2\left|\mathcal{N}_j\right|_2\beta_j\bar{u}_{sj}$$
$$+2\left(\sum_{j=1}^{m}\frac{\beta_i\tilde{\bar{u}}_{sj}(t)\dot{\tilde{\bar{u}}}_{sj}(t)}{\gamma_{1j}}+\sum_{j=1}^{m}\frac{\tilde{\beta}_j(t)\dot{\tilde{\beta}}_j(t)}{\gamma_{2j}}+\gamma_3^{-1}\mu\tilde{\mu}_0(t)\dot{\tilde{\mu}}_0(t)\right)$$

结合滑模容错控制器（3.10），可以推出

$$\dot{V}_2(t)+\bar{z}^{\mathrm{T}}(t)\bar{z}(t)-\gamma_0^2\xi^{\mathrm{T}}(t)\xi(t)$$
$$\leqslant -\bar{e}_1^{\mathrm{T}}(t)W_0\bar{e}_1(t)+2\bar{e}_1^{\mathrm{T}}(t)P_0^{-1} \tag{3.22}$$

假如自适应参数误差系统（3.16）成立，式（3.22）变为

$$\dot{V}(t)+z^{\mathrm{T}}(t)z(t)-\gamma_0^2\xi^{\mathrm{T}}(t)\xi(t)$$
$$\leqslant -e^{\mathrm{T}}(t)We(t)-2\sigma^{\mathrm{T}}(t)\mathcal{N}\alpha\varphi(e,t)\hat{\mu}_0\mathcal{N}^{\mathrm{T}}\mathrm{sgn}(\sigma(e(t)))$$
$$+2\sum_{j=1}^{m}\left|\sigma(t)\right|_2\left|\mathcal{N}_j\right|_2\hat{\beta}_j(t)\hat{\bar{u}}_{sj}(t)-2\sum_{j=1}^{m}\left|\sigma(t)\right|_2\left|\mathcal{N}_j\right|_2\tilde{\beta}_j(t)\hat{\bar{u}}_{sj}(t)$$
$$-2\sum_{j=1}^{m}\left|\sigma(t)\right|_2\left|\mathcal{N}_j\right|_2\beta_j\bar{u}_{sj}(t)+2\sum_{j=1}^{m}\frac{\beta_j\tilde{\bar{u}}_{sj}(t)\dot{\tilde{\bar{u}}}_{sj}(t)}{\gamma_{1j}}$$
$$+2\sum_{j=1}^{m}\frac{\tilde{\beta}_j(t)\dot{\tilde{\beta}}_j(t)}{\gamma_{2j}}+2\gamma_3^{-1}\mu\tilde{\mu}_0(t)\dot{\tilde{\mu}}_0(t) \tag{3.23}$$

由 $\dot{\hat{\mu}}_0(t)$ 的性质和 μ_0 的定义可知：$\hat{\mu}_0>0$。此外，结合引理 2.5，可知

$$-2\sigma^{\mathrm{T}}(t)\mathcal{N}\alpha\varphi(e,t)\hat{\mu}_0\mathcal{N}^{\mathrm{T}}\mathrm{sgn}(\sigma(e(t)))\leqslant -2\varphi(e,t)\hat{\mu}_0\mu\lambda_1\left|\sigma(e(t))\right|_2 \tag{3.24}$$

把式（3.11）和式（3.24）代入式（3.23），有

$$\dot{V}(t)+z^{\mathrm{T}}(t)z(t)-\gamma_0^2\xi^{\mathrm{T}}(t)\xi(t)$$
$$\leqslant -e^{\mathrm{T}}(t)We(t)-2\epsilon\left|\sigma(t)\right|_2-2\varphi(e,t)\lambda_1\tilde{\mu}_0\mu\left|\sigma(t)\right|_2-2\sum_{j=1}^{m}\left|\sigma(t)\right|_2\left|\mathcal{N}_j\right|_2\tilde{\beta}_j(t)\hat{\bar{u}}_{sj}(t)$$
$$-2\sum_{j=1}^{m}\left|\sigma(t)\right|_2\left|\mathcal{N}_j\right|_2\beta_j\tilde{\bar{u}}_{sj}(t)+2\sum_{j=1}^{m}\frac{\beta_j\tilde{\bar{u}}_{sj}(t)\dot{\tilde{\bar{u}}}_{sj}(t)}{\gamma_{1j}}+2\sum_{j=1}^{m}\frac{\tilde{\beta}_j(t)\dot{\tilde{\beta}}_j(t)}{\gamma_{2j}}+2\gamma_3^{-1}\mu\tilde{\mu}_0(t)\dot{\tilde{\mu}}_0(t)$$

利用自适应律（3.12）～（3.14），可以得到如下不等式：

$$\dot{V}(t)\leqslant -z^{\mathrm{T}}(t)z(t)+\gamma_0^2\xi^{\mathrm{T}}(t)\xi(t)-\lambda_W\left|e(t)\right|_2^2-2\epsilon\left|\sigma(e(t))\right|_2 \tag{3.25}$$

式中，λ_W 是矩阵 W 的最小特征值。

考虑到式（3.14），进而可以得到

$$0\leqslant\delta_0\left|\tilde{e}(t)\right|_2\leqslant V(\tilde{e}(t))$$

式中，$\tilde{e}(t)=\begin{bmatrix}e^{\mathrm{T}}(t) & \tilde{\bar{u}}_{\mathrm{s}}^{\mathrm{T}}(t) & \tilde{\beta}^{\mathrm{T}}(t) & \tilde{\mu}_0^{\mathrm{T}} & t\end{bmatrix}^{\mathrm{T}}$；$\delta_0$ 是一个正标量。

将式（3.25）从t_0到t进行积分，不难得到

$$
\begin{aligned}
V(\tilde{e}(t)) &\leqslant V(\tilde{e}(t_0)) + \int_{t_0}^{t} \dot{V}(\tilde{e}(s))\mathrm{d}s \\
&\leqslant V(\tilde{e}(t_0)) - \int_{t_0}^{t} \lambda_W \left|e(s)\right|_2^2 \mathrm{d}s - \int_{t_0}^{t} z^{\mathrm{T}}(s)z(s)\mathrm{d}s - 2\int_{t_0}^{t} \epsilon \left|\sigma(e(s))\right|_2 \mathrm{d}s + \int_{t_0}^{t} \gamma_0^2 \xi^{\mathrm{T}}(s)\xi(s)\mathrm{d}s
\end{aligned}
$$

因为$\xi(t)\in\mathcal{L}_2$，上式意味着船舶 DPS（3.4）和自适应参数误差系统（3.16）的解是一致有界的，即$V(\tilde{e}(t))\leqslant V(\tilde{e}(0))\triangleq V_0$，从而$V, e(t), \tilde{\bar{u}}_{\mathrm{s}}(t), \tilde{\beta}(t), \tilde{\mu}_0(t)\in\mathcal{L}_\infty$。

此外，将式（3.25）从0到∞进行积分，有

$$
V(\infty) - V(0) + \int_0^{\infty} z^{\mathrm{T}}(s)z(s)\mathrm{d}s \leqslant \gamma_0^2 \int_{t_0}^{t} \xi^{\mathrm{T}}(s)\xi(s)\mathrm{d}s
$$

进一步，可以得到以下不等式：

$$
\int_0^{\infty} z^{\mathrm{T}}(s)z(s)\mathrm{d}s \leqslant \gamma_0^2 \int_0^{\infty} \xi^{\mathrm{T}}(s)\xi(s)\mathrm{d}s + e^{\mathrm{T}}(0)P^{-1}e(0) + \sum_{j=1}^{m} \frac{\beta_j(0)\tilde{\bar{u}}_{\mathrm{s}j}^2(0)}{\gamma_{1j}} + \sum_{j=1}^{m} \frac{\tilde{\beta}_j^2(0)}{\gamma_{2j}} + \gamma_3^{-1}\mu\tilde{\mu}_0^2(0)
$$

上式意味着船舶 DPS（3.4）的次优自适应性能指标不大于γ_0。

证毕。 □

注 3.5 本节中基于滑模技术的容错方法与文献[75]～[77]不同，未采用故障检测与诊断模块进行容错补偿。为了克服故障检测与诊断模块带来的故障信息的错报或漏报的弊端，本节采用了自适应主动 FTC 方法来处理推进器故障问题。另外，本节使用了抑制海洋扰动的鲁棒滑模H_∞控制方法，不仅可以抑制滑模面上的扰动，而且还可以抑制外部扰动，实现了船舶 DPS 的渐近稳定。

3.2.3 仿真算例

仿真对象为一艘按一定比例缩小的典型的浮生船[68]，原船长 200.6m，质量 73097.15kg，安装有一个左舷主推进器、一个右舷主推进器、两个艉侧槽道推进器、一个艏侧槽道推进器、一个艏侧全回转推进器。船舶的动态模型参数：惯性矩阵M、阻尼矩阵N、系泊力矩阵G和推进器配置矩阵E分别为

$$
M = \begin{bmatrix} 1.0852 & 0 & 0 \\ 0 & 2.0575 & -0.4087 \\ 0 & -0.4087 & 0.2153 \end{bmatrix}, \quad N = \begin{bmatrix} 0.0865 & 0 & 0 \\ 0 & 0.0762 & 0.0151 \\ 0 & 0.0151 & 0.031 \end{bmatrix}
$$

$$
G = \begin{bmatrix} 0.0389 & 0 & 0 \\ 0 & 0.0266 & 0 \\ 0 & 0 & 0 \end{bmatrix}
$$

$$E=\begin{bmatrix} 1 & 1 & 0 & 0 & 0 & 0 \\ 0 & 0 & 1 & 1 & 1 & 1 \\ 0.0472 & -0.0472 & -0.4108 & -0.3858 & 0.4554 & 0.3373 \end{bmatrix}$$

并且为了更好地验证所设计的滑模容错控制器（3.10）的有效性，将本节的结果与文献[80]和文献[81]（未考虑推进器时变卡死故障）进行比较。

仿真中，参考信号为$\eta_{\text{ref}}(t)=0$、$\vartheta_{\text{ref}}(t)=0$、$\upsilon_{\text{ref}}(t)=0$、$r_{\text{ref}}(t)=0.2$。为了抑制滑模控制本身所具有的抖振缺点，在仿真中用连续函数$\sigma(e(t))/(\|\sigma(e(t))\|+0.001)$来代替符号函数$\text{sgn}(\sigma(e(t)))$。滑模面和滑模容错控制器的仿真参数为

$$P=\begin{bmatrix} 10.8840 & 0.0000 & -0.0000 & -2.6906 & -0.0000 & -0.0000 \\ 0.0000 & 11.3392 & -0.0542 & 0.0000 & -2.6250 & -0.0086 \\ -0.0000 & -0.0542 & 9.9979 & 0.0000 & 0.0094 & -1.4878 \\ -2.6906 & 0.0000 & 0.0000 & 3.8975 & -0.0000 & 0.0000 \\ -0.0000 & -2.6250 & 0.0094 & -0.0000 & 2.3710 & 0.0858 \\ -0.0000 & -0.0086 & -1.4878 & 0.0000 & 0.0858 & 0.6628 \end{bmatrix}$$

$$X=\begin{bmatrix} -3.5309 & 0.5250 & -0.0271 & -2.5156 & 1.0755 & 0.9212 \\ -3.5309 & -0.5250 & 0.0271 & -2.5156 & -1.0755 & -0.9212 \\ -0.0000 & -2.5015 & 0.1284 & -0.0000 & -3.5110 & -0.1107 \\ 0.0000 & -2.7356 & 0.1405 & 0.0000 & -3.7293 & -0.1409 \\ 0.0000 & 0.3283 & -0.0169 & -0.0000 & 0.4961 & -0.0926 \\ 0.0000 & -2.1029 & -0.1684 & 0.0000 & -2.2769 & -1.2220 \end{bmatrix}$$

本节考虑的扰动$\xi(t)$为

$$\begin{cases} \xi_1(t)=2\mathbb{M}_1(s)\mathbb{N}_1(t)+I_1Ae_{\text{ref}} \\ \xi_2(t)=-\cos(3t)\mathrm{e}^{-0.3t}+I_2Ae_{\text{ref}} \\ \xi_3(t)=2\mathbb{M}_2(s)\mathbb{N}_2(t)+I_3Ae_{\text{ref}} \end{cases}$$

式中，$\mathbb{M}_1(s)$和$\mathbb{M}_2(s)$是整形滤波器，其表达式分别为$\mathbb{M}_1(s)=K_{\zeta1}s/(s^2+2\epsilon_1\varrho_1 s+\varrho_1^2)$、$\mathbb{M}_2(s)=K_{\zeta2}s/(s^2+2\epsilon_2\varrho_2 s+\varrho_2^2)$，其中$K_{\zeta1}$和$K_{\zeta2}$为主波强度系数，其数值分别为0.2和0.6，$\epsilon_1$和$\epsilon_2$是阻尼系数，其数值分别为0.5和1.6，$\varrho_1$和$\varrho_2$是波频率，其数值分别为0.7和1；$\mathbb{N}_1(t)$和$\mathbb{N}_2(t)$分别为噪声能量为2和1.8的有界白噪声；$I_1=[1\quad 0\quad 0]$；$I_2=[0\quad 1\quad 0]$；$I_3=[0\quad 0\quad 1]$；$e_{\text{ref}}$为参考信号。

推进器故障发生在$t=40\text{s}$之后，推进器卡死故障信号设置为$u_s(t)=0.2+0.1\sin(2t)$，其图像如图3.2所示。推进器故障设置为：左舷主推进器发生卡死故障；艉侧槽道推进器I发生全部故障；艏侧全回转推进器发生部分故障，失效率为50%；其余推进器均可正常工作。

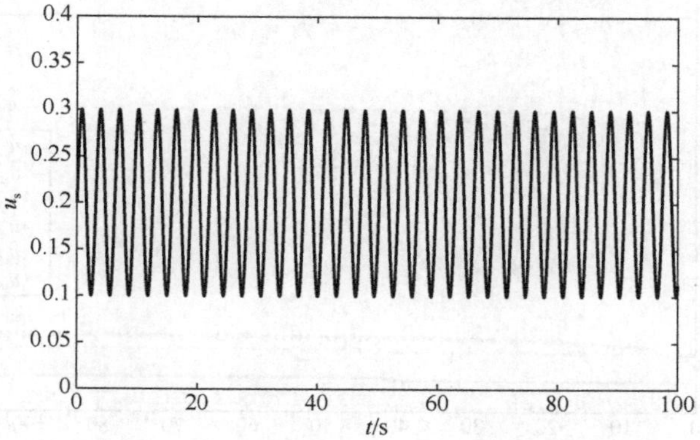

图 3.2　推进器卡死故障信号图

对比仿真结果如图 3.3～图 3.5 所示。图 3.3 为船舶 DPS 的状态对比响应曲线图，其中实线表示使用本节策略的曲线，点虚线和虚线分别为使用文献[80]和文献[81]策略的结果。由此图可以看出，本节策略的曲线图在海洋扰动持续存在和各种推进器故障发生的情况下，仍能最后趋于零；但是文献[80]和文献[81]的仿真曲线却最终趋于发散的状态。图 3.4 和图 3.5 分别为时变卡死与满舵故障上界值 $\overline{u}_{sj}(t)$ 和故障因子 $\beta_j(t)$ 的估计值。可以看出，这些估计值在推进器故障发生后仍能达到一个稳定值。总之，尽管存在未知的持续性海洋干扰和推进器故障情况，本节的容错控制策略仍能使船舶 DPS 实现渐近稳定。

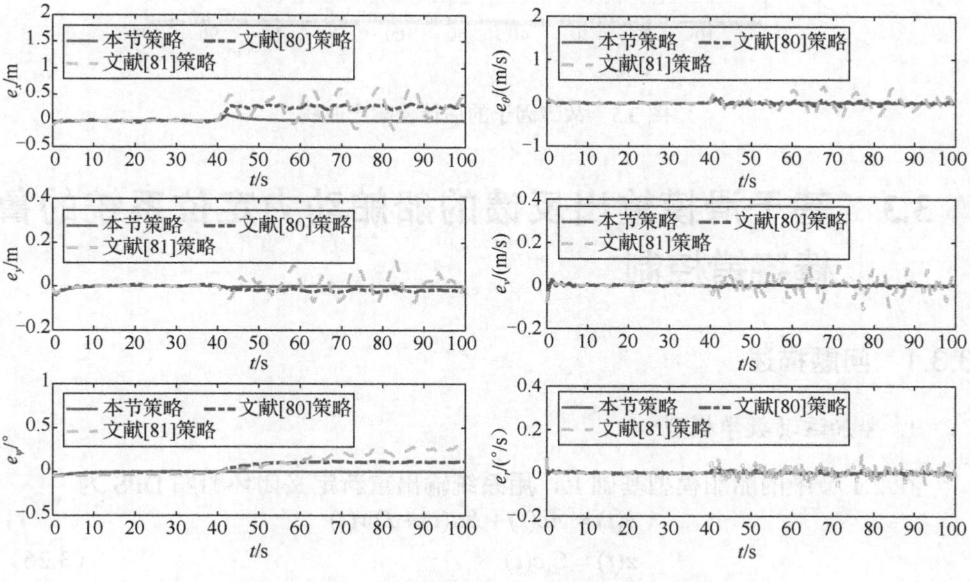

图 3.3　船舶动力定位系统的状态对比响应曲线

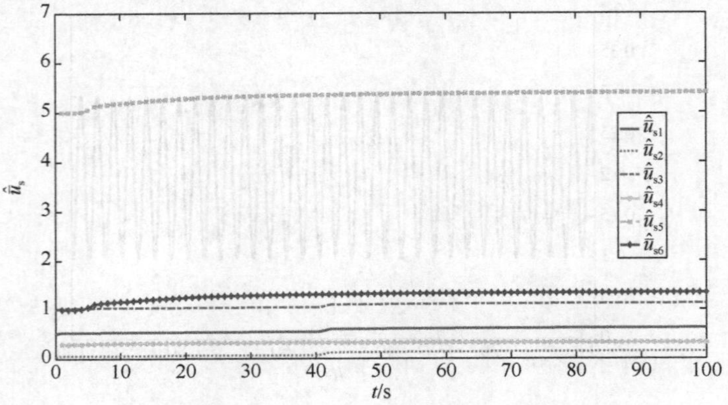

图 3.4 时变卡死与满舵故障上界值的估计值响应曲线

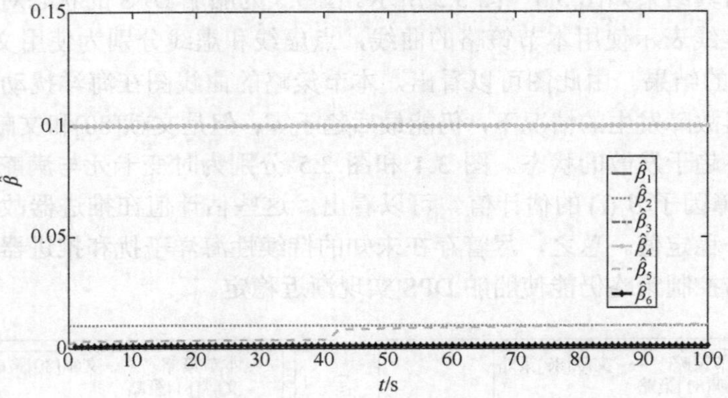

图 3.5 故障因子的估计值响应曲线

3.3 基于滑模输出反馈的船舶动力定位系统的鲁棒容错控制

3.3.1 问题描述

1. *船舶运动数学模型*

在 2.1 节中的船舶模型基础上，用系统输出重新定义闭环船舶 DPS 为

$$\begin{aligned}\dot{e}(t) &= Ae(t) + Bu(t) + Dw(t) \\ z(t) &= C_1 e(t) \\ y(t) &= C_2 e(t)\end{aligned} \tag{3.26}$$

式中，$z(t)\in\mathbb{R}^p$ 是被调输出；$y(t)\in\mathbb{R}^q$ 是测量输出；C_1、C_2 是已知的适当维数常数矩阵。

2. 推进器故障模型

考虑的推进器故障模型与3.2.2节相同，其形式为

$$u_{kj}^{\mathrm{F}}(t)=\alpha_k^j u_k(t)+\beta_k^j u_{sk}(t)$$

式中，$k\in I(1,m)$，$j\in I(1,L)$，k 和 j 分别代表第 k 个推进器与第 j 种故障模式，m 和 L 分别代表推进器数量与故障模式总数。接下来，定义如下集合：

$$\Delta_{\alpha^j}=\{\alpha^j \mid \alpha^j=\mathrm{diag}\{\alpha_1^j,\alpha_2^j,\cdots,\alpha_m^j\}\},\qquad \alpha_k^j\in[\underline{\alpha}_k^j,\overline{\alpha}_k^j]$$

$$\Delta_{\beta^j}=\{\beta^j \mid \beta^j=\mathrm{diag}\{\beta_1^j,\beta_2^j,\cdots,\beta_m^j\}\},\qquad \beta_k^j=0\text{或}1$$

式中，$0\leqslant\underline{\alpha}_k^j\leqslant\overline{\alpha}_k^j\leqslant 1$。对于第 j 种故障模式下的第 k 个推进器：$u_{kj}^{\mathrm{F}}(t)$ 为发生故障后的推进器力；$u_k(t)$ 是推进器的命令；$u_{sk}(t)$ 是一个未知的时变有界卡死故障；α_k^j 和 β_k^j 是故障因子。通用故障模型为

$$u^{\mathrm{F}}(t)=\alpha u(t)+\beta u_{\mathrm{s}}(t) \tag{3.27}$$

式中，$\alpha\in\Delta_{\alpha^j}$；$\beta\in\Delta_{\beta^j}$；$j\in I(1,L)$。因此，由式（3.26）和式（3.27）可得，考虑推进器故障的船舶DPS模型为

$$\begin{aligned}\dot{e}(t)&=Ae(t)+B(\alpha u(t)+\beta u_{\mathrm{s}}(t))+Dw(t)\\ z(t)&=C_1e(t)\\ y(t)&=C_2e(t)\end{aligned} \tag{3.28}$$

3. 基于补偿器的滑模输出反馈控制器

在滑模输出反馈控制问题中，保证滑模稳定性的充分条件依赖于测量输出信息的相对维数。受文献[90]的启发，本节设计了一种由系统输出驱动的补偿器，引入动态来增加设计自由度。在此基础上，提出了一种带补偿器的动态输出反馈控制器：

$$\begin{aligned}\dot{\overline{e}}(t)&=K_{\mathrm{a}}\overline{e}(t)+K_{\mathrm{b}}y(t),\ \overline{e}(0)=\overline{e}_0\\ u(t)&=K_{\mathrm{c}}\overline{e}(t)+K_{\mathrm{d}}y(t)+u_{\mathrm{n}}(t)\end{aligned} \tag{3.29}$$

式中，$\overline{e}\in\mathbb{R}^s$ 是补偿器状态；$K_{\mathrm{a}}\in\mathbb{R}^{s\times s}$、$K_{\mathrm{b}}\in\mathbb{R}^{s\times q}$、$K_{\mathrm{c}}\in\mathbb{R}^{m\times s}$ 和 $K_{\mathrm{d}}\in\mathbb{R}^{m\times q}$ 是控制增益矩阵。非线性滑模变结构控制项 $u_{\mathrm{n}}(t)$ 将在后面被设计，用来补偿推进器故障。

注3.6　由于船舶DPS的状态并不总是可测量的，全状态反馈容错控制方案[91-93]对用于测量的传感器有严格的要求。而考虑状态观测器的容错控制策略[94,95]的效果通常取决于观测器的性能。所以，选择基于补偿器的输出反馈控制时，有利于增大容错控制器自由度的设计空间，且可合理地规避上述问题[68,96]。

根据式（3.28）和式（3.29）能够得到如下闭环系统：

$$
\begin{aligned}
&\dot{\xi}(t)=\bar{A}\xi(t)+\bar{B}K\bar{C}_2\xi(t)+B_{21}u_{\mathrm{n}}(t)+B_{22}u_{\mathrm{s}}(t)+\bar{D}w(t)\\
&z(t)=\bar{C}_1\xi(t)\\
&\bar{y}(t)=\bar{C}_2\xi(t)
\end{aligned}
\tag{3.30}
$$

式中，$\xi=\begin{bmatrix} e \\ \bar{e} \end{bmatrix}$；$\bar{y}=\begin{bmatrix} y \\ \bar{e} \end{bmatrix}$；$\bar{A}=\begin{bmatrix} A & 0 \\ 0 & 0 \end{bmatrix}$；$\bar{B}=\begin{bmatrix} B\alpha & 0 \\ 0 & I \end{bmatrix}$；$\bar{D}=\begin{bmatrix} D \\ 0 \end{bmatrix}$；$K=\begin{bmatrix} K_{\mathrm{d}} & K_{\mathrm{c}} \\ K_{\mathrm{b}} & K_{\mathrm{a}} \end{bmatrix}$；$B_{21}=\begin{bmatrix} B\alpha \\ 0 \end{bmatrix}$；$B_{22}=\begin{bmatrix} B\beta \\ 0 \end{bmatrix}$；$\bar{C}_1=\begin{bmatrix} C_1 & 0 \end{bmatrix}$；$\bar{C}_2=\begin{bmatrix} C_2 & 0 \\ 0 & I \end{bmatrix}$。

在增广状态空间里，定义滑模面 $\chi(\bar{y})=0$ 为

$$
\chi(\bar{y})=S\bar{y}=\begin{bmatrix} S_1 & S_2 \end{bmatrix}\begin{bmatrix} y \\ \bar{e} \end{bmatrix}
\tag{3.31}
$$

式中，S 为待设计的滑模面参数矩阵；$S_1\in\mathbb{R}^{l\times q}$；$S_2\in\mathbb{R}^{l\times s}$。

为了实现容错控制，保证稳定滑模动态的存在性和推进器冗余的条件，根据文献[97]做出如下假设。

假设 3.3 $\operatorname{rank}(C_2B)=\operatorname{rank}(B)=l$，满足 $l<q<n$；系统 (A,B,C_2) 的不变零点（如果存在的话）属于集合 $\mathbb{C}_-$。

假设 3.4 推进器非参数卡死故障是分段连续有界函数，即存在未知正常数 $\bar{u}_{\mathrm{s}}$ 满足 $\|u_{\mathrm{s}}(t)\|\leqslant\bar{u}_{\mathrm{s}}$。

假设 3.5 对于所有的 $\alpha\in\Delta_{\alpha^j}$，$j\in I(1,L)$，满足 $\operatorname{rank}(B\alpha)=\operatorname{rank}(B)$。

注 3.7 在输出反馈控制框架下，假设 3.3 是滑动模态存在的必要条件[97-99]，且系统 (A,B,C_2) 需满足最小相位条件[22,23]。假设 3.4 是一个常见的推进器故障容错控制条件。假设 3.5 给出了推进器冗余条件，在此假设下设计的控制策略能够补偿推进器完全失效和卡死故障的影响。

3.3.2 主要结果

1. 稳定性分析

首先假设输入矩阵 B 能被分解为

$$
B=B_{2\mathrm{d}}\Phi
\tag{3.32}
$$

式中，矩阵 $B_{2\mathrm{d}}\in\mathbb{R}^{n\times l}$ 和 $\Phi\in\mathbb{R}^{l\times m}$ 的秩同为 l，并满足 $1\leqslant l\leqslant m-1$。文献[97]在容错控制设计中使用了矩阵满秩分解技术，目的是保证 $m>l$。当矩阵 B 的零空间维数为 $m-l$ 时，即允许 $m-l$ 个推进器在该空间中发生完全失效或卡死故障但并不影响 DPS 的动力学。下面给出一个相关引理。

引理 3.1[97]　对于矩阵分解（3.32），一定存在一个标量 $\bar{\theta}>0$，使得对于所有的 $\alpha\in\Delta_{\alpha^j}$、$j\in I(1,L)$，以下不等式成立：

$$\bar{\theta}\Phi\Phi^{\mathrm{T}}\leqslant\Phi\alpha\Phi^{\mathrm{T}}$$

定理 3.3　针对系统(3.28)和滑模面(3.31)，如果存在正定矩阵 $P\in\mathbb{R}^{(n+s)\times(n+s)}$、$S\in\mathbb{R}^{l\times(q+s)}$、$K\in\mathbb{R}^{(m+s)\times(q+s)}$ 使得矩阵不等式（3.33）对于所有的 $\alpha\in\Delta_{\alpha^j}$、$j\in I(1,L)$ 都成立。

$$\begin{aligned}&P(\bar{A}+\bar{B}K\bar{C}_2)+(\bar{A}+\bar{B}K\bar{C}_2)^{\mathrm{T}}P+h_0^{-2}P\bar{D}\bar{D}^{\mathrm{T}}P+\bar{C}_1^{\mathrm{T}}\bar{C}_1<0\\&B_{\mathrm{d}}^{\mathrm{T}}P=S\bar{C}_2,\quad P>0\end{aligned}\tag{3.33}$$

式中，$B_{\mathrm{d}}=[B_{2\mathrm{d}}^{\mathrm{T}}\quad 0]^{\mathrm{T}}\in\mathbb{R}^{(n+q)\times l}$；$h_0$ 是给定正标量；S 是滑模面参数矩阵；K 是决策变量，则处于滑模面上的 $(n+s-l)$ 阶系统动态（3.34）是稳定的并保证 H_∞ 性能指标不大于 h_0。

$$\begin{aligned}\dot{\varphi}_1(t)&=\delta_{\mathrm{g}}\bar{A}P^{-1}\delta_0\varphi_1(t)+\delta_{\mathrm{g}}\bar{D}w(t)\\z(t)&=\bar{C}_1P^{-1}\delta_0\varphi_1(t)\end{aligned}\tag{3.34}$$

式中，$\varphi_1(t)=\delta_{\mathrm{g}}\xi(t)$；$\delta_{\mathrm{g}}=(\delta_0^{\mathrm{T}}P^{-1}\delta_0)^{-1}\delta_0^{\mathrm{T}}$。

证明　首先定义 $\delta_0\in\mathbb{R}^{(n+s)\times(n-l)}$ 为 $\delta_0=[\delta^{\mathrm{T}}\quad 0]^{\mathrm{T}}$，$\delta\in\mathbb{R}^{n\times(n-l)}$ 为满秩矩阵，且满足 $\delta^{\mathrm{T}}B_{2\mathrm{d}}=0$ 和 $\delta^{\mathrm{T}}\delta=I$。接着给出一个非奇异变换矩阵 Ψ 和与之对应的向量 $\varphi(t)$，如下所示：

$$\Psi\triangleq\begin{bmatrix}(\delta_0^{\mathrm{T}}P^{-1}\delta_0)^{-1}\delta_0^{\mathrm{T}}\\B_{\mathrm{d}}^{\mathrm{T}}P\end{bmatrix},\quad\varphi(t)\triangleq\begin{bmatrix}\varphi_1(t)\\\varphi_2(t)\end{bmatrix}=\Psi\xi(t)$$

式中，$\Psi^{-1}=[P^{-1}\delta_0\quad B_{\mathrm{d}}(B_{\mathrm{d}}^{\mathrm{T}}PB_{\mathrm{d}})^{-1}]$；$\varphi_1(t)\in\mathbb{R}^{n+s-l}$；$\varphi_2(t)\in\mathbb{R}^{l}$。由于 $B_{\mathrm{d}}^{\mathrm{T}}P=S\bar{C}_2$ 成立，可以看出 $\varphi_2(t)=\chi(t)$。那么，利用上述变换可以得到

$$\begin{aligned}\dot{\varphi}(t)&=\Psi(\bar{A}+\bar{B}K\bar{C}_2)\Psi^{-1}\varphi(t)+\Psi B_{21}u_{\mathrm{n}}(t)+\Psi B_{22}u_{\mathrm{s}}(t)+\Psi\bar{D}w(t)\\z(t)&=\bar{C}_1\Psi^{-1}\varphi(t)\\\bar{y}(t)&=\bar{C}_2\Psi^{-1}\varphi(t)\end{aligned}$$

进而

$$\begin{aligned}\dot{\varphi}(t)=&\begin{bmatrix}\delta_{\mathrm{g}}(\bar{A}+\bar{B}K\bar{C}_2)P^{-1}\delta_0&\delta_{\mathrm{g}}(\bar{A}+\bar{B}K\bar{C}_2)B_{\mathrm{g}}\\B_{\mathrm{d}}^{\mathrm{T}}P(\bar{A}+\bar{B}K\bar{C}_2)P^{-1}\delta_0&B_{\mathrm{d}}^{\mathrm{T}}P(\bar{A}+\bar{B}K\bar{C}_2)B_{\mathrm{g}}\end{bmatrix}\begin{bmatrix}\varphi_1(t)\\\chi(t)\end{bmatrix}+\begin{bmatrix}0\\B_{\mathrm{d}}^{\mathrm{T}}PB_{21}\end{bmatrix}u_{\mathrm{n}}(t)\\&+\begin{bmatrix}0\\B_{\mathrm{d}}^{\mathrm{T}}PB_{22}\end{bmatrix}u_{\mathrm{s}}(t)+\begin{bmatrix}\delta_{\mathrm{g}}\bar{D}\\B_{\mathrm{d}}^{\mathrm{T}}P\bar{D}\end{bmatrix}w(t)\\z(t)=&\bar{C}_1P^{-1}\delta_0\varphi_1(t)+\bar{C}_1B_{\mathrm{g}}\chi(t)\\\bar{y}(t)=&\bar{C}_2P^{-1}\delta_0\varphi_1(t)+\bar{C}_2B_{\mathrm{g}}\chi(t)\end{aligned}$$

式中，$\delta_{\mathrm{g}}=(\delta_0^{\mathrm{T}}P^{-1}\delta_0)^{-1}\delta_0^{\mathrm{T}}$；$B_{\mathrm{g}}=B_{\mathrm{d}}(B_{\mathrm{d}}^{\mathrm{T}}PB_{\mathrm{d}})^{-1}$；$\delta_{\mathrm{g}}B_{21}=0$；$\delta_{\mathrm{g}}B_{22}=0$。

将正定矩阵 P 分解为

$$P = \begin{bmatrix} P_1 & P_2 \\ * & P_3 \end{bmatrix}$$

根据引理 2.3 可知，$P_1 > 0$。考虑式(3.9)，可得 $\text{rank}(B_d^T P B_{21}) = \text{rank}(B_{2d}^T P_1 B_{2d} \Phi\alpha) = l$，因此对矩阵 $B_d^T P B_{21}$ 加入列向量 $B_d^T P(\bar{A} + \bar{B}K\bar{C}_2)P^{-1}\delta_0\varphi_1(t)$ 不会改变它的秩，这意味着如下等式的解有无数个：

$$\text{rank}(B_d^T P B_{21}) = \text{rank}\left(B_d^T P B_{21} \quad B_d^T P(\bar{A} + \bar{B}K\bar{C}_2)P^{-1}\delta_0\varphi_1(t) \quad B_d^T P_{22} u_s(t) \quad B_d^T P\bar{D}w(t) \right)$$

由等效控制方法[88,89]，可以得出等效控制项如下：

$$u_{eq}(t) = -(\Phi\alpha)^+ (B_{2d}^T P_1 B_{2d})^{-1} [B_d^T P(\bar{A} + \bar{B}K\bar{C}_2)P^{-1}\delta_0\varphi_1(t) + B_d^T P B_{22} u_s(t) + B_d^T P\bar{D}w(t)]$$

式中，$(\Phi\alpha)^+$ 是 $\Phi\alpha$ 的广义逆。令 $\dot{\chi}(t) = \chi(t) = 0$ 并用 $u_{eq}(t)$ 代替 $u_n(t)$，系统动态则变成

$$\begin{aligned} \dot{\varphi}_1(t) &= \delta_g(\bar{A} + \bar{B}K\bar{C}_2)P^{-1}\delta_0\varphi_1(t) + \delta_g\bar{D}w(t) \\ z(t) &= \bar{C}_1 P^{-1}\delta_0\varphi_1(t) \end{aligned} \tag{3.35}$$

此时，式（3.35）给出了系统在滑模面 $\chi(t) = 0$ 上的 $(n+s-l)$ 阶动态方程。据引理 2.1，若矩阵 $P_0 > 0$ 使得以下矩阵不等式成立：

$$\begin{aligned} &P_0\delta_g(\bar{A} + \bar{B}K\bar{C}_2)P^{-1}\delta_0 + \delta_0^T P^{-1}(\bar{A} + \bar{B}K\bar{C}_2)^T\delta_g^T P_0 + h_0^{-2}P_0\delta_g\bar{D}\bar{D}^T\delta_g^T P_0 + \\ &\delta_0^T P^{-1}\bar{C}_1^T\bar{C}_1 P^{-1}\delta_0 < 0 \end{aligned}$$

则降阶等效动态（3.35）是稳定的并保证 H_∞ 性能指标不大于 h_0。设计 P_0 为 $P_0 = \delta_0^T P^{-1}\delta_0$，则上述不等式可以转换为

$$\begin{aligned} &\delta_0^T(\bar{A}P^{-1} + P^{-1}\bar{A}^T + h_0^{-2}\bar{D}\bar{D}^T + P^{-1}\bar{C}_1^T\bar{C}_1 P^{-1})\delta_0 < 0 \\ &B_d^T P = S\bar{C}_2 \end{aligned}$$

式中，P 是矩阵不等式（3.33）的解。对式（3.33）使用引理 2.2 可以得到上式，则降阶等效动态（3.35）是稳定的并保证自适应 H_∞ 性能指标不大于 h_0。

证毕。 □

受限矩阵不等式（3.10）不能直接得到矩阵 P、S 和 K。接下来，利用下面的 LMIs 方法求出可行解。

定理 3.4 令 $\delta \in \mathbb{R}^{n\times(n-l)}$ 和 $\Theta \in \mathbb{R}^{n\times(n-q)}$ 为满足 $\delta^T B_{2d} = 0$、$\delta^T\delta = I$、$C_2\Theta = 0$ 和 $\Theta^T\Theta = I$ 的任意满秩矩阵。h_0 为给定的正常数，如果存在矩阵 $X > 0$、$W = W^T \in \mathbb{R}^{(n-l)\times(n-l)}$ 和 $Z = Z^T \in \mathbb{R}^{d\times d}$，使得如下 LMIs 可行：

$$\begin{bmatrix} \delta^T(AX + XA^T)\delta & \delta^T D & \delta^T X C_1^T \\ * & -h_0^2 I & 0 \\ * & * & -I \end{bmatrix} < 0 \tag{3.36}$$

$$\begin{bmatrix} \Theta^{\mathrm{T}}(\delta W\delta^{\mathrm{T}}A+A^{\mathrm{T}}\delta W\delta^{\mathrm{T}})\Theta & \Theta^{\mathrm{T}}\delta W\delta^{\mathrm{T}}D & \Theta^{\mathrm{T}}C_1^{\mathrm{T}} \\ * & -h_0^2 I & 0 \\ * & * & -I \end{bmatrix}<0 \tag{3.37}$$

$$\begin{bmatrix} \delta W\delta^{\mathrm{T}}+C_2^{\mathrm{T}}ZC_2 & I \\ * & X \end{bmatrix}>0 \tag{3.38}$$

则受限的矩阵不等式（3.33）是有可行解的。

证明　鉴于引理2.3，由LMI(3.38)可知$Y\geqslant X^{-1}>0$，其中$Y=\delta W\delta^{\mathrm{T}}+C_2^{\mathrm{T}}ZC_2$。则存在满秩矩阵$U\in\mathbb{R}^{n\times s}$使得下式成立：

$$UU^{\mathrm{T}}=\delta W\delta^{\mathrm{T}}+C_2^{\mathrm{T}}ZC_2-X^{-1} \tag{3.39}$$

式中，$s=\mathrm{rank}(Y-X^{-1})$。定义正定矩阵$P\in\mathbb{R}^{(n+s)\times(n+s)}$为

$$P=\begin{bmatrix} \delta W\delta^{\mathrm{T}}+C_2^{\mathrm{T}}ZC_2 & U \\ * & I \end{bmatrix}=\begin{bmatrix} Y & U \\ U^{\mathrm{T}} & I \end{bmatrix}$$

设计$S=[B_{2\mathrm{d}}^{\mathrm{T}}C_2^{\mathrm{T}}Z \quad B_{2\mathrm{d}}^{\mathrm{T}}U]$，则$B_{\mathrm{d}}^{\mathrm{T}}P=S\bar{C}_2$成立。利用引理2.8和式（3.39），可得

$$P^{-1}=\begin{bmatrix} X & -XU \\ * & I+U^{\mathrm{T}}XU \end{bmatrix}$$

并且由式（3.36）和式（3.37）可得

$$\delta_0^{\mathrm{T}}(\bar{A}P^{-1}+P^{-1}\bar{A}^{\mathrm{T}}+h_0^{-2}\bar{D}\bar{D}^{\mathrm{T}}+P^{-1}\bar{C}_1^{\mathrm{T}}\bar{C}_1P^{-1})\delta_0<0$$
$$\bar{\Theta}^{\mathrm{T}}(P\bar{A}+\bar{A}^{\mathrm{T}}P+h_0^{-2}P\bar{D}\bar{D}^{\mathrm{T}}P+\bar{C}_1^{\mathrm{T}}\bar{C}_1)\bar{\Theta}<0$$

式中，$\delta_0=[\delta^{\mathrm{T}}\quad 0]^{\mathrm{T}}$且$\bar{\Theta}=[\Theta^{\mathrm{T}}\quad 0]^{\mathrm{T}}$。根据引理2.8可以得出

$$P(\bar{A}+\bar{B}K\bar{C}_2)+(\bar{A}+\bar{B}K\bar{C}_2)^{\mathrm{T}}P+h_0^{-2}P\bar{D}\bar{D}^{\mathrm{T}}P+\bar{C}_1^{\mathrm{T}}\bar{C}_1<0$$

对于所有的$\alpha\in\Delta_{\alpha^j}$都成立，因此对于给定矩阵$P$则存在矩阵$K$。

证毕。□

2. 滑模容错控制器设计

针对船舶DPS（3.30），设计非线性控制项$u_{\mathrm{n}}(t)$为

$$u_{\mathrm{n}}(t)=-\zeta(t)\hat{\bar{\theta}}_0\Phi^{\mathrm{T}}\frac{\chi(t)}{|\chi(t)|_2} \tag{3.40}$$

$$\zeta(t)=\frac{1}{\lambda_{\mathrm{N}}}(\sum_{k=1}^{m}|\Phi|_{k2}\hat{\beta}_k(t)\hat{\bar{u}}_{sk}(t)+\epsilon) \tag{3.41}$$

式中，$\hat{\bar{\theta}}_0$是未知正参数$\bar{\theta}_0=\dfrac{1}{\theta}$的估计值；$\epsilon$是任意正标量；$\lambda_{\mathrm{N}}=\lambda_{\min}(\Phi\Phi^{\mathrm{T}})$，即$\lambda_{\mathrm{N}}$是矩阵$\Phi\Phi^{\mathrm{T}}$的最小特征值；参数$\hat{\beta}_k$和$\hat{\bar{u}}_{sk}$分别是故障因子$\beta_k$及推进器卡死故障的上界值$\bar{u}_{sk}$的估计值。为了保证定义的完整性，当滑模面$\alpha(t)=0$时，假定$u_{\mathrm{n}}(t)$=0。

未知正参数 $\bar{\theta}_0$、推进器卡死故障的未知界值 $\bar{u}_s$ 和故障因子 β_k 通过自适应机制估计而得，相关自适应律设计如下：

$$\begin{aligned}
&\dot{\hat{\theta}}_0(t)=\sigma\zeta\lambda_N\left|\chi(t)\right|_2,\quad \hat{\theta}_0(0)=\bar{\theta}_{00} \\
&\dot{\hat{u}}_{sk}(t)=\sigma_{1k}\left|\chi(t)\right|_2\left|\Phi_k\right|_2,\quad \hat{u}_{sk}(0)=\bar{u}_{sk0} \\
&\dot{\hat{\beta}}_k(t)=\sigma_{2k}\left|\chi(t)\right|_2\left|\Phi_k\right|_2\hat{u}_{sk}(t),\quad \hat{\beta}_k(0)=\beta_{k0}
\end{aligned} \tag{3.42}$$

式中，常数 σ_{1k} 和 σ_{2k}（$k=1,2,\cdots,m$）是自适应增益；$\bar{\theta}_{00}$、$\bar{u}_{sk0}$ 和 β_{k0} 分别是 $\hat{\bar{\theta}}_0$、$\hat{u}_{sk}$ 和 $\hat{\beta}_k$ 的有界初值。为了便于描述，给出系统矩阵的分解形式如下：

$$\Phi=[\Phi_1\quad \Phi_2\quad \cdots\quad \Phi_m]\in\mathbb{R}^{l\times m},\quad \bar{u}_s=[\bar{u}_{s1}\quad \bar{u}_{s2}\quad \cdots\quad \bar{u}_{sm}]\in\mathbb{R}^{m\times 1}$$

定义自适应估计误差为

$$\begin{aligned}
&\tilde{\bar{\theta}}_0(t)=\hat{\bar{\theta}}_0(t)-\bar{\theta}_0 \\
&\tilde{\bar{u}}_s(t)=\hat{u}(t)-\bar{u}_s \\
&\tilde{\beta}(t)=\hat{\beta}(t)-\beta
\end{aligned} \tag{3.43}$$

则可得如下误差系统：

$$\begin{aligned}
&\dot{\tilde{\bar{\theta}}}_0(t)=\dot{\hat{\bar{\theta}}}_0(t) \\
&\dot{\tilde{\bar{u}}}_s(t)=\dot{\hat{\bar{u}}}_s(t) \\
&\dot{\tilde{\beta}}(t)=\dot{\hat{\beta}}(t)
\end{aligned} \tag{3.44}$$

定理 3.5 针对船舶 DPS（3.30），满足假设 3.3～假设 3.5，滑模面方程由式（3.31）给出，其中矩阵 $P>0$ 满足矩阵不等式（3.33）。滑模容错控制律设计形式为式（3.29）、式（3.40）及式（3.41），自适应律由式（3.42）给出，则能够保证船舶 DPS 是渐近稳定的，并且对于所有的 $\alpha\in\Delta_{\alpha^j}$，$j\in I(1,L)$，都满足次优 H_∞ 性能指标不大于 h_0。

证明 对船舶 DPS（3.30），选择李雅普诺夫函数为如下形式：

$$V(t)=\xi(t)^{\mathrm{T}}P\xi(t)+\sigma^{-1}\bar{\theta}_0\tilde{\bar{\theta}}_0^2(t)+\sum_{k=1}^{m}\frac{\beta_k\tilde{\bar{u}}_{sk}^2(t)}{\sigma_{1k}}+\sum_{k=1}^{m}\frac{\tilde{\beta}_k^2(t)}{\sigma_{2k}} \tag{3.45}$$

沿着闭环系统（3.30），对 $V(t)$ 求导可得

$$\begin{aligned}
&\dot{V}(t)+z^{\mathrm{T}}(t)z(t)-h_0^2w^{\mathrm{T}}(t)w(t) \\
&=\xi(t)^{\mathrm{T}}\left(P(\bar{A}+\bar{B}K\bar{C}_2)+(\bar{A}+\bar{B}K\bar{C}_2)^{\mathrm{T}}P\right)\xi(t) \\
&\quad+2\xi(t)^{\mathrm{T}}PB_{21}u_n(t)+2\xi(t)^{\mathrm{T}}PB_{22}u_s(t)+2\xi(t)^{\mathrm{T}}P\bar{D}w(t) \\
&\quad+2\left(\sigma^{-1}\bar{\theta}\tilde{\bar{\theta}}_0\dot{\hat{\bar{\theta}}}_0+\sum_{k=1}^{m}\frac{\beta_k\tilde{\bar{u}}_{sk}(t)\dot{\hat{\bar{u}}}_{sk}(t)}{\sigma_{1k}}+\sum_{k=1}^{m}\frac{\tilde{\beta}_k(t)\dot{\hat{\beta}}_k(t)}{\sigma_{2k}}\right)+z^{\mathrm{T}}(t)z(t)-h_0^2w^{\mathrm{T}}(t)w(t)
\end{aligned}$$

利用 $B_{21}=B_{\mathrm{d}}\Phi\alpha$ 和 $B_{22}=B_{\mathrm{d}}\Phi\beta$，上式可写成

$$
\begin{aligned}
&\dot{V}(t)+z^{\mathrm{T}}(t)z(t)-h_0^2w^{\mathrm{T}}(t)w(t)\\
&=\xi(t)^{\mathrm{T}}\left(P(\bar{A}+\bar{B}K\bar{C}_2)+(\bar{A}+\bar{B}K\bar{C}_2)^{\mathrm{T}}P\right)\xi(t)+2\xi(t)^{\mathrm{T}}PB_{\mathrm{d}}\Phi\alpha u_{\mathrm{n}}(t)\\
&\quad+2\xi(t)^{\mathrm{T}}PB_{\mathrm{d}}\Phi\beta u_{\mathrm{s}}(t)+2\xi(t)^{\mathrm{T}}P\bar{D}w(t)\\
&\quad+2\left(\sigma^{-1}\bar{\theta}\tilde{\bar{\theta}}_0\dot{\tilde{\bar{\theta}}}_0+\sum_{k=1}^{m}\frac{\beta_k\tilde{\bar{u}}_{\mathrm{s}k}(t)\dot{\tilde{\bar{u}}}_{\mathrm{s}k}(t)}{\sigma_{1k}}+\sum_{k=1}^{m}\frac{\tilde{\beta}_k(t)\dot{\tilde{\beta}}_k(t)}{\sigma_{2k}}\right)+z^{\mathrm{T}}(t)z(t)-h_0^2w^{\mathrm{T}}(t)w(t)
\end{aligned}
$$

根据 $2\xi(t)^{\mathrm{T}}P\bar{D}w(t)\leqslant h_0^{-2}\xi(t)^{\mathrm{T}}P\bar{D}\bar{D}^{\mathrm{T}}P\xi(t)+h_0^2w(t)^{\mathrm{T}}w(t)$，沿着系统（3.30），$V(t)$ 的导数为

$$
\begin{aligned}
&\dot{V}(t)+z^{\mathrm{T}}(t)z(t)-h_0^2w^{\mathrm{T}}(t)w(t)\\
&\leqslant\xi(t)^{\mathrm{T}}\left(P(\bar{A}+\bar{B}K\bar{C}_2)+(\bar{A}+\bar{B}K\bar{C}_2)^{\mathrm{T}}P+h_0^{-2}P\bar{D}\bar{D}^{\mathrm{T}}P+C_1^{\mathrm{T}}C_1\right)\xi(t)\\
&\quad+2\xi(t)^{\mathrm{T}}PB_{\mathrm{d}}\Phi\alpha u_{\mathrm{n}}(t)+2\xi(t)^{\mathrm{T}}PB_{\mathrm{d}}\Phi\beta u_{\mathrm{s}}(t)\\
&\quad+2\left(\sigma^{-1}\bar{\theta}\tilde{\bar{\theta}}_0\dot{\tilde{\bar{\theta}}}_0+\sum_{k=1}^{m}\frac{\beta_k\tilde{\bar{u}}_{\mathrm{s}k}(t)\dot{\tilde{\bar{u}}}_{\mathrm{s}k}(t)}{\sigma_{1k}}+\sum_{k=1}^{m}\frac{\tilde{\beta}_k(t)\dot{\tilde{\beta}}_k(t)}{\sigma_{2k}}\right)
\end{aligned}
\tag{3.46}
$$

通过假设 3.4，可得如下不等式：

$$
\begin{aligned}
\chi^{\mathrm{T}}(t)\Phi\beta u_{\mathrm{s}}(t)&=\sum_{k=1}^{m}\chi^{\mathrm{T}}(t)\Phi_k\beta_k u_{\mathrm{s}k}(t)\\
&\leqslant\sum_{k=1}^{m}\left|\chi(t)\right|_2\left|\Phi_k\right|_2\beta_k\left|u_{\mathrm{s}k}(t)\right|_2\\
&\leqslant\sum_{k=1}^{m}\left|\chi(t)\right|_2\left|\Phi_k\right|_2\beta_k\bar{u}_{\mathrm{s}k}
\end{aligned}
\tag{3.47}
$$

若式（3.33）成立，可得 $\chi(t)=S\bar{C}_2\xi(t)=B_{\mathrm{d}}^{\mathrm{T}}P\xi(t)$，且矩阵 $Q_c>0$ 使得如下不等式成立：

$$
P(\bar{A}+\bar{B}K\bar{C}_2)+(\bar{A}+\bar{B}K\bar{C}_2)^{\mathrm{T}}P+h_0^{-2}P\bar{D}\bar{D}^{\mathrm{T}}P+\bar{C}_1^{\mathrm{T}}\bar{C}_1\leqslant -Q_{\mathrm{c}}<0
$$

根据式（3.46），式（3.47）可以整理为

$$
\begin{aligned}
&\dot{V}(t)+z^{\mathrm{T}}(t)z(t)-h_0^2w^{\mathrm{T}}(t)w(t)\\
&\leqslant-\xi(t)^{\mathrm{T}}Q_{\mathrm{c}}\xi(t)+2\chi(t)^{\mathrm{T}}\Phi\alpha u_{\mathrm{n}}(t)+\sum_{k=1}^{m}\left|\chi(t)\right|_2\left|\Phi_k\right|_2\beta_k\bar{u}_{\mathrm{s}k}\\
&\quad+2\left(\sigma^{-1}\bar{\theta}\tilde{\bar{\theta}}_0\dot{\tilde{\bar{\theta}}}_0+\sum_{k=1}^{m}\frac{\beta_k\tilde{\bar{u}}_{\mathrm{s}k}(t)\dot{\tilde{\bar{u}}}_{\mathrm{s}k}(t)}{\sigma_{1k}}+\sum_{k=1}^{m}\frac{\tilde{\beta}_k(t)\dot{\tilde{\beta}}_k(t)}{\sigma_{2k}}\right)
\end{aligned}
\tag{3.48}
$$

将式（3.40）中控制器 $u_{\mathrm{n}}(t)$ 和自适应误差（3.43）代入式（3.48），则可得

$$\dot{V}(t)+z^{\mathrm{T}}(t)z(t)-h_0^2w^{\mathrm{T}}(t)w(t)$$
$$\leqslant -\xi(t)^{\mathrm{T}}Q_{\mathrm{c}}\xi(t)-2\zeta(t)\hat{\bar{\theta}}_0\chi^{\mathrm{T}}(t)\Phi\alpha\Phi^{\mathrm{T}}\frac{\chi(t)}{|\chi(t)|_2}+2\sum_{k=1}^{m}|\chi(t)|_2|\Phi_k|_2\hat{\beta}_k(t)\hat{\bar{u}}_{sk}(t)$$
$$-2\sum_{k=1}^{m}|\chi(t)|_2|\Phi_k|_2\tilde{\beta}_k(t)\hat{\bar{u}}_{sk}(t)-2\sum_{k=1}^{m}|\chi(t)|_2|\Phi_k|_2\beta_k\tilde{\bar{u}}_{sk}(t)$$
$$+2\left(\sigma^{-1}\bar{\theta}\,\tilde{\bar{\theta}}_0\dot{\hat{\bar{\theta}}}_0+\sum_{k=1}^{m}\frac{\beta_k\tilde{\bar{u}}_{sk}(t)\dot{\hat{\bar{u}}}_{sk}(t)}{\sigma_{1k}}+\sum_{k=1}^{m}\frac{\tilde{\beta}_k(t)\dot{\hat{\beta}}_k(t)}{\sigma_{2k}}\right) \tag{3.49}$$

根据引理 3.1，$-2\zeta(t)\hat{\bar{\theta}}_0\chi^{\mathrm{T}}(t)\Phi\alpha\Phi^{\mathrm{T}}\dfrac{\chi(t)}{|\chi(t)|_2}\leqslant -2\zeta(t)\hat{\bar{\theta}}_0\bar{\theta}\lambda_{\mathrm{N}}|\chi(t)|_2$ 成立。因此，选择 $\zeta(t)$ 的形式为式（3.41），则式（3.49）可以转换为

$$\dot{V}(t)+z^{\mathrm{T}}(t)z(t)-h_0^2w^{\mathrm{T}}(t)w(t)$$
$$\leqslant -\xi(t)^{\mathrm{T}}Q_{\mathrm{c}}\xi(t)-2\varepsilon|\chi(t)|_2-2\zeta(t)\tilde{\bar{\theta}}_0\bar{\theta}|\chi(t)|_2$$
$$-2\sum_{k=1}^{m}|\chi(t)|_2|\Phi_k|_2\tilde{\beta}_k(t)\hat{\bar{u}}_{sk}(t)-2\sum_{k=1}^{m}|\chi(t)|_2|\Phi_k|_2\beta_k\tilde{\bar{u}}_{sk}(t)$$
$$+2\left(\sigma^{-1}\bar{\theta}\,\tilde{\bar{\theta}}_0\dot{\hat{\bar{\theta}}}_0+\sum_{k=1}^{m}\frac{\beta_k\tilde{\bar{u}}_{sk}(t)\dot{\hat{\bar{u}}}_{sk}(t)}{\sigma_{1k}}+\sum_{k=1}^{m}\frac{\tilde{\beta}_k(t)\dot{\hat{\beta}}_k(t)}{\sigma_{2k}}\right)$$

将自适应律（3.42）代入上式，可以得到

$$\dot{V}(t)+z^{\mathrm{T}}(t)z(t)-h_0^2w^{\mathrm{T}}(t)w(t)\leqslant -\xi(t)^{\mathrm{T}}Q_{\mathrm{c}}\xi(t)-2\epsilon|\chi(t)|_2\leqslant 0 \tag{3.50}$$

即

$$\dot{V}(t)\leqslant -z^{\mathrm{T}}(t)z(t)+h_0^2w^{\mathrm{T}}(t)w(t)-\xi(t)^{\mathrm{T}}Q_{\mathrm{c}}\xi(t)-2\epsilon|\chi(t)|_2$$

这表明对于任意的非零向量 $\xi(t)\in\mathbb{R}^{n+s}$，$\dot{V}(t)\leqslant 0$，即 $V(t)$ 是非增函数。

考虑到李雅普诺夫函数（3.45），一定存在一个正常数 β_0 使如下形式的不等式成立：

$$0\leqslant\beta_0|\tilde{\xi}(t)|_2\leqslant V(\tilde{\xi}(t))$$

式中，$\tilde{\xi}(t)=[\xi^{\mathrm{T}}(t)\quad \tilde{u}_{\mathrm{s}}^{\mathrm{T}}(t)\quad \tilde{\beta}_{\xi}^{\mathrm{T}}(t)]^{\mathrm{T}}$，$\tilde{\beta}_{\xi}(t)=\left[\tilde{\beta}_1(t)\quad\tilde{\beta}_2(t)\quad\cdots\quad\tilde{\beta}_m(t)\right]^{\mathrm{T}}$。进而

$$V(\tilde{\xi}(t))=V(\tilde{\xi}(t_0))+\int_{t_0}^{t}V(\tilde{\xi}(\tau))\mathrm{d}\tau$$
$$\leqslant V(\tilde{\xi}(t_0))-\int_{t_0}^{t}\xi(\tau)^{\mathrm{T}}Q_{\mathrm{c}}\xi(\tau)\mathrm{d}\tau-\int_{t_0}^{t}z^{\mathrm{T}}(\tau)z(\tau)\mathrm{d}\tau$$
$$-\int_{t_0}^{t}2\epsilon_0|\chi(\tau)|_2\,\mathrm{d}\tau+h_0^2\int_{t_0}^{t}w^{\mathrm{T}}(\tau)w(\tau)\mathrm{d}\tau$$

因为 $w(t)\in\mathcal{L}_2$，上面的不等式意味着船舶 DPS（3.30）和误差系统（3.44）的解是一致有界的。因此

$$V(\xi(t),\tilde{u}_{\mathrm{s}}(t),\tilde{\beta}(t))\leqslant V(\xi(0),\tilde{u}_{\mathrm{s}}(0),\tilde{\beta}(0))\triangleq V_0$$

式中，$V(t), \xi(t), \tilde{\bar{u}}_{\mathrm{s}}(t), \tilde{\beta}_{\xi}(t) \in \mathcal{L}_{\infty}$。进一步地考虑，$V(t)$ 随着 $t \to \infty$ 存在极限，即 $\lim\limits_{t\to\infty} V(\xi(t),\tilde{\bar{u}}_{\mathrm{s}}(t),\tilde{\beta}_{\xi}(t)) \triangleq V_{\infty}$，并对式（3.50）两侧积分可得

$$V(\infty)-V(0)+\int_0^{\infty} z^{\mathrm{T}}(t)z(t)\mathrm{d}t \leqslant h_0^2\int_0^{\infty} w^{\mathrm{T}}(t)w(t)\mathrm{d}t \tag{3.51}$$

因此，式（3.51）表明

$$\int_0^{\infty} z^{\mathrm{T}}(t)z(t)\mathrm{d}t \leqslant h_0^2\int_0^{\infty} w^{\mathrm{T}}(t)w(t)\mathrm{d}t + \xi^{\mathrm{T}}(0)P\xi(0) + \sigma^{-1}\overline{\theta}\,\tilde{\theta}_0^2(0) + \sum_{k=1}^{m}\frac{\beta_k \tilde{\bar{u}}_{\mathrm{s}k}^2(0)}{\sigma_{1k}} + \sum_{k=1}^{m}\frac{\tilde{\beta}_k^2(0)}{\sigma_{2k}}$$

这意味着次优自适应 H_{∞} 性能指标不大于 h_0。

证毕。□

3.3.3 仿真算例

本节通过仿真来验证所提容错控制方法的有效性和可行性。动态参数 M、N、G 来自文献[66]中的补给船，配备如下：u_1 为左舷主推进器、u_2 为右舷主推进器、u_3 为艉侧槽道推进器 I、u_4 为艉侧槽道推进器 II、u_5 为艏侧槽道推进器、u_6 为艏侧全回转推进器。推进器配置矩阵 E 见文献[98]，具体参数矩阵如下：

$$M=\begin{bmatrix} 1.1274 & 0 & 0 \\ 0 & 1.8902 & -0.0744 \\ 0 & -0.0744 & 0.1278 \end{bmatrix},\quad N=\begin{bmatrix} 0.0358 & 0 & 0 \\ 0 & 0.1183 & -0.0124 \\ 0 & -0.0041 & 0.0308 \end{bmatrix}$$

$$E=\begin{bmatrix} 1.0000 & 1.0000 & 0 & 0 & 0 & 0 \\ 0 & 0 & 1.0000 & 1.0000 & 1.0000 & 1.0000 \\ 0.0472 & -0.0472 & -0.4108 & -0.3858 & 0.4554 & 0.3373 \end{bmatrix}$$

且 G=0（无系泊力），则系统矩阵 A、B 和 D 可由 M、N、G 和 E 计算得到。在仿真中，选择

$$C_1=\begin{bmatrix} 0 & 0 & 1 & 0 & 0 & 1 \end{bmatrix},\quad C_2=\begin{bmatrix} 1 & 0 & 0 & 0 & 1 & 0 \\ 0 & 1 & 0 & 0 & 0 & 1 \\ 0 & 0 & 1 & 0 & 0 & 0 \\ 1 & 0 & 0 & 1 & 0 & 0 \end{bmatrix}$$

$$B_{2\mathrm{d}}=\begin{bmatrix} 0 & 0 & 0 & 0.8870 & -0.0149 & -0.3780 \\ 0 & 0 & 0 & 0 & 0.4198 & -2.7744 \\ 0 & 0 & 0 & 0 & 0.6478 & 3.0164 \end{bmatrix}^{\mathrm{T}}$$

可以看出，系统 (A,B,C_2) 是最小相位的，且 $\mathrm{rank}(C_2B)=\mathrm{rank}(B)$。因此，可以计算出相应的矩阵 Φ、δ 和 Θ。求解 LMIs（3.36）～（3.38），得到了次优性能指标 h_0=2.6118，增益矩阵和滑模面参数矩阵如下所示：

$$K_{\mathrm{a}}=\begin{bmatrix}-828.8638 & 20.0320 & -28.8922 & -104.2284 & 96.7814 & -10.1587\\ 14.8228 & -454.7490 & 27.7369 & -71.3577 & 36.2250 & -8.1875\\ 74.7103 & 26.1550 & -643.7760 & 65.9586 & 441.6285 & -290.6187\\ -8.6700 & -73.1286 & 8.9568 & -161.9553 & -2.8218 & -241.0787\\ 19.2092 & -6.1979 & 35.1427 & -0.8080 & -26.4416 & 15.4614\\ -18.3270 & -92.6730 & -12.1737 & -243.0870 & 13.6800 & -380.3240\end{bmatrix}$$

$$K_{\mathrm{b}}=\begin{bmatrix}-376.7674 & -113.4212 & -263.7689 & 96.4668\\ -20.6003 & -648.5818 & 252.2051 & 241.2837\\ -214.2800 & 262.2070 & 251.5663 & 104.9912\\ -15.9690 & -150.0836 & 17.6900 & -438.4827\\ 21.6290 & -19.6584 & -5.4547 & -4.4510\\ -29.5288 & -194.4475 & 23.2008 & -674.5768\end{bmatrix}$$

$$K_{\mathrm{c}}=\begin{bmatrix}-69.4188 & -32.4073 & -194.3144 & 23.6631 & -146.7855 & 73.5070\\ -119.1916 & -49.7130 & -207.8886 & 19.9441 & -98.6206 & 56.4908\\ -4.2265 & -171.6421 & 93.6509 & 10.4845 & 59.6783 & -84.6738\\ 2.5372 & -161.7097 & 75.3663 & 12.0379 & 61.2753 & -91.3824\\ 116.9076 & -89.5886 & -202.6275 & -1.5708 & -13.2810 & -4.6208\\ 93.2281 & -98.9528 & -171.1075 & -1.5629 & -15.3202 & -9.0447\end{bmatrix}$$

$$K_{\mathrm{d}}=\begin{bmatrix}-555.0744 & -91.2331 & -240.8246 & 3.5330\\ -604.5096 & -82.5770 & -132.1365 & 28.8563\\ -45.4949 & -453.3670 & 324.4605 & 205.9630\\ -36.6158 & -446.8259 & 288.4998 & 199.8388\\ 251.4195 & -231.1294 & -557.6070 & 105.2360\\ 203.9921 & -266.4395 & -485.4135 & 115.3326\end{bmatrix}$$

$$S=\begin{bmatrix}0 & 0 & 0 & 6.2719 & 0.7383 & -1.2177 & -0.5299 & 2.9517 & 0.3263 & 1.1945\\ 0 & 0 & 0 & 9.5282 & -0.6447 & -7.3280 & 0.2568 & 4.5491 & -0.3263 & -1.1945\\ 0 & 0 & 0 & 7.3438 & 1.2571 & -13.6459 & -0.4481 & 3.6022 & 0.5590 & -5.3696\end{bmatrix}$$

并且采用自适应增益σ=0.1，$\sigma_{11}=\sigma_{12}=\sigma_{13}=\sigma_{14}=\sigma_{15}=0.1$，$\sigma_{21}=\sigma_{22}=\sigma_{23}=\sigma_{24}=\sigma_{25}=0.05$；正标量$\epsilon=0.001$。考虑的故障模式为：当$t\leqslant 25$s 时，所有推进器处于正常工作状态；当$t>25$s 时，艉侧槽道推进器 I 完全失效，艏侧全回转推进器发生卡死故障，卡死信号为$10+10\cos t$，其他推进器无故障发生。选择扰动信号如下式所示：

$$\tilde{w}(t)=\begin{bmatrix}10(1.1+1.2\sin(0.02t)+1.5\sin(0.1t))\\ 65(-1.1+2\sin(0.02t-\pi/6)+1.5\sin(0.3t))\\ 100(\sin(0.09t+\pi/3)+3\sin(0.01t))\end{bmatrix}$$

为了验证本节控制律的有效性，仿真结果如图 3.6～图 3.8 所示。

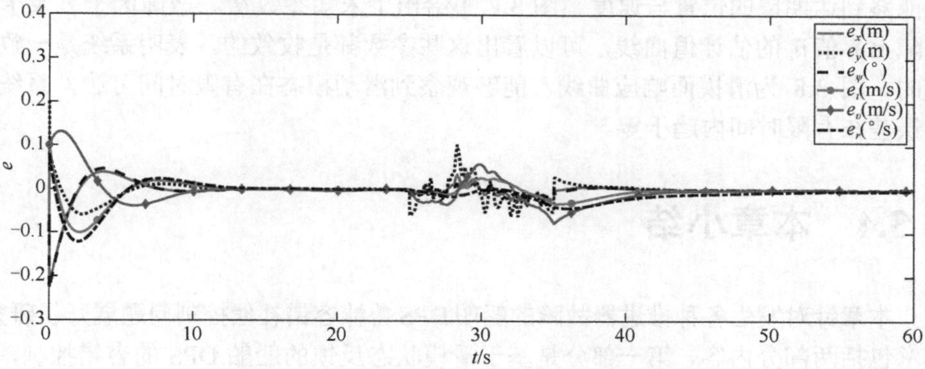

图 3.6　系统的状态误差响应曲线

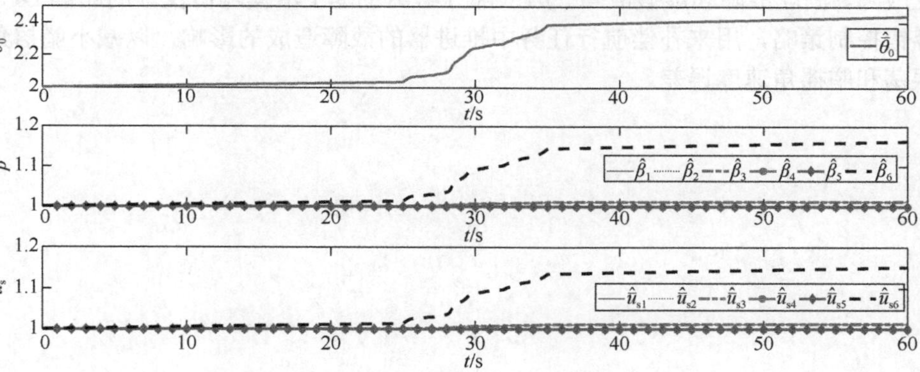

图 3.7　未知参数 $\bar{\theta}_0$、故障因子 β 和卡死故障上界值 $\bar{u}_s$ 的估计值

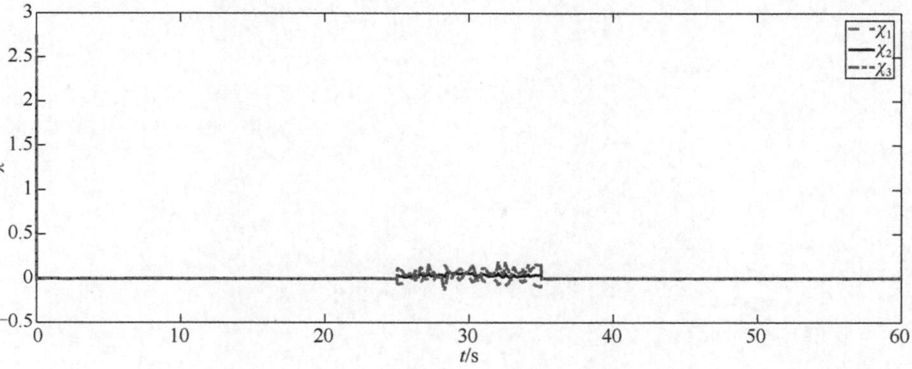

图 3.8　滑模面响应曲线

图 3.6 为系统的状态误差响应曲线，表明所设计的滑模控制器在推进器发生

故障和扰动的情况下，也能保证船舶 DPS 的渐近稳定性和自适应 H_∞ 性能，即船舶能够到达期望的位置与速度。图 3.7 中给出了未知参数 $\bar{\theta}_0$、故障因子 β 及卡死故障上界值 $\bar{u}_s$ 的估计值曲线，可以看出这些参数都是收敛的，表明系统是一致有界的。图 3.8 为滑模面响应曲线，能够观察到滑动模态在有限时间可达，系统状态误差在有限时间内趋于零。

3.4 本章小结

本章针对发生各种推进器故障的船舶DPS鲁棒容错补偿控制问题展开了研究。本章包括两部分内容，第一部分是基于滑模状态反馈的船舶 DPS 的容错控制，建立了一个通用的推进器故障模型，包括推进器部分失效故障、完全故障、时变卡死故障、满舵故障和虚假故障。第二部分给出了基于滑模输出反馈的船舶 DPS 的容错控制策略，用来补偿航行任务中推进器的故障造成的影响，以减小艏摇角的振荡和艏摇角速度误差。

第 4 章

考虑信号量化的船舶动力定位系统鲁棒容错控制

4.1 概述

上一章研究了未知持续海洋扰动下的船舶 DPS 自适应滑模容错补偿控制问题，解决了各种推进器故障和持续海洋扰动对船舶的影响。本章在此基础上，继续采用滑模技术和容错控制方法，进一步研究存在量化现象[100-104]时的船舶 DPS 的鲁棒容错控制的研究。

在实际中，船舶的运动通常是由远程陆基控制站来控制的。在这种情况下，船舶的位置和速度信息以及远程控制器信号会通过通信信道进行传输[9,11,68]。由于有限的通信带宽和数据传输率，不可避免地会发生信号量化现象，从而影响控制系统的鲁棒性和控制性能[105-107]。为了解决这一问题，滑模控制是一个很好的选择[108-110]。然而，由于量化误差的存在，传统的滑模控制器无法使系统的状态到达滑模面。此时，文献[111]提出了动态量化参数调节策略，并将其与滑模控制方法相结合，用来处理信号量化问题。在此基础上，文献[106]设计了具有数字通信约束的故障估计滑模观测器；文献[20]基于滑模控制研究了状态和控制输入量化影响下无人船的轨迹跟踪控制；文献[112]利用事件触发机制研究一类不确定线性系统的量化反馈滑模控制的鲁棒稳定性。但是，当考虑到推进器故障时，量化问题会变得更加复杂且有挑战性。尽管之前关于带有执行器故障的线性不确定系统的量化研究[86,113,114]给出了动态量化调节参数与故障信息之间的关系。但是，当涉及模型非线性项时，现有的带有量化参数调节的滑模控制结果却不再适用。并且，目前也鲜有结果将信号量化考虑到实际的船舶动力定位中。因此，研究推进器故障信息与量化参数之间的关系，并设计一种能处理各种推进器故障的量化滑模容错控制器对于船舶的 DP 控制是很有必要的。

本章针对船舶 DPS，利用量化后的信号设计了一类新的量化滑模容错控制方案，包括：带有信号量化的滑模状态反馈船舶 DPS 容错控制、带有信号量化的滑模输出反馈容错控制和带有量化不匹配的滑模输出反馈容错控制。受文献[113]和文献[114]的启发，通过引入灵活的参数，给出了一个新的用于船舶 DPS 的动态量化器的量化灵敏度的调节范围。为了补偿推进器故障和量化误差，本章结合动态量化参数调节方法和滑模容错控制技术，设计了一个新的量化滑模容错控制器，并且对推进器故障信息上下界进行自适应在线估计，避免了使用故障检测与诊断模块进行容错控制所带来的信息错报或漏报的弊端。通过对典型浮生船舶的比较实验，验证了所提出的方案在不同故障情况下的有效性。

4.2 带有信号量化的滑模状态反馈船舶动力定位系统鲁棒容错控制

4.2.1 问题描述

1. 带有非线性项的船舶 DPS 模型

本节中的船舶系统模型与 2.1 节相同，表示为

$$M\dot{\nu}(t)+N\nu(t)+G\eta(t)=Eu^{\mathrm{F}}(t) \tag{4.1}$$

$$\dot{\eta}(t)=R(\psi(t))\nu(t) \tag{4.2}$$

令 $A_0=-M^{-1}N$，$B_0=-M^{-1}E$，$F_0=-M^{-1}G$，船舶系统（4.1）变为

$$\dot{\nu}(t)=A_0\nu(t)+B_0u^{\mathrm{F}}(t)+\zeta(t)+F_0f(t,\nu) \tag{4.3}$$

式中，$\zeta(t)$ 为海洋扰动；$f(t,\nu)=\eta(t)$ 可以看作是 $\nu(t)$ 的时变非线性向量函数。

定义速度跟踪误差 $e_{\mathrm{v}}(t)=\nu(t)-\nu_{\mathrm{ref}}$，其中 ν_{ref} 为参考速度，由式（4.3）可得

$$\dot{e}_{\mathrm{v}}(t)=A_0e_{\mathrm{v}}(t)+B_0u^{\mathrm{F}}(t)+\zeta(t)+F_0f(t,e_{\mathrm{v}}(t))+A_0\nu_{\mathrm{ref}} \tag{4.4}$$

根据文献[15]和文献[68]，当船舶执行类似科学考究与探索任务时，可能发生停泊或抛锚。此时艏摇角 $\psi(t)$ 足够小，可得 $\cos(\psi(t))=1$、$\sin(\psi(t))=0$ 和 $R(\psi(t))\approx I$。因此，船舶 DPS 模型（4.2）变为

$$\dot{\eta}(t)=\nu(t) \tag{4.5}$$

定义 $e(t)=\begin{bmatrix}e_{\mathrm{p}}(t)\\ e_{\mathrm{v}}(t)\end{bmatrix}$、$x(t)=\begin{bmatrix}\eta(t)\\ \nu(t)\end{bmatrix}$ 和 $e_{\mathrm{ref}}=\begin{bmatrix}\eta_{\mathrm{ref}}\\ \nu_{\mathrm{ref}}\end{bmatrix}$，其中 $e_{\mathrm{p}}(t)=\eta(t)-\eta_{\mathrm{ref}}$，$\eta_{\mathrm{ref}}$ 为参考位置向量。结合式（4.3）～式（4.5），船舶 DPS 模型（4.1）和模型（4.2）可以改写为

$$\dot{e}(t)=Ae(t)+Bu^{\mathrm{F}}(t)+D\zeta(t)+Ff(t,e(t))+A\nu_{\mathrm{ref}} \tag{4.6}$$

式中，$A=\begin{bmatrix}0 & I\\ F_0 & A_0\end{bmatrix}$；$B=\begin{bmatrix}0\\ B_0\end{bmatrix}$；$D=\begin{bmatrix}0\\ I\end{bmatrix}$；$F=\begin{bmatrix}0\\ -F_0\end{bmatrix}$；$f(t,e(t))$为非线性向量值函数，且满足以下扇形有界条件：

$$(f(t,e(t))-T_1e(t))^{\mathrm{T}}(f(t,e(t))-T_2e(t))\leqslant 0 \tag{4.7}$$

式中，T_1 和 T_2 为已知的常实数矩阵。如果 T_1-T_2 是对称正定矩阵，那么函数 $f(t,e(t))$ 落在区间 $[T_1,T_2]$ 上[68]。

由文献[68]可知，海洋扰动 $\zeta(t)$ 是一个连续的有界函数，因此，存在一个正常数 $\bar{\zeta}$ 使得 $|\zeta(t)\leqslant\bar{\zeta}|$ 成立。通过定义组合干扰 $\xi(t)=D\zeta(t)+Ae_{\mathrm{ref}}$，从而将外部海洋扰动 $\zeta(t)$ 与参考值 e_{ref} 结合起来。进而式（4.6）变为

$$\dot{e}(t)=Ae(t)+Bu^{\mathrm{F}}(t)+\xi(t)+Ff(t,e(t)) \tag{4.8}$$

本节中的推进器故障模型与第 3 章相同，即为

$$u^{\mathrm{F}}(t)=\alpha u(t)+\beta u_{\mathrm{s}}(t)$$

另外，为了减小艏摇角速度误差与艏摇角的振荡幅值，选择控制输出 $z(t)$ 为

$$z(t)=Ce(t)$$

式中，$C=[0\quad 0\quad 0\quad 0\quad 0\quad 1]$。此时，式（4.8）变为

$$\begin{cases}\dot{e}(t)=Ae(t)+B(\alpha u(t)+\beta u_{\mathrm{s}}(t))+\xi(t)+Ff(t,e(t))\\ z(t)=Ce(t)\end{cases} \tag{4.9}$$

2. 量化器模型

本节中的船舶 DPS 配备了推进器，并由远程陆基控制站控制。船舶与远程陆基控制站之间通过通信网络进行连接，其中，控制站由状态误差计算器、滑模控制器和推力分配装置组成。如图 4.1 所示，船舶的位置与艏摇角信号 $\eta(t)$ 和速度信号 $\nu(t)$ 通过通信网络传输到远程陆基控制站。由于受到通信带宽和有限数据率限制的影响，不可避免地会发生信号量化问题。

通常，量化器可以被视为分段常值函数 $H:R^r\to H_1,\cdots,H_r$，其中 $H_1,\cdots,H_r\in R^r$ 为量化点，满足

$$|H(\dashv)-\dashv|\leqslant\Delta,\ |\dashv|\leqslant H$$
$$|H(\dashv)-\dashv|>\Delta,\ |\dashv|>H$$

式中，Δ 和 H 分别为量化器 $H(\cdot)$ 的量化误差和范围。由量化参数 $\dashv$ 和量化器 $H(\cdot)$ 组成的动态量化器为

$$H_{\hbar}(\dashv)\triangleq\hbar H\left(\frac{\dashv}{\hbar}\right),\quad \hbar>0$$

式中，$\hbar$ 表示量化参数。定义量化误差 $e_{\hbar}=H_{\hbar}(\dashv)-\dashv$，可得

$$|e_{\hbar_1}|=|H_{\hbar_1}(u)-u|\leqslant\Delta\hbar_1 \tag{4.10}$$

$$|e_{\hbar_2}|=|H_{\hbar_2}(x)-x|\leqslant \Delta_2\hbar_2 \tag{4.11}$$

式中，$\hbar_1$是一个固定值；$\hbar_2$是一个变化的量；$H_{\hbar_1}(u)$是静态量化器；$H_{\hbar_2}(x)$是动态量化器；$\Delta_1=\sqrt{m}/2$，m是向量$u(t)$的维数；$\Delta_2=\sqrt{6}/2$，6是向量$x(t)$的维数。

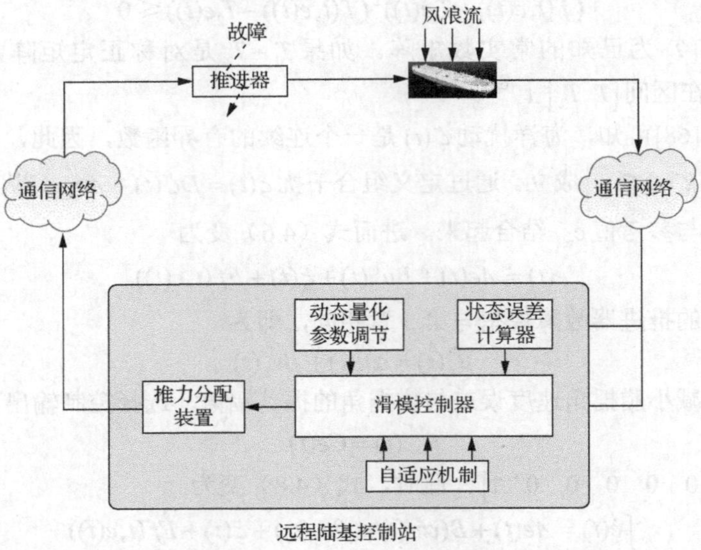

图 4.1　船舶 DPS 的量化滑模容错控制策略图

3. 控制目标

本节的控制目标是针对带有模型非线性项的船舶 DPS 模型（4.9），在满足假设 3.1 和假设 3.2 的情况下，选择静态量化控制器$H_{\hbar_1}(u)$和动态量化器$H_{\hbar_2}(x)$，通过引入新的灵活参数给出更大的量化参数调节范围，设计新的动态量化参数调节策略，并使用量化后的位置信号、艏摇角信号、速度信号和控制输入信号来设计滑模容错控制器，使得船舶 DPS 模型在发生各种推进器故障的情况下，仍能抑制艏摇角速度误差与艏摇角振荡幅度。

4.2.2　主要结果

本节针对船舶 DPS 设计量化滑模容错控制策略，如图 4.1 所示。为了实现本节的量化容错控制目标，滑模控制设计主要分为两步：第一步是滑模面的设计，保证滑模面上的滑动模态是渐近稳定的；第二步是结合动态量化参数调节策略，设计量化滑模容错控制器，使得系统的状态能够到达滑模带。

1. 滑模面设计

首先，控制输入矩阵B可以满秩分解为以下形式：

$$B = B_{\mathrm{v}}\mathcal{N} \tag{4.12}$$

式中，$B_{\mathrm{v}} \in \mathbb{R}^{m\times s}$；$\mathcal{N} \in \mathbb{R}^{s\times m}$，且 $\mathrm{rank}(B_{\mathrm{v}}) = \mathrm{rank}(\mathcal{N}) = s < m$。

为了灵活地设计滑模控制器和调节量化参数，引入灵活的设计参数 $\varpi > 0$，有

$$B_{\mathrm{v}} = \frac{1}{\varpi}B_{\mathrm{v}}^0, \quad \mathcal{N} = \varpi\mathcal{N}^0 \tag{4.13}$$

注 4.1 本节巧妙地引入参数 ϖ 来调节矩阵 $\mathcal{N}\mathcal{N}^{\mathrm{T}}$ 的最小特征值，这将为设计滑模容错控制器和量化灵敏度参数带来很大的灵活性。

基于式（4.12），设计滑模面函数为

$$\varXi \triangleq \{e : \sigma(e) = 0\} \tag{4.14}$$

式中，

$$\sigma(e) = Se(t) = B_{\mathrm{v}}^{\mathrm{T}}P^{-1}e(t) \tag{4.15}$$

其中，矩阵 P 将在后面的设计中进行求解，且矩阵 S 满足矩阵 SB_{v} 是非奇异的。

下面给出一个重要的引理，基于此引理，将进行滑模面上滑动模态稳定性的研究。

引理 4.1 对于船舶 DPS（4.9），假设式（4.7）成立。如果存在一个转换矩阵 $T = \begin{bmatrix} T_1 \\ T_2 \end{bmatrix} = \begin{bmatrix} \tilde{B}_{\mathrm{v}}^{\mathrm{T}} \\ B_{\mathrm{v}}^{\mathrm{T}}P^{-1} \end{bmatrix}$ 和相应的变换向量 $\bar{e}(t) = \begin{bmatrix} \bar{e}_1(t) \\ \bar{e}_2(t) \end{bmatrix}$，那么下式一定成立：

$$\left|f(t,e(t))\right|_2 \leqslant \varpi_1\left|e(t)\right|_2 \tag{4.16}$$

$$\left|f(t,e(t))\right|_2 \leqslant \varpi_2\left|\bar{e}_1(t)\right|_2 \tag{4.17}$$

式中，

$$\varpi_1 = \frac{1}{\sqrt{1-\varrho_1-\varrho_2}}\sqrt{\frac{1}{\varrho_1}\left|T_1\right|_2^2 + \frac{1}{\varrho_2}\left|T_2\right|_2^2 + \left|T_1^{\mathrm{T}}T_2\right|_2}$$

$$\varpi_2 = \frac{1}{\sqrt{1-\varrho_1-\varrho_2}}\sqrt{\frac{1}{\varrho_1}\left|T_1'\right|_2^2 + \frac{1}{\varrho_2}\left|T_2'\right|_2^2 + \left|T_1'^{\mathrm{T}}T_2'\right|_2}$$

$$T_1' = T_1P\tilde{B}_{\mathrm{v}}(\tilde{B}_{\mathrm{v}}^{\mathrm{T}}P\tilde{B}_{\mathrm{v}})^{-1}$$

$$T_2' = T_2P\tilde{B}_{\mathrm{v}}(\tilde{B}_{\mathrm{v}}^{\mathrm{T}}P\tilde{B}_{\mathrm{v}})^{-1}$$

证明 由式（4.7）可得以下不等式成立：

$$f^{\mathrm{T}}(t,e(t))f(t,e(t)) - f^{\mathrm{T}}(t,e(t))T_2e(t) - e^{\mathrm{T}}(t)T_1^{\mathrm{T}}f(t,e(t)) + e^{\mathrm{T}}(t)T_1^{\mathrm{T}}T_2e(t) \leqslant 0 \tag{4.18}$$

考虑到不等式 $\tilde{A}^{\mathrm{T}}(t)\tilde{B}(t) \leqslant \varrho^{-1}\tilde{A}^{\mathrm{T}}(t)\tilde{A}(t) + \varrho\tilde{B}^{\mathrm{T}}(t)\tilde{B}(t)$ 成立，式（4.7）变为

$$\begin{aligned} & f^{\mathrm{T}}(t,e(t))f(t,e(t)) \\ \leqslant & (\varrho_1+\varrho_2)f^{\mathrm{T}}(t,e(t))f(t,e(t)) + \frac{1}{\varrho_1}e^{\mathrm{T}}(t)T_2^{\mathrm{T}}T_2e(t) + \frac{1}{\varrho_2}e^{\mathrm{T}}(t)T_1^{\mathrm{T}}T_1e(t) - e^{\mathrm{T}}(t)T_1^{\mathrm{T}}T_2e(t) \end{aligned}$$

结合范数基本不等式 $\left|\tilde{A}^{\mathrm{T}}\tilde{B}\right|_2 \leqslant \left|\tilde{A}\right|_2\left|\tilde{B}\right|_2$，可得

$$(1-\varrho_1-\varrho_2)f^{\mathrm{T}}(t,e(t))f(t,e(t)) \leqslant (\frac{1}{\varrho_1}|T_2|_2^2+\frac{1}{\varrho_2}|T_1|_2^2+|T_1^{\mathrm{T}}T_2|_2)|e(t)|_2^2$$

令 $\varpi_1=\frac{1}{\sqrt{1-\varrho_1-\varrho_2}}\sqrt{\frac{1}{\varrho_1}|T_1|_2^2+\frac{1}{\varrho_2}|T_2|_2^2+|T_1^{\mathrm{T}}T_2|_2}$，从上式不难得出式（4.16）成立。

接下来，定义一个状态转换矩阵 $T=\begin{bmatrix}T_1\\T_2\end{bmatrix}=\begin{bmatrix}\tilde{B}_{\mathrm{v}}^{\mathrm{T}}\\B_{\mathrm{v}}^{\mathrm{T}}P^{-1}\end{bmatrix}$ 和相应的变换矢 $\overline{e}(t)=\begin{bmatrix}\overline{e}_1(t)\\\overline{e}_2(t)\end{bmatrix}$，进而可以得到 $e(t)=T^{-1}\overline{e}(t)=P\tilde{B}_{\mathrm{v}}(\tilde{B}_{\mathrm{v}}^{\mathrm{T}}P\tilde{B}_{\mathrm{v}})^{-1}\overline{e}_1(t)+B_{\mathrm{v}}(SB_{\mathrm{v}})^{-1}\overline{e}_2(t)$，$\overline{e}_2(t)=\sigma(t)$。一旦船舶 DPS（4.9）的状态轨迹到达滑模面上，则有

$$e(t)=P\tilde{B}_{\mathrm{v}}(\tilde{B}_{\mathrm{v}}^{\mathrm{T}}P\tilde{B}_{\mathrm{v}})^{-1}\overline{e}_1(t) \tag{4.19}$$

将式（4.19）代入式（4.16），易得式（4.17）成立。

证毕。 □

基于引理 4.1，下面给出滑模面上存在的滑动模态渐近稳定的一个充分条件。

定理 4.1 船舶 DPS（4.9）滑模面由式（4.13）给出，ϖ_1 由引理 4.1 定义。如果存在一个正定矩阵 $P>0$、一个正标量 $\varepsilon_0>0$ 和一个矩阵 X 满足以下矩阵不等式：

$$\begin{bmatrix}AP+PA^{\mathrm{T}}+B\alpha X+X^{\mathrm{T}}\alpha B^{\mathrm{T}} & PC^{\mathrm{T}} & F & I\\ * & -I & 0 & 0\\ * & * & -(\varepsilon_0^2\varpi_1^2+\varepsilon_0^{-2})I & 0\\ * & * & * & -\gamma_0^2 I\end{bmatrix}<0 \tag{4.20}$$

式中，$\alpha\in\{\alpha^\ell\mid\alpha^\ell=\mathrm{diag}\{\alpha_1^\ell,\alpha_2^\ell,\cdots,\alpha_m^\ell\},\alpha_j^\ell=\underline{\alpha}_j^\ell \text{或} \alpha_j^\ell=\overline{\alpha}_j^\ell\}$，$j\in\{1,2,\cdots,m\}$，$\ell\in\{1,2,\cdots,n\}$。则滑模面 $\sigma(e)=0$ 上的 $(m-s)$ 维降阶船舶 DPS 滑动模态是渐近稳定的且其自适应 H_∞ 性能指标不大于 γ_0。

证明 根据引理 4.1 中定义的状态转移矩阵 T 和相应的变换向量 $\overline{e}(t)$ 的定义，船舶 DPS（4.9）变为

$$\begin{cases}\dot{\overline{e}}(t)=TAT^{-1}\overline{e}(t)+TB(\alpha u(t)+\beta u_{\mathrm{s}}(t))+T\xi(t)+TFf(t,\overline{e}(t))\\ \overline{z}(t)=CT^{-1}\overline{e}(t)\end{cases}$$

上述船舶 DPS 也可以表示成以下形式：

$$\begin{cases}\begin{bmatrix}\dot{\overline{e}}_1\\\dot{\sigma}(t)\end{bmatrix}=\begin{bmatrix}\overline{A}_{11}&\overline{A}_{12}\\\overline{A}_{21}&\overline{A}_{22}\end{bmatrix}\begin{bmatrix}\overline{e}_1(t)\\\sigma(t)\end{bmatrix}+\begin{bmatrix}0\\\overline{B}_2\end{bmatrix}(\alpha u(t)+\beta u_{\mathrm{s}}(t))+\begin{bmatrix}\overline{D}_1\\\overline{D}_2\end{bmatrix}\xi(t)+\begin{bmatrix}\overline{F}_1\\\overline{F}_2\end{bmatrix}f(t,\overline{e}(t))\\ \overline{z}(t)=\overline{C}_1\overline{e}_1(t)+\overline{C}_2\sigma(t)\end{cases} \tag{4.21}$$

式中，$\overline{A}_{11}=\tilde{B}_{\mathrm{v}}^{\mathrm{T}}AP\tilde{B}_{\mathrm{v}}(\tilde{B}_{\mathrm{v}}^{\mathrm{T}}P\tilde{B}_{\mathrm{v}})^{-1}$；$\overline{A}_{12}=\tilde{B}_{\mathrm{v}}^{\mathrm{T}}AB_{\mathrm{v}}(SB_{\mathrm{v}})^{-1}$；$\overline{B}_2=SB$；$\overline{A}_{21}=SAP\tilde{B}_{\mathrm{v}}(\tilde{B}_{\mathrm{v}}^{\mathrm{T}}P\tilde{B}_{\mathrm{v}})^{-1}$；$A_{22}=SAB_{\mathrm{v}}(SB_{\mathrm{v}})^{-1}$；$\overline{D}_1=\tilde{B}_{\mathrm{v}}^{\mathrm{T}}$；$\overline{D}_2=S$；$\overline{F}_1=\tilde{B}_{\mathrm{v}}^{\mathrm{T}}F$；$\overline{F}_2=SF$；$\overline{C}_1=CP\tilde{B}_{\mathrm{v}}(\tilde{B}_{\mathrm{v}}^{\mathrm{T}}P\tilde{B}_{\mathrm{v}})^{-1}$；$\overline{C}_2=CB_{\mathrm{v}}(SB_{\mathrm{v}})^{-1}$。

考虑到量化参数关系式 $H_{\hbar_1}(\phi(t))=u(t)=\phi(t)+e_{\hbar_1}$，可以得到以下等效控制律：

$$\phi_{\text{eq}}(t)=-(\mathcal{N}\alpha)^{+}(SB_{\text{v}})^{-1}SAP\tilde{B}_{\text{v}}(\tilde{B}_{\text{v}}^{\text{T}}P\tilde{B}_{\text{v}})^{-1}\overline{e}_1(t)-(\mathcal{N}\alpha)^{+}\mathcal{N}\beta u_{\text{s}}(t)-(\mathcal{N}\alpha)^{+}\mathcal{N}\xi(t)$$
$$-(\mathcal{N}\alpha)^{+}(SB_{\text{v}})^{-1}SFf(t,\overline{e}(t))-e_{\hbar_1}$$

式中，$(\mathcal{N}\alpha)^{+}$ 是矩阵 $\mathcal{N}\alpha$ 的 Moore-Penrose 逆。

令 $\dot{\sigma}(t)=\sigma(t)=0$，用 $\phi_{\text{eq}}(t)$ 代替 $u(t)$，则滑模面上的 $(m-\mathfrak{s})$ 维降阶船舶 DPS 为

$$\begin{cases}\dot{\overline{e}}_1(t)=\overline{A}_{11}\overline{e}_1(t)+\overline{D}_1\xi(t)+\overline{F}_1f(t,\overline{e}(t))\\ z(t)=\overline{C}_1\overline{e}_1(t)\end{cases}\tag{4.22}$$

针对降阶后的船舶 DPS（4.21），选取李雅普诺夫函数

$$V_0(t)=\overline{e}_1^{\text{T}}(t)P_0^{-1}\overline{e}_1(t)$$

对 $V_0(t)$ 进行求导，有

$$\dot{V}_0(t)=\overline{e}_1^{\text{T}}(t)(P_0^{-1}\overline{A}_{11}+\overline{A}_{11}^{\text{T}}P_0^{-1})\overline{e}_1(t)+2\overline{e}_1^{\text{T}}(t)P_0^{-1}\overline{D}_1\xi(t)+2\overline{e}_1^{\text{T}}(t)P_0^{-1}\overline{F}_1f(t,\overline{e}(t))$$

因为不等式 $2\overline{e}_1^{\text{T}}(t)P_0^{-1}\overline{D}_1\xi(t)\leqslant\gamma_0^{-2}\overline{e}_1^{\text{T}}(t)P_0^{-1}\overline{D}_1\overline{D}_1^{\text{T}}P_0^{-1}\overline{e}_1(t)+\gamma_0^2\xi^{\text{T}}(t)\xi(t)$ 和 $2\overline{e}_1^{\text{T}}(t)\cdot P_0^{-1}\overline{F}_1f(t,\overline{e}(t))\leqslant\varepsilon_0^2\varpi_1^2\overline{e}_1^{\text{T}}(t)P_0^{-1}\overline{F}_1\overline{F}_1^{\text{T}}P_0^{-1}\overline{e}_1(t)+\varepsilon_0^{-2}\overline{e}_1^{\text{T}}(t)P_0^{-1}\overline{F}_1\overline{F}_1^{\text{T}}P_0^{-1}\overline{e}_1(t)$ 成立，其中 γ_0 和 ε_0 是正标量，ϖ_1 满足引理 4.1，$V_1(t)$ 的时间导数为

$$\dot{V}_1(t)=\dot{V}_0(t)+\overline{z}^{\text{T}}(t)\overline{z}(t)-\gamma_0^2\xi^{\text{T}}(t)\xi(t)\leqslant\overline{e}_1^{\text{T}}(t)P_0^{-1}WP_0^{-1}\overline{e}_1(t)$$

式中，$W=\overline{A}_{11}P_0+P_0\overline{A}_{11}^{\text{T}}+\gamma_0^{-2}\overline{D}_1\overline{D}_1^{\text{T}}+\varepsilon_0^2\varpi_1^2\overline{F}_1\overline{F}_1^{\text{T}}+\varepsilon_0^{-2}\overline{F}_1\overline{F}_1^{\text{T}}+P_0\overline{C}_1^{\text{T}}\overline{C}_1P_0$。

由于矩阵不等式（4.19）成立，通过定义 $P_0=\tilde{B}_{\text{v}}^{\text{T}}P\tilde{B}_{\text{v}}$，可以得到 $\dot{V}_1(t)\leqslant 0$，从而降阶船舶 DPS（4.21）是渐近稳定的。

证毕。　□

2. 滑模容错控制器设计

针对船舶 DPS（4.9），设计如下量化滑模容错控制器：

$$\begin{aligned}&H_{\hbar_1}(u(t))=\phi_1(t)+\phi_2(t)\\&\phi_1(t)=KH_{\hbar_2}(x(t))\\&\phi_2(t)=-\frac{1}{\kappa}\varphi(e,x,t)\mathcal{N}^{\text{T}}\text{sgn}(\sigma_Q(e(t)))\end{aligned}\tag{4.23}$$

式中，$K=XP^{-1}$，X 和 P 由定理 4.1 求出；κ 的设计满足下述引理 4.2 和引理 4.3。

$$\begin{aligned}\varphi(e,x,t)=&(1+\Upsilon)((|S_0A|_\infty+|F|_\infty\varpi_1\lambda\!\!\!^{-}+|\mathcal{N}|_\infty|K|_\infty)|H_{\hbar_2}(e(t))|_\infty+|\mathcal{N}|_\infty\Delta_1\hbar_1\\&+(|S_0A|_\infty+|F|_\infty\varpi_1\lambda\!\!\!^{-})\Delta_2\hbar_2+(2|S_0A|_\infty+|F|_\infty\varpi_1\lambda\!\!\!^{-})|e_{\text{ref}}|_\infty\\&+\sum_{k=1}^{q}|S_0|_1|D_{1k}|_1\hat{\overline{\zeta}}_k(t)+\sum_{j=1}^{m}|\mathcal{N}_j|_1\hat{\beta}_j(t)\hat{\overline{u}}_{\text{s}j}(t)+\epsilon)\end{aligned}\tag{4.24}$$

式中，λ_1 和 λ_2 分别为矩阵 $\mathcal{N}\mathcal{N}^{\text{T}}$ 的最小特征值和最大特征值；$\Upsilon=(\mu\lambda_1-\kappa)/(\sqrt{\ell}\mu\lambda_2)$，$\mu$ 是故障信息的下界，由引理 2.4 给出，ℓ 表示滑模面的维数；$\lambda\!\!\!^{-}$ 为向量 $H_{\hbar_2}(x(t))$

的维数；ϖ_1 满足引理 4.1；$\Delta_1=\sqrt{p}/2$，p 是向量 $u(t)$ 的维数；$\Delta_2=\sqrt{6}/2$，6 是向量 $x(t)$ 的维数；$\hbar_1$ 为静态量化器的量化参数；$\hbar_2$ 为动态量化器的量化参数；ϵ 是任意的小数；$\hat{\bar{u}}_{sj}(t)$、$\hat{\beta}_j(t)$ 和 $\hat{\bar{\zeta}}_k(t)$ 分别表示时变卡死与满舵故障上界值 $\bar{u}_{sj}(t)$、故障因子 $\beta_j(t)$ 和海洋扰动信息上界值 $\bar{\zeta}_k(t)$ 的估计值，并且设计以下自适应律对其进行估计：

$$\dot{\hat{\bar{u}}}_{sj}(t)=\gamma_{1j}(1+\Upsilon)|\mathcal{N}_j|_1\beta_j|\sigma_Q(e(t))|_1 \tag{4.25}$$

$$\dot{\hat{\beta}}_j(t)=\gamma_{2j}(1+\Upsilon)|\mathcal{N}_j|_1|\hat{\bar{u}}_{sj}(t)|\sigma_Q(e(t))|_1 \tag{4.26}$$

$$\dot{\hat{\bar{\zeta}}}_k(t)=\gamma_{3k}(1+\Upsilon)|S_0|_1|D_{1k}|_1|\sigma_Q(e(t))|_1 \tag{4.27}$$

式中，γ_{1j}、γ_{2j} 和 γ_{3k} 是自适应律增益；$j\in\{1,2,\cdots,m\}$，$k\in\{1,2,\cdots,\mathfrak{z}\}$；$\bar{u}_{sj0}$、$\beta_{j0}$ 和 $\bar{\zeta}_{k0}$ 分别为 $\hat{\bar{u}}_{sj}(t)$、$\hat{\beta}_j(t)$ 和 $\hat{\bar{\zeta}}_k(t)$ 的初值。

定义 $\tilde{\bar{u}}_{sj}(t)=\hat{\bar{u}}_{sj}(t)-\bar{u}_{sj}$、$\tilde{\beta}_j(t)=\hat{\beta}_j(t)-\beta_j$ 和 $\tilde{\bar{\zeta}}_k(t)=\hat{\bar{\zeta}}_k(t)-\bar{\zeta}_k$，其中 $\bar{u}_{sj}$、β_j 和 $\bar{\zeta}_k$ 分别为 $\bar{u}_{sj}(t)$、$\beta_j(t)$ 和 $\bar{\zeta}_k(t)$ 的真实值，可得自适应估计误差系统为

$$\begin{aligned}\dot{\tilde{\bar{u}}}_{sj}(t)&=\dot{\hat{\bar{u}}}_{sj}(t)\\ \dot{\tilde{\beta}}_j(t)&=\dot{\hat{\beta}}_j(t)\\ \dot{\tilde{\bar{\zeta}}}_k(t)&=\dot{\hat{\bar{\zeta}}}_k(t)\end{aligned} \tag{4.28}$$

下面给出两个重要的引理：一个给出灵活调节参数 ϖ 对 $\mathcal{N}\mathcal{N}^{\mathrm{T}}$ 最小特征值的影响和故障因子的上下界的范围；一个给出船舶 DPS 的故障信息和量化误差之间的关系。这两个引理都为后面的主要结果奠定了基础。

引理 4.2 如果 $\mathcal{N}$、$\mathcal{N}^0$ 和 μ 分别由式（4.12）、式（4.13）和引理 2.4 给出，那么一定存在正常数 ϖ 和 κ 使得以下两式成立：

$$\lambda_1=\varpi^2\lambda_1^0 \tag{4.29}$$

$$\mu\in\left[\frac{\kappa}{\lambda_1},\ 1\right] \tag{4.30}$$

式中，λ_1 是矩阵 $\mathcal{N}\mathcal{N}^{\mathrm{T}}$ 的最小特征值；λ_1^0 是矩阵 $\mathcal{N}^0\mathcal{N}^{0\mathrm{T}}$ 的最小特征值。

证明 根据 $\mathcal{N}$ 和 $\mathcal{N}^0$ 的关系（4.13）和方阵特征值的基本性质可知式（4.29）成立。当任意选取 ϖ 的时候，可以从式（4.29）中获得 λ_1。此时，一定存在一个任意小的正标量 h，使得 $\kappa=\mu\lambda_1-h>0$ 成立。考虑到 $\mu\in[0,1]$，从而有 $\kappa<\mu\lambda_1<\lambda_1$ 成立，因此，式（4.30）成立。

证毕。 □

注 4.2　由式（4.29）可得，引入的灵活调节参数 ϖ 通过影响矩阵 $\mathcal{N}\mathcal{N}^{\mathrm{T}}$ 和 $\mathcal{N}^0\mathcal{N}^{0\mathrm{T}}$ 的特征值来实现对系统设计的灵活调整作用。式（4.30）给出了故障信息 μ 下界值的具体范围，通过调节 κ 和 λ_1 来使 μ 落在式（4.30）给出的区间里面。

引理 4.3　已知 Δ_2、$\mathcal{N}$ 和 $\sigma(e(t))$ 分别由式（4.11）、式（4.12）和式（4.15）给出，且 λ_1 和 λ_2 分别为矩阵 $\mathcal{N}\mathcal{N}^{\mathrm{T}}$ 的最小特征值和最大特征值。如果存在一个参数 $0<\omega<(\sqrt{\ell}(1-\mu))/(\sqrt{\ell}\mu+1)$ 和一个动态量化参数 $\hbar_2(t)>0$ 满足

$$\frac{|e_{\mathrm{ref}}|_1}{\omega\Delta_2}<\hbar_2(t)<\frac{\mu\lambda_1-\kappa}{(\sqrt{\ell}\mu\lambda_2+\lambda_1)(1+\omega)|S|_1\Delta_2}|\sigma(e(t))|_1 \tag{4.31}$$

则以下不等式成立：

$$|Se_{\hbar_2}+Se_{\mathrm{ref}}|_1\leqslant(1+\omega)|S|_1\Delta_2\hbar_2(t)<\frac{\mu\lambda_1-\kappa}{\sqrt{\ell}\mu\lambda_2}|\sigma_Q(e(t))|_1 \tag{4.32}$$

证明　由式（4.11）和式（4.31）可以得到

$$|Se_{\hbar_2}+Se_{\mathrm{ref}}|_1\leqslant(1+\omega)|S|_1\Delta_2\hbar_2(t)$$

即式（4.32）的左半部分成立。

将式（4.31）的右半部分乘以 $(\sqrt{\ell}\mu\lambda_2+\lambda_1)(1+\omega)|S|_1\Delta_2$，有

$$(\sqrt{\ell}\mu\lambda_2+\lambda_1)(1+\omega)|S|_1\Delta_2\hbar_2<(\mu\lambda_1-\kappa)|\sigma(e(t))|_1 \tag{4.33}$$

考虑到引理 4.2，不难得到

$$(\sqrt{\ell}\mu\lambda_2+\lambda_1)(1+\omega)|S|_1\Delta_2\hbar_2>(\sqrt{\ell}\mu\lambda_2+\mu\lambda_1-\kappa)(1+\omega)|S|_1\Delta_2\hbar_2(t) \tag{4.34}$$

将式（4.33）和式（4.34）合并，有

$$(\sqrt{\ell}\mu\lambda_2+\mu\lambda_1-\kappa)(1+\omega)|S|_1\Delta_2\hbar_2(t)<(\mu\lambda_1-\kappa)|\sigma(e(t))|_1$$

把上式的左右两侧同时除以 $\sqrt{\ell}\mu\lambda_2$，有

$$\left(1+\frac{\mu\lambda_1-\kappa}{\sqrt{\ell}\mu\lambda_2}\right)(1+\omega)|S|_1\Delta_2\hbar_2(t)<\frac{\mu\lambda_1-\kappa}{\sqrt{\ell}\mu\lambda_2}|\sigma(e(t))|_1 \tag{4.35}$$

将式（4.35）的左右两侧同时减去 $\frac{\mu\lambda_1-\kappa}{\sqrt{\ell}\mu\lambda_2}(1+\omega)|S|_1\Delta_2\hbar_2(t)$，可得

$$(1+\omega)|S|_1\Delta_2\hbar_2(t)<\frac{\mu\lambda_1-\kappa}{\sqrt{\ell}\mu\lambda_2}(|\sigma(e(t))|_1-(1+\omega)|S|_1\Delta_2\hbar_2(t))$$

结合三角形不等式关系 $|a+b+c|\geqslant|a|-|b|-|c|,\forall a\in\mathbb{R},b\in\mathbb{R},c\in\mathbb{R}$，有

$$\begin{aligned}&|\sigma(e(t))|_1-(1+\omega)|S|_1\Delta_2\hbar_2(t)\\&=|Se(t)|_1-|S|_1\Delta_2\hbar_2(t)-\omega|S|_1\Delta_2\hbar_2(t)\\&\leqslant|Se(t)+Se_{\hbar_2}+Se_{\mathrm{ref}}|_1\end{aligned}$$

利用关系式 $Se(t)+Se_{\hbar_2}+Se_{\mathrm{ref}}=\sigma_Q(e(t))$，可以得到

$$(1+\omega)|S|_1\Delta_2\hbar_2<\frac{\mu\lambda_1-\kappa}{\sqrt{\ell}\mu\lambda_2}|\sigma_Q(e(t))|_1$$

即式（4.32）的右半部分成立。

证毕。 □

注 4.3 针对船舶 DPS(4.9)，引理 4.3 给出了 $|Se_{\hbar_2}+Se_{\text{ref}}|_1$、$\hbar_2(t)$ 和 $|\sigma_Q(e(t))|_1$ 之间的关系。与文献[114]中的动态量化调节参数 $\hbar_2(t)$ 的范围相比较，由于引入参数 ω，本节给出了动态量化参数 $\hbar_2(t)$ 的下界值和更大的上界值。当 $|e_{\text{ref}}|_1=0$，$\mu=1$ 且 $\omega\to 0$ 时，引理 4.3 中的动态量化参数的调节范围就会变为文献[114]中的结果，即 $\hbar_2(t)\in\left(0,\dfrac{(\mu\lambda_1-\kappa)}{\left(\sqrt{\ell}\lambda_2+\lambda_1\right)|S|_1\varDelta_2}\left|\sigma_Q(e(t))\right|_1\right)$。

3. 动态量化参数调节策略

基于文献[100]和文献[114]中的研究，量化参数 $\hbar_2(t)$ 的动态调节过程为：令 $\hbar_2(t_i)=\mho^i\hbar_2(t_0)$，如果 $\left|H\left(\dfrac{e(t)}{\hbar_2(t_0)}\right)\right|_2\leqslant|T^{-1}|_2\varDelta_2\mho+\varDelta_2$，$t>t_i$，那么通过调节 $\mho^i$ 可以使得 $\hbar_2(t_i)\to 0$，从而使 $\sigma_Q(e(t))\to 0$，其中参数 $\mho$ 满足关系式 $\dfrac{1}{\mathfrak{I}}<\mho<1$，$T$ 由引理 4.1 给出，$\mathfrak{I}=(|T^{-1}|_2\,\mho+2+\omega)\varDelta_2$，$\mho$ 的定义将在定理 4.2 中给出，$i=1, 2, 3,\cdots$，$t_0=0$，动态量化参数 $\hbar_2(t)$ 的初值 $\hbar_{20}(t)$ 的选择满足式（4.31）。

依据引理 4.1～引理 4.3 和动态量化参数调节策略，下面将给出定理 4.2，说明在存在推进器故障和信号量化的情况下，所设计的量化滑模容错控制器（4.23）和动态量化参数调节策略能将船舶 DPS(4.9)的状态轨迹拉到并保持在滑模面上。

定理 4.2 在满足假设 3.1 和假设 3.2 的情况下，考虑到引理 2.4、引理 2.5 和引理 4.1～引理 4.3，针对发生各种推进器故障和存在信号量化的船舶 DPS（4.9），假设滑模面由式（4.15）给出，量化参数 $\hbar_1(t)$ 是固定值，量化参数 $\hbar_2(t)$ 是变化值，则船舶 DPS(4.9)的状态变量 $e(t)$ 将在量化滑模容错控制器(4.23)和自适应律(4.25)～(4.27)的作用下到达下面的带状区域：

$$\aleph=\left\{e(t):|\sigma(e(t))|_1\leqslant\frac{(\sqrt{\ell}\mu\lambda_2+\lambda_1)(1+\omega)|S|_1\varDelta_2\hbar_2}{\mu\lambda_1-\kappa}(1+\varepsilon_0)\right\}$$

之后，$e(t)$ 在动态量化参数调节策略的作用下最终趋近于原点。

证明 选取李雅普诺夫函数为

$$V(\sigma,\tilde{\bar{u}}_{\text{s}},\tilde{\beta},\tilde{\bar{\zeta}})=V_1(\sigma)+\sum_{j=1}^{m}\frac{\beta_j\tilde{\bar{u}}_{\text{s}j}^2(t)}{2\gamma_{1j}}+\sum_{j=1}^{m}\frac{\tilde{\beta}_j^2(t)}{2\gamma_{2j}}+\sum_{k=1}^{q}\frac{\tilde{\bar{\zeta}}_k^2(t)}{2\gamma_{3k}}$$

式中，$V_1(\sigma(e(t)))=\dfrac{1}{2}\sigma^{\text{T}}(e(t))(SB_{\text{v}})^{-1}\sigma(e(t))$。

$V_1(\sigma(e(t)))$ 沿着船舶 DPS（4.9）的时间导数为

$$\dot{V}_1(\sigma(e(t)))=\sigma^{\text{T}}(e(t))(SB_{\text{v}})^{-1}S(Ae(t)+Bu^{\text{F}}(t)+\xi(t)+Ff(t,e(t)))$$

整个证明过程共分为两步。在第一步中，$\hbar_2(t)$ 是一个常数，且满足式（4.31）。在量化滑模容错控制器（4.23）的作用下，状态 $e(t)$ 将会进入到一个带状区域：

$$\aleph=\{e(t):|\sigma(e(t))|_1\leqslant\frac{(\sqrt{\ell}\mu\lambda_2+\lambda_1)(1+\omega)|S|_1\Delta_2\hbar_2}{\mu\lambda_1-\kappa}(1+\varepsilon_0)\}$$

式中，ε_0 是一个任意小的常数。

考虑到量化误差（4.10）、量化误差（4.11）和船舶 DPS 状态 $e(t)$ 的定义，可得

$$\begin{aligned}\dot{V}_1(\sigma)=&\sigma_{\mathrm{Q}}^{\mathrm{T}}(e(t))(SB_{\mathrm{v}})^{-1}S(AH_{\hbar_2}(x(t))-Ae_{\hbar_2}-Ae_{\mathrm{ref}}+B(\alpha H_{\hbar_1}(u(t))-\alpha e_{\hbar_1}\\&+\beta u_{\mathrm{s}}(t))+\xi(t)+Ff(t,e(t)))-(Se_{\hbar_2}+Se_{\mathrm{ref}})^{\mathrm{T}}(SB_{\mathrm{v}})^{-1}S(AH_{\hbar_2}(x(t))\\&-Ae_{\hbar_2}-A_{\mathrm{cl}}e_{\mathrm{ref}}+B(\alpha H_{\hbar_1}(u(t))-\alpha e_{\hbar_1}+\beta u_{\mathrm{s}}(t))+\xi(t)+Ff(t,e(t)))\end{aligned}\tag{4.36}$$

定义 $S_0=(SB_{\mathrm{v}})^{-1}S$，并利用引理 2.6 和范数不等式，式（4.36）变为

$$\begin{aligned}\dot{V}_1(\sigma)\leqslant&|\sigma_{\mathrm{Q}}^{\mathrm{T}}(e(t))|_1(|S_0AH_{\hbar_2}(x(t))|_\infty+|S_0A|_\infty(\Delta_2\hbar_2+|e_{\mathrm{ref}}|_\infty))\\&+\sigma_{\mathrm{Q}}^{\mathrm{T}}(e(t))S_0B(\alpha H_{\hbar_1}(u(t))-\alpha e_{\hbar_1}+\beta u_{\mathrm{s}}(t))+\sigma_{\mathrm{Q}}^{\mathrm{T}}(e(t))S_0\xi(t)\\&+|\sigma_{\mathrm{Q}}^{\mathrm{T}}(e(t))|_1|F|_\infty|f(t,e(t))|_\infty+|Se_{\hbar_2}+Se_{\mathrm{ref}}|_1(|S_0AH_{\hbar_2}(x(t))|_\infty\\&+|S_0A|_\infty(\Delta_2\hbar_2+|e_{\mathrm{ref}}|_\infty))+(Se_{\hbar_2}+Se_{\mathrm{ref}})^{\mathrm{T}}S_0B(\alpha H_{\hbar_1}(u(t))-\alpha e_{\hbar_1}\\&+\beta u_{\mathrm{s}}(t))+(Se_{\hbar_2}+Se_{\mathrm{ref}})^{\mathrm{T}}S_0\xi(t)+|Se_{\hbar_2}+Se_{\mathrm{ref}}|_1|F|_\infty|f(t,e(t))|_\infty\end{aligned}$$

由引理 4.3 和式（4.12），有

$$\begin{aligned}\dot{V}_1(\sigma)\leqslant&(1+\Upsilon)|\sigma_{\mathrm{Q}}(e(t))|_1(|S_0AH_{\hbar_2}(x(t))|_\infty+|\mathcal{N}|_\infty\Delta_1\hbar_1\\&+|S_0A|_\infty(\Delta_2\hbar_2+|e_{\mathrm{ref}}|_\infty))+\sigma_{\mathrm{Q}}^{\mathrm{T}}(e(t))(\mathcal{N}\alpha H_{\hbar_1}(u(t))\\&+\mathcal{N}\beta u_{\mathrm{s}}(t)+S_0\xi(t))+(1+\Upsilon)|\sigma_{\mathrm{Q}}(e(t))|_1|F|_\infty\times|f(t,e(t))|_\infty\\&+(Se_{\hbar_2}+Se_{\mathrm{ref}})^{\mathrm{T}}(\mathcal{N}\alpha H_{\hbar_1}(u(t))+\mathcal{N}\beta u_{\mathrm{s}}(t)+S_0\xi(t))\end{aligned}\tag{4.37}$$

考虑到海洋扰动 $\zeta(t)$ 和推进器时变卡死和满舵故障 $u_s(t)$ 的有界性，不难得到

$$\begin{aligned}&\sigma_{\mathrm{Q}}^{\mathrm{T}}(e(t))S_0\xi(t)+(Se_{\hbar_2}+Se_{\mathrm{ref}})^{\mathrm{T}}S_0\xi(t)\\&=\sum_{k=1}^{q}(\sigma_{\mathrm{Q}}^{\mathrm{T}}(e(t))+(Se_{\hbar_2}+Se_{\mathrm{ref}})^{\mathrm{T}})S_0D_{1k}\zeta_k(t)+(\sigma_{\mathrm{Q}}^{\mathrm{T}}(e(t))+(Se_{\hbar_2}+Se_{\mathrm{ref}})^{\mathrm{T}})S_0Ae_{\mathrm{ref}}\\&\leqslant\sum_{k=1}^{q}(1+\Upsilon)|\sigma_{\mathrm{Q}}(e(t))|_1|S_0|_1|D_{1k}|_1\bar{\zeta}_k+(1+\Upsilon)|\sigma_{\mathrm{Q}}(e(t))|_1|S_0|_\infty|Ae_{\mathrm{ref}}|_\infty\end{aligned}\tag{4.38}$$

和

$$\begin{aligned}&\sigma_{\mathrm{Q}}^{\mathrm{T}}(e(t))\mathcal{N}\beta u_{\mathrm{s}}(t)+(Se_{\hbar_2}+Se_{\mathrm{ref}})^{\mathrm{T}}\mathcal{N}\beta u_{\mathrm{s}}(t)\\&=\sum_{j=1}^{m}(\sigma_{\mathrm{Q}}(e(t))+Se_{\hbar_2}+Se_{\mathrm{ref}})^{\mathrm{T}}\mathcal{N}_j\beta_ju_{\mathrm{s}j}(t)\\&\leqslant\sum_{j=1}^{m}(1+\Upsilon)|\sigma_{\mathrm{Q}}(e(t))|_1|\mathcal{N}_j|_1\beta_j\bar{u}_{\mathrm{s}j}\end{aligned}\tag{4.39}$$

将式（4.38）和式（4.39）代入式（4.37），可以得到

$$\dot{V}_1(\sigma) \leqslant (1+\Upsilon)|\sigma_{\mathrm{Q}}(e(t))|_1 (|S_0 A H_{\hbar_2}(x(t))|_\infty + |\mathcal{N}|_\infty \Delta_1\hbar_1 + 2|S_0 A|_\infty |e_{\mathrm{ref}}|_\infty$$
$$+|S_0 A|_\infty \Delta_2\hbar_2 + \sum_{k=1}^{q}|S_0|_1 |D_{1k}|_1 \bar{\zeta}_k + \sum_{j=1}^{m}|\mathcal{N}_j|_1 \beta_j \bar{u}_{sj} + |F|_\infty |f(t,e(t))|_\infty)$$
$$+(\sigma_{\mathrm{Q}}(e(t)) + Se_{\hbar_2} + Se_{\mathrm{ref}})^{\mathrm{T}} \mathcal{N}\alpha H_{\hbar_1}(u(t)) \tag{4.40}$$

假如设计的量化滑模容错控制器（4.23）成立，并根据引理 2.5，如下关系成立：

$$\begin{aligned}
&(Se_{\hbar_2} + Se_{\mathrm{ref}})^{\mathrm{T}} \mathcal{N}\alpha H_{\hbar_1}(u(t)) \\
&= (Se_{\hbar_2} + Se_{\mathrm{ref}})^{\mathrm{T}} \mathcal{N}\alpha(\phi_1(t) + \phi_2(t)) \\
&\leqslant |Se_{\hbar_2} + Se_{\mathrm{ref}}|_1 (|\mathcal{N}\alpha\phi_1(t)|_\infty + |\mathcal{N}\alpha\phi_2(t)|_\infty) \\
&\leqslant \Upsilon|\sigma_{\mathrm{Q}}(e(t))|_1 (|\mathcal{N}|_\infty |K|_\infty |H_{\hbar_2}(x(t))|_\infty + \tfrac{1}{\kappa}\varphi(e,x,t)|\mathcal{N}\alpha\mathcal{N}^{\mathrm{T}}|_\infty) \\
&\leqslant \Upsilon|\sigma_{\mathrm{Q}}(e(t))|_1 (|\mathcal{N}|_\infty |K|_\infty |H_{\hbar_2}(x(t))|_\infty + \tfrac{1}{\kappa}\varphi(e,x,t)\sqrt{\ell}\mu\lambda_2)
\end{aligned} \tag{4.41}$$

由引理 4.1 和关系式 $e(t) = H_{\hbar_2}(e(t)) - e_{\hbar_2} - e_{\mathrm{ref}}$，有

$$\begin{aligned}
&(1+\Upsilon)|\sigma_{\mathrm{Q}}(e(t))|_1 |F|_\infty |f(t,e(t))|_\infty \\
&\leqslant (1+\Upsilon)|\sigma_{\mathrm{Q}}(e(t))|_1 |F|_\infty \varpi_1 \lambda (|H_{\hbar_2}(e(t))|_\infty + \Delta_2\hbar_2 + |e_{\mathrm{ref}}|_\infty)
\end{aligned} \tag{4.42}$$

将式（4.41）和式（4.42）代入式（4.40），并经过简单的整理，有

$$\dot{V}_1(\sigma) \leqslant (1+\Upsilon)|\sigma_{\mathrm{Q}}(e(t))|_1 ((|S_0 A|_\infty + |F|_\infty \varpi_1\lambda)|H_{\hbar_2}(x(t))|_\infty$$
$$+|\mathcal{N}|_\infty \Delta_1\hbar_1 + (|S_0 A|_\infty + |F|_\infty \varpi_1\lambda)\Delta_2\hbar_2 + (2|S_0 A|_\infty$$
$$+|F|_\infty \varpi_1\lambda)|e_{\mathrm{ref}}|_\infty + \sum_{k=1}^{q}|S_0|_1 |D_{1k}|_1 \bar{\zeta}_k + \sum_{j=1}^{m}|\mathcal{N}_j|_1 \beta_j \bar{u}_{sj})$$
$$+\sigma_{\mathrm{Q}}^{\mathrm{T}}(e(t))\mathcal{N}\alpha H_{\hbar_1}(u(t)) + \Upsilon|\sigma_{\mathrm{Q}}(e(t))|_1 |\mathcal{N}|_\infty |K|_\infty |H_{\hbar_2}(x(t))|_\infty$$
$$+\frac{\mu\lambda_1 - \kappa}{\kappa}\varphi(e,x,t)|\sigma_{\mathrm{Q}}(e(t))|_1 \tag{4.43}$$

考虑到自适应估计参数误差的定义，可以得到以下不等式：

$$\begin{aligned}
&\sum_{k=1}^{q}(1+\Upsilon)|\sigma_{\mathrm{Q}}(e(t))|_1 |S_0|_1 |D_{1k}|_1 \bar{\zeta}_k \\
&= \sum_{k=1}^{q}(1+\Upsilon)|\sigma_{\mathrm{Q}}(e(t))|_1 |S_0|_1 |D_{1k}|_1 (\hat{\bar{\zeta}}_k(t) - \tilde{\bar{\zeta}}_k(t))
\end{aligned} \tag{4.44}$$

$$\begin{aligned}
&\sum_{j=1}^{m}(1+\Upsilon)|\sigma_{\mathrm{Q}}(e(t))|_1 |\mathcal{N}_j|_1 \beta_j \bar{u}_{sj} \\
&= \sum_{j=1}^{m}(1+\Upsilon)|\sigma_{\mathrm{Q}}(e(t))|_1 |\mathcal{N}_j|_1 (\hat{\beta}_j(t)\hat{\bar{u}}_{sj}(t) - \tilde{\beta}_j(t)\hat{\bar{u}}_{sj}(t) - \beta_j \tilde{\bar{u}}_{sj}(t))
\end{aligned} \tag{4.45}$$

将式（4.44）和式（4.45）代入式（4.43），可得

$$\dot{V}_1(\sigma) \leqslant (1+\Upsilon)|\sigma_{\mathrm{Q}}(e(t))|_1 ((|S_0 A|_\infty + |F|_\infty \varpi_1\lambda)|H_{\hbar_2}(x(t))|_\infty$$
$$+|\mathcal{N}|_\infty \Delta_1\hbar_1 + (|S_0 A|_\infty + |F|_\infty \varpi_1\lambda)\Delta_2\hbar_2 + (2|S_0 A|_\infty$$

$$+|F|_\infty \varpi_1 \bar{\lambda})|e_{\mathrm{ref}}|_\infty)+\Upsilon|\sigma_{\mathrm{Q}}(e(t))|_1|\mathcal{N}|_\infty|K|_\infty|H_{\hbar_2}(x(t))|_\infty$$

$$+\frac{\mu\lambda_1-\kappa}{\kappa}\varphi(e,x,t)|\sigma_{\mathrm{Q}}(e(t))|_1+\sigma_{\mathrm{Q}}^{\mathrm{T}}(e(t))\mathcal{N}\alpha H_{\hbar_1}(u(t))$$

$$+(1+\Upsilon)|\sigma_{\mathrm{Q}}(e(t))|_1(\sum_{k=1}^{q}|S_0|_1|D_{1k}|_1\hat{\bar{\zeta}}_k(t)$$

$$+\sum_{j=1}^{m}|\mathcal{N}_j|_1\hat{\beta}_j(t)\hat{\bar{u}}_{sj}(t))-(1+\Upsilon)|\sigma_{\mathrm{Q}}(e(t))|_1(\sum_{k=1}^{q}|S_0|_1|D_{1k}|_1\tilde{\bar{\zeta}}_k(t)$$

$$+\sum_{j=1}^{m}|\mathcal{N}_j|_1\tilde{\beta}_j(t)\hat{\bar{u}}_{sj}(t)+\sum_{j=1}^{m}|\mathcal{N}_j|_1\beta_j\tilde{\bar{u}}_{sj}(t)) \tag{4.46}$$

选择量化滑模容错控制器（4.23），并结合引理 2.4，有

$$\begin{aligned}
&\sigma_{\mathrm{Q}}^{\mathrm{T}}(e(t))\mathcal{N}\alpha H_{\hbar_1}(u(t))\\
&=\sigma_{\mathrm{Q}}^{\mathrm{T}}(e(t))\mathcal{N}\alpha K H_{\hbar_2}(x(t))-\sigma_{\mathrm{Q}}^{\mathrm{T}}(e(t))\frac{1}{\kappa}\varphi(e,x,t)\mathcal{N}\alpha\mathcal{N}^{\mathrm{T}}\mathrm{sgn}(\sigma_Q(e(t)))\\
&\leqslant|\sigma_{\mathrm{Q}}(e(t))|_1|\mathcal{N}|_\infty|K|_\infty|H_{\hbar_2}(x(t))|_\infty-\frac{\mu}{\kappa}\varphi(e,x,t)\lambda_1|\sigma_{\mathrm{Q}}(e(t))|_1
\end{aligned} \tag{4.47}$$

将式（4.47）代入式（4.46），可得

$$\begin{aligned}
\dot{V}_1(\sigma)\leqslant&(1+\Upsilon)|\sigma_{\mathrm{Q}}(e(t))|_1((|S_0A|_\infty+|F|_\infty\varpi_1\bar{\lambda}+|\mathcal{N}|_\infty|K|_\infty)|H_{\hbar_2}(x(t))|_\infty\\
&+|\mathcal{N}|_\infty\Delta_1\hbar_1+(|S_0A|_\infty+|F|_\infty\varpi_1\bar{\lambda})\Delta_2\hbar_2+\sum_{k=1}^{q}|S_0|_1|D_{1k}|_1\hat{\bar{\zeta}}_k(t)\\
&+(2|S_0A|_\infty+|F|_\infty\varpi_1\bar{\lambda})|e_{\mathrm{ref}}|_\infty+\sum_{j=1}^{m}|\mathcal{N}_j|_1\hat{\beta}_j(t)\hat{\bar{u}}_{sj}(t))-(1+\Upsilon)\\
&\times|\sigma_{\mathrm{Q}}(e(t))|_1(\sum_{k=1}^{q}|S_0|_1|D_{1k}|_1\tilde{\bar{\zeta}}_k(t)+\sum_{j=1}^{m}|\mathcal{N}_j|_1\tilde{\beta}_j(t)\hat{\bar{u}}_{sj}(t)\\
&+\sum_{j=1}^{m}|\mathcal{N}_j|_1\beta_j\tilde{\bar{u}}_{sj}(t))-\varphi(e,x,t)|\sigma_{\mathrm{Q}}(e(t))|_1
\end{aligned}$$

设计 $\varphi(e,x,t)$ 如式（4.24），则 $\dot{V}(\sigma,\tilde{\bar{u}}_{\mathrm{s}},\tilde{\beta},\tilde{\bar{\zeta}})$ 变为

$$\begin{aligned}
\dot{V}(\sigma,\tilde{\bar{u}}_{\mathrm{s}},\tilde{\beta},\tilde{\bar{\zeta}})\leqslant&-(1+\Upsilon)\epsilon|\sigma_{\mathrm{Q}}(e(t))|_1-(1+\Upsilon)|\sigma_{\mathrm{Q}}(e(t))|_1(\sum_{k=1}^{q}|S_0|_1|D_{1k}|_1\tilde{\bar{\zeta}}_k(t)\\
&+\sum_{j=1}^{m}|\mathcal{N}_j|_1\tilde{\beta}_j(t)\hat{\bar{u}}_{sj}(t)+\sum_{j=1}^{m}|\mathcal{N}_j|_1\beta_j\tilde{\bar{u}}_{sj}(t))+\sum_{j=1}^{m}\frac{\beta_j\tilde{\bar{u}}_{sj}(t)\dot{\hat{\bar{u}}}_{sj}(t)}{\gamma_{1j}}\\
&+\sum_{j=1}^{m}\frac{\tilde{\beta}_j(t)\dot{\hat{\beta}}_j(t)}{\gamma_{2j}}+\sum_{k=1}^{q}\frac{\tilde{\bar{\zeta}}_k(t)\dot{\hat{\bar{\zeta}}}_k(t)}{\gamma_{3k}}
\end{aligned}$$

利用设计的自适应律（4.25）～（4.27），可以得到如下不等式：

$$\dot{V}(\sigma,\tilde{\bar{u}}_{\mathrm{s}},\tilde{\beta},\tilde{\bar{\zeta}})\leqslant-(1+\Upsilon)\epsilon|\sigma_{\mathrm{Q}}(e(t))|_1\leqslant-\epsilon|\sigma_{\mathrm{Q}}(e(t))|_1$$

根据范数基本不等式 $|\tilde{A}+\tilde{B}|_1\leqslant|\tilde{A}|_1+|\tilde{B}|_1$，有

$$
\begin{aligned}
|\sigma(e(t))|_1 &= |\sigma_Q(e(t)) - Se_{\hbar_2} - Se_{\text{ref}}|_1 \\
&\leqslant |\sigma_Q(e(t))|_1 + |Se_{\hbar_2} + Se_{\text{ref}}|_1 \\
&\leqslant (1+\Upsilon)|\sigma_Q(e(t))|_1
\end{aligned}
$$

进而可以得到

$$
|\sigma_Q(e(t))|_1 \geqslant \frac{1}{1+\Upsilon}|\sigma(e(t))|_1
$$

因为 1 范数和 2 范数的关系，可得$|\sigma(e(t))|_1 \geqslant |\sigma(e(t))|_2$，所以有

$$
\dot{V}(\sigma,\tilde{\bar{u}}_s,\tilde{\beta},\tilde{\bar{\zeta}}) \leqslant -\frac{\epsilon}{1+\Upsilon}|\sigma(e(t))|_2 < 0 \tag{4.48}
$$

这意味着$V(\sigma,\tilde{\bar{u}}_s,\tilde{\beta},\tilde{\bar{\zeta}})$是一个非增函数，即

$$
V(\sigma,\tilde{\bar{u}}_s,\tilde{\beta},\tilde{\bar{\zeta}}) < V(\sigma(0),\tilde{\bar{u}}_s(0),\tilde{\beta}(0),\tilde{\bar{\zeta}}(0))
$$

由此，可以得到$V,\sigma,\tilde{\bar{u}}_s,\tilde{\beta},\tilde{\bar{\zeta}} \in \mathcal{L}_\infty$。另外，随着时间$t\to\infty$，$V$存在极限，即$\lim\limits_{t\to\infty} V(\sigma,\tilde{\bar{u}}_s,\tilde{\beta},\tilde{\bar{\zeta}}) = V_\infty$。

定义$\breve{\xi}(t) = \frac{\epsilon}{1+\Upsilon}|\sigma(e(t))|_2$，并把式（4.48）从 0 到$t$积分，得

$$
V(t) - V(0) \leqslant -\int_0^t \breve{\xi}(s)\mathrm{d}s \tag{4.49}
$$

随着$t\to\infty$，将式（4.49）两侧同时取极限，有

$$
\lim_{t\to\infty}\int_0^t \breve{\xi}(s)\mathrm{d}s \leqslant V(0) - V(\infty) < \infty \tag{4.50}
$$

因此，$\sigma \in \mathcal{L}_2 \cap \mathcal{L}_\infty$。由于$\sigma$是一个连续的函数，对式（4.50）应用引理 2.7，可以得出：船舶 DPS（4.9）的状态轨迹将会在一定的时间内进入到带状区域

$$
\aleph = \{e(t): |\sigma(e(t))|_1 \leqslant \frac{(\sqrt{\ell}\mu\lambda_2 + \lambda_1)(1+\omega)|S|_1 \varDelta_2\hbar_2}{\mu\lambda_1 - \kappa}(1+\varepsilon_0)\}
$$

接下来执行第二步，通过对量化参数$\hbar_2(t)$的调节，使船舶 DPS 的状态$e(t)$趋近于一个球域$\wp = \{e(t): |e(t)|_2 \leqslant \Im\hbar_2(t_0)\}$内，并最终趋近于原点。

当船舶 DPS 的状态轨迹进入到带状区域$\aleph$时，有

$$
\sigma(e(t)) = Se(t) = \varnothing(t)\Omega|S|_1 \varDelta_2\hbar_2(t_0)(1+\varepsilon_0) \tag{4.51}
$$

式中，$0 \leqslant \varnothing(t) < 1$；$\Omega = \frac{(\sqrt{\ell}\mu\lambda_2 + \lambda_1)(1+\omega)}{\mu\lambda_1 - \kappa}$。

结合定理 4.1 中的船舶 DPS（4.21）和式（4.51），有

$$
\begin{cases}
\dot{\bar{e}}_1(t) = \bar{A}_{11}\bar{e}_1(t) + \bar{A}_{12}\varnothing(t)\Omega|S|_1 \varDelta_2\hbar_2(t_0)(1+\varepsilon_0) + \bar{D}_1\xi(t) + \bar{F}_1 f(t,\bar{e}(t)) \\
\bar{z}(t) = \bar{C}_1\bar{e}_1(t) + \bar{C}_2\varnothing(t)\Omega|S|_1 \varDelta_2\hbar_2(t_0)(1+\varepsilon_0)
\end{cases} \tag{4.52}
$$

沿着系统（4.52），可以得到李雅普诺夫函数$V_2(t) = \bar{e}_1^{\mathrm{T}}(t)P_0^{-1}\bar{e}_1(t)$的导数为

$$\begin{aligned}&\dot{V}_2(t)+\bar{z}^{\mathrm{T}}(t)\bar{z}(t)-\gamma_0^2\xi^{\mathrm{T}}(t)\xi(t)\\&\leqslant-\bar{e}_1^{\mathrm{T}}(t)W_0\bar{e}_1(t)+2\bar{e}_1^{\mathrm{T}}(t)P_0^{-1}\bar{A}_{12}\varnothing(t)\Omega|S|_1\Delta_2\hbar_2(t_0)(1+\varepsilon_0)\\&\quad+(\varnothing(t)\Omega|S|_1\Delta_2\hbar_2(t_0)(1+\varepsilon_0))^2\bar{C}_2^{\mathrm{T}}\bar{C}_2\\&\leqslant-\lambda_{\min}(W_0)|\bar{e}_1(t)|_2^2+2|\bar{e}_1(t)|_2|P_0^{-1}\bar{A}_{12}|_2\Omega|S|_1\Delta_2\hbar_2(t_0)(1+\varepsilon_0)\\&\quad+(\varnothing(t)\Omega|S|_1\Delta_2\hbar_2(t_0)(1+\varepsilon_0))^2\bar{C}_2^{\mathrm{T}}\bar{C}_2\end{aligned}$$

式中，$W_0=P_0^{-1}WP_0^{-1}$。

经过一段时间，当$t'>t_0$时，$\bar{e}_1(t)$将会进入到

$$\Re=\{\bar{e}_1(t'):|\bar{e}_1(t)|_2\leqslant\frac{H_3}{\lambda_{\min}(W_0)}\varnothing(t)\Omega|F|_1\Delta_2\hbar_2(t_0)(1+\varepsilon_0)(1+\varepsilon_1)\}$$

式中，$H_3=|P_0^{-1}\bar{A}_{12}|_2+\sqrt{|P_0\bar{A}_{12}|_2^2+\lambda_{\min}(W_0)|\bar{C}_2|_2^2}$；$\varepsilon_1$是一个任意小的正标量。进而可以得到以下不等式：

$$\begin{aligned}|e(t)|_2&=(\bar{e}_1^{\mathrm{T}}(t)\bar{e}_1(t)+\sigma^{\mathrm{T}}(e(t))\sigma(e(t)))^{\frac{1}{2}}\\&\leqslant|\bar{e}_1(t)|_2+|\sigma(e(t))|_2\\&\leqslant\frac{H_3}{\lambda_{\min}(W_0)}\varnothing(t)\Omega|F|_1\Delta_2\hbar_2(t_0)(1+\varepsilon_0)(1+\varepsilon_1)+\varnothing(t)\Omega|S|_1\Delta_2\hbar_2(t_0)(1+\varepsilon_0)\\&\leqslant\varnothing(t)\Omega|S|_1\Delta_2\hbar_2(t_0)(1+\varepsilon_0)(\frac{H_3}{\lambda_{\min}(W_0)}(1+\varepsilon_1)+1)\end{aligned}$$

定义$\mho=\varnothing(t)\Omega|S|_1(1+\varepsilon_0)\left(\frac{H_3}{\lambda_{\min}(W_0)}(1+\varepsilon_1)+1\right)$，有

$$|e(t')|_2\leqslant\mho\Delta_2\hbar_2(t_0),\quad t'>t_0$$

进而可以得到

$$\begin{aligned}|H_{\hbar_2(t_0)}(x(t))|_2&\leqslant|e(t)|_2+|e_{\hbar_2(t_0)}(t)|_2+|e_{\mathrm{ref}}|_2\\&\leqslant|T^{-1}\bar{e}(t)|_2+|e_{\hbar_2(t_0)}(t)|_2+|e_{\mathrm{ref}}|_2\\&\leqslant|T^{-1}|_2\mho\Delta_2\hbar_2(t_0)+\Delta_2\hbar_2(t_0)+\omega\Delta_2\hbar_2(t_0)\end{aligned}$$

这意味着

$$|H(\frac{e(t)}{\hbar_2(t_0)})|_2\leqslant|T^{-1}|_2\mho\Delta_2+\Delta_2+\omega\Delta_2,\quad t\geqslant t'>t_0$$

因为$H\left(\frac{e(t)}{\hbar_2(t_0)}\right)$能够在通信信道两侧获得，所以有

$$|e(t)|_2\leqslant\Im\hbar_2(t_0),\quad t>t'>t_0$$

式中，$\Im=(|T^{-1}|_2\mho+2+\omega)\Delta_2$。上式表明系统的状态轨迹进入到了一个球域$\wp$。

现在开始进行动态量化参数调节：随着i不断增大，$\mathcal{O}^i$不断变小，$\hbar_2(t_i)$不断减小，最终系统状态会趋于原点，进而可得$|\sigma(e(t))|_1\to0$。

证毕。 □

注 4.4 基于滑模控制技术，文献[86]和文献[114]给出了带有执行器故障的不确定线性系统的量化参数 $\hbar_2(t)$ 的调节范围。但是，如果要跟踪船舶 DPS 的期望状态信号 $\eta_{\text{ref}}(t)$ 和 $\nu_{\text{ref}}(t)$，那么该范围将不再适用。为了解决这一问题，式（4.31）给出了一种新的且考虑期望变量 e_{ref} 的量化范围。而且引入的参数 ω 扩大了量化参数 $\hbar_2(t)$ 的调节范围，这在一定程度上降低了系统设计与调节的保守性。

4.2.3 仿真算例

为了验证所设计的量化滑模容错控制方法的有效性，以一艘按一定比例缩小的典型的浮生船作为实验对象进行仿真研究，其相关的数据见 3.2.3 节。

船舶 DPS 的参考信号为 $\eta_{\text{ref}}(t)=0$ 、$\vartheta_{\text{ref}}(t)=0$ 和 $\upsilon_{\text{ref}}(t)=0$ ，$r_{\text{ref}}(t)$ 是一个切换函数，表达式为

$$r_{\text{ref}}=\begin{cases}-0.1, & t\in[0,100]\text{s 和}[200,300]\text{s}\\ 0.1, & \text{其他}\end{cases}$$

本节的海洋扰动 $\zeta(t)$ 为

$$\begin{cases}\xi_1(t)=\mathcal{M}_1(s)\mathcal{N}_1(t)\\ \xi_2(t)=6.2\cos(3t)\mathrm{e}^{-3t}\\ \xi_3(t)=\mathcal{M}_2(s)\mathcal{N}_2(t)\end{cases}$$

式中，整形滤波器 $\mathcal{M}_1(s)=K_{\zeta_1}s\big/(s^2+2\epsilon_1\varrho_1 s+\varrho_1^2)$ ，$\mathcal{M}_2(s)=K_{\zeta_2}s\big/(s^2+2\epsilon_2\varrho_2 s+\varrho_2^2)$ ，主波强度系数为 $K_{\zeta_1}=0.2$ ，$K_{\zeta_2}=0.6$ ，$\epsilon_1=\epsilon_1=0.6$ ，ϱ_1 和 ϱ_2 为遭遇波频率；$\mathcal{N}_1(s)$ 和 $\mathcal{N}_2(s)$ 分别为噪声能量为 12.4 和 18 的有界白噪声。

为了说明本节所提出方法的有效性，下面对以下推进器故障模式的情况进行仿真研究：在 150s 处，艏侧槽道推进器发生满舵故障，满舵值为 0.16；艉侧槽道推进器 II 发生失效率为 70%的部分故障。并从以下两种情况进行讨论。

情况 1：推进器满舵故障对船舶 DPS 的影响。

为了说明所提出方法的有效性，将本节的结果与未考虑满舵故障的设计进行对比。图 4.2～图 4.4 体现了推进器满舵故障对船舶 DPS 的影响。其中，实线表示本节策略得到的结果，虚线为未考虑满舵故障的对比仿真。

由图 4.2 可得，本节中的前进速度 $\vartheta(t)$ 、横荡速度 $\upsilon(t)$ 和艏摇角速度 $r(t)$ 的曲线变化程度小于对比仿真。图 4.3 中的动态量化参数 $\hbar_2$（点虚线）从 $t=150$s 开始突然急剧变化，大概 10s 后恢复至原来的数值；但本节的量化参数的变化却不明显。图 4.4 为滑模面对比响应曲线。当推进器发生满舵故障时，已存在方法设计的滑模面比本节的滑模面的变化和抖振程度都大。通过对估计值的连续调节，可以保证船舶 DPS 的鲁棒性，这意味着非线性增益变化已重新将系统的状态拉回滑模面。从对比仿真结果来看，应用本节设计方法的所有信号的振荡程度比对比结果都更小。

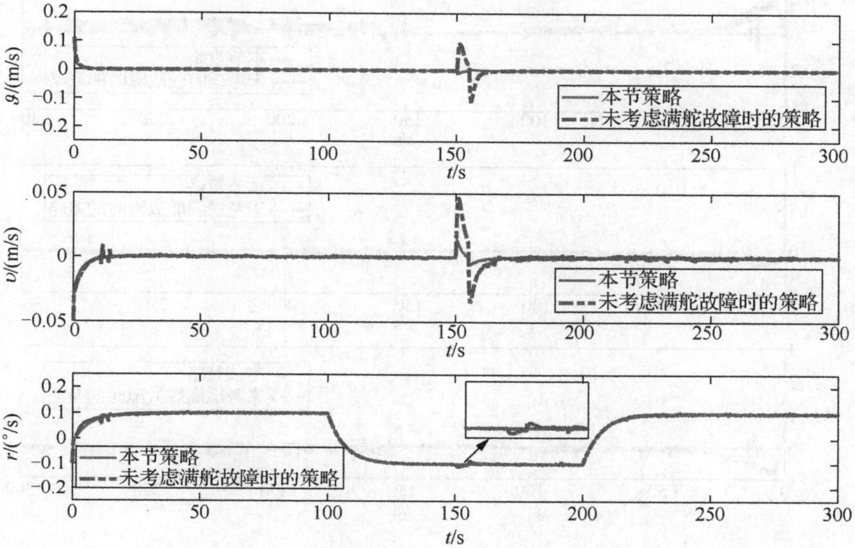

图 4.2　情况 1 中的速度对比响应曲线

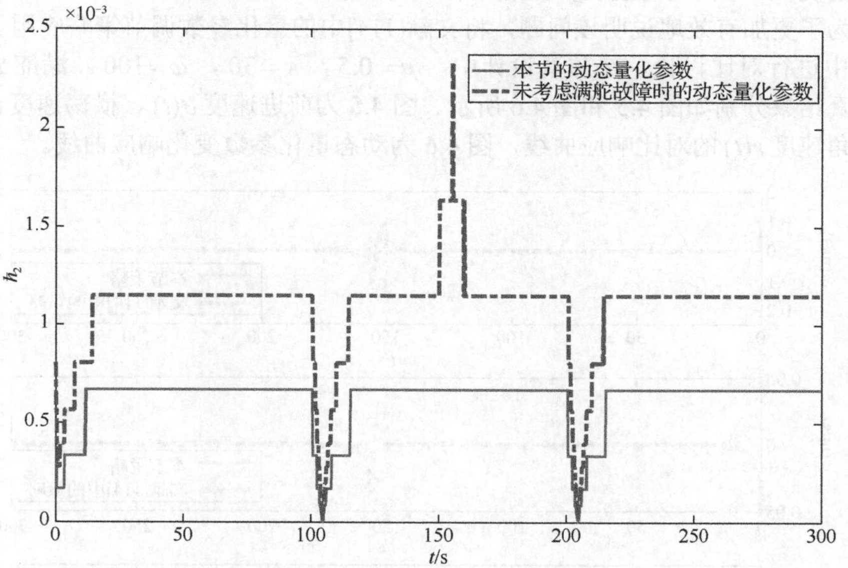

图 4.3　情况 1 中的动态量化参数对比响应曲线

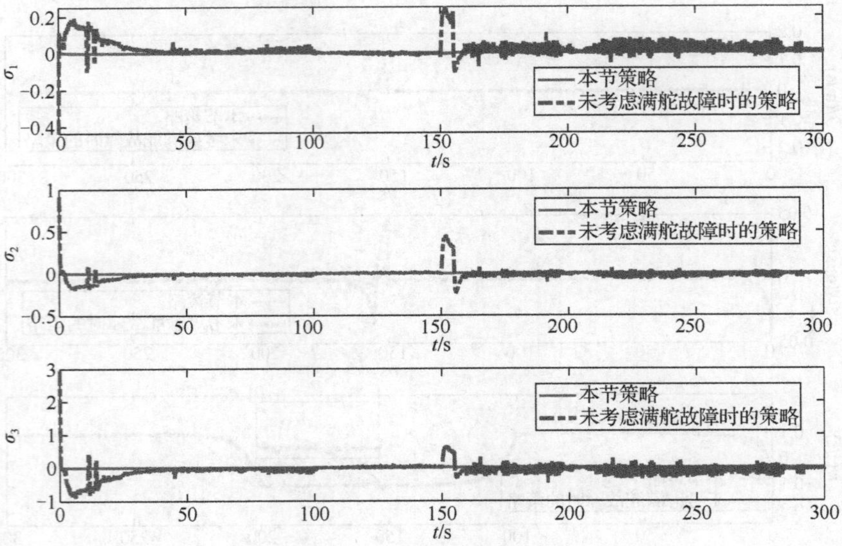

图 4.4 情况 1 中的滑模面对比响应曲线

情况 2：不同动态量化参数调节范围对船舶 DPS 的影响。

为了更加有效地说明该问题，将文献[114]中的量化参数调节策略应用于船舶 DPS 中进行对比讨论。在仿真设计中，$\mu=0.5$，$\kappa=30$，$\omega=100$。满舵故障对比仿真结果分别如图 4.5 和图 4.6 所示。图 4.5 为前进速度 $\vartheta(t)$、横荡速度 $\upsilon(t)$ 和艏摇角速度 $r(t)$ 的对比响应曲线，图 4.6 为动态量化参数变化响应曲线。

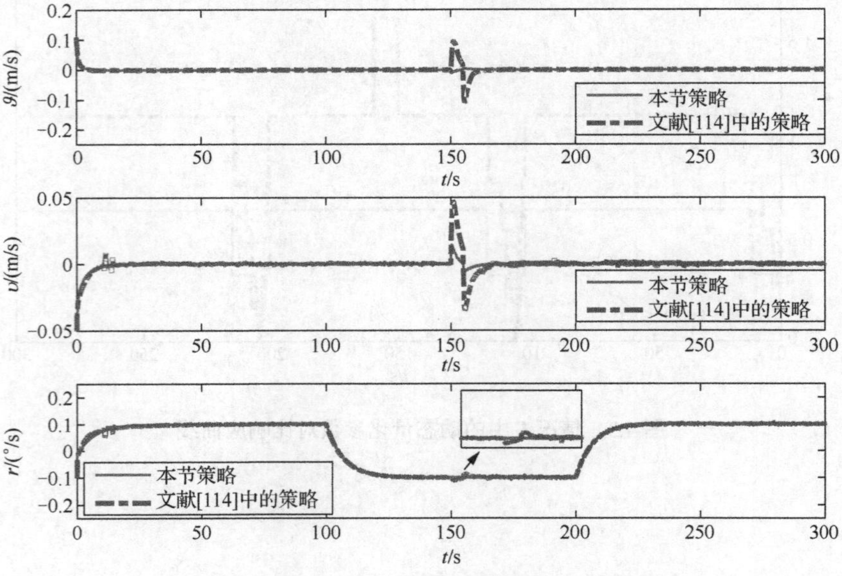

图 4.5 本节与文献[114]的速度对比响应曲线

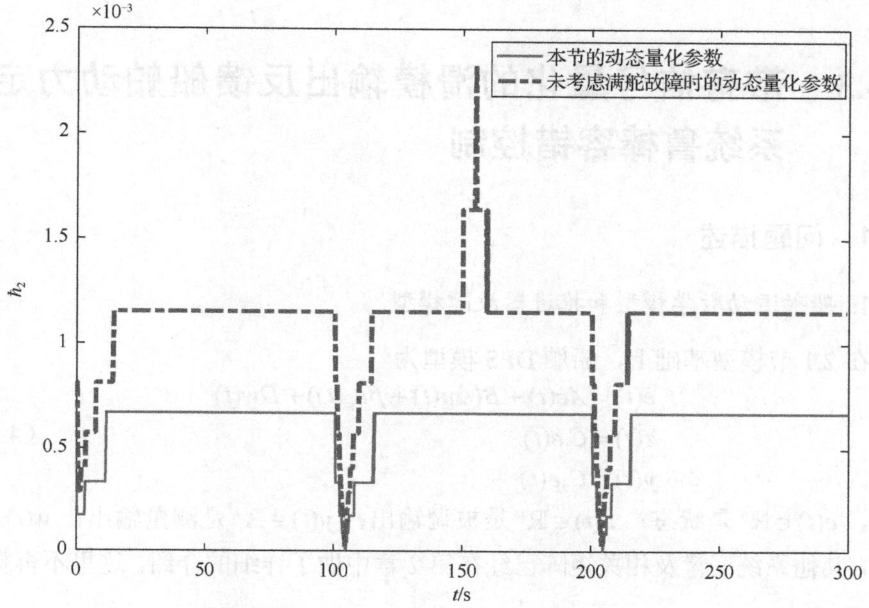

图 4.6　本节与文献[114]的动态量化参数对比响应曲线

定义振荡幅值 OA_{ve} 为峰值相对跟踪参考值的振荡幅度。令艏摇角速度误差的减少百分比 RP_{ve} 为艏摇角速度误差的振荡幅值 OA_{ve} 与跟踪参考值之比；艏摇角的减少百分比 RP_{ya} 为艏摇角的振荡幅值 OA_{ya} 与参考值之比。很明显，船舶 DPS 的性能越好，那么艏摇角速度误差的减少百分比就越小。表 4.1 列出了满舵故障情况下艏摇角速度误差与艏摇角的振荡幅值和减少百分比。根据表 4.1 和图 4.5 可得，所设计的方法在满舵故障对比模式中有效减小了艏摇角速度误差的振荡幅值。特别地，在满舵故障发生后，使用的已存在方法得到的艏摇角速度误差的最小减少百分比为 9.32%，且偏航角的减少百分比为 1.82%。由表 4.1 可以看出，推进器故障是影响艏摇角和艏摇角速度误差的振荡幅值的重要因素，而本节提出的方法却在此方面发挥了有效的作用。图 4.6 中的动态量化参数响应曲线说明了所提方法的有效性。

表 4.1　满舵故障情况下角速度误差与艏摇角的振荡幅值和减少百分比

	OA_{ve}	RP_{ve}/%	OA_{ya}	RP_{ya}/%
参考值	0.1	—	0.67	—
本节	0.00197	1.97	0.0011	0.16
文献[114]	0.00932	9.32	0.0122	1.82

从情况 1 和情况 2 的对比仿真结果可以看出，本节中所提出的量化滑模容错控制方案能有效减小艏摇角速度误差与艏摇角的振荡幅值和量化误差。

4.3 带有信号量化的滑模输出反馈船舶动力定位系统鲁棒容错控制

4.3.1 问题描述

1. 船舶运动数学模型和推进器故障模型

在 2.1 节模型基础上，船舶 DPS 模型为

$$\begin{aligned}\dot{e}(t) &= Ae(t) + B(\alpha u(t) + \beta u_{\mathrm{s}}(t)) + Dw(t)\\ z(t) &= C_1 e(t)\\ y(t) &= C_2 e(t)\end{aligned} \tag{4.53}$$

式中，$e(t) \in \mathbb{R}^n$ 是状态；$z(t) \in \mathbb{R}^p$ 是被调输出；$y(t) \in \mathbb{R}^q$ 是测量输出；$w(t)$ 是扰动项，其他系统变量及相关矩阵已经在第 2 章中做了详细的介绍，这里不再赘述。

2. 量化器模型

本节考虑量化后的测量输出 $y(t)$ 和补偿器状态 $\overline{e}(t)$，通过两个有限带宽的通信通道传输到控制器前端。采用以下量化器形式[23]：

$$Q_\tau(h) := \tau Q\left(\frac{h}{\tau}\right) := \tau \mathrm{round}\left(\frac{h}{\tau}\right), \quad \tau > 0$$

式中，h 是待量化的变量；τ 表示量化参数；$Q_\tau(\cdot)$ 代表具有量化参数 τ 的均匀量化器；round$(\cdot)$ 为最近取整函数。

在这里，定义量化误差为 $E_\tau = Q_\tau(h) - h$。同时考虑量化信号 $Q_{\tau_1}(y)$ 和 $Q_{\tau_2}(\overline{e})$，则量化误差分别为

$$\begin{aligned}\left|E_{\tau_1}\right|_2 &= \left|Q_{\tau_1}(y) - y\right|_2 \leqslant \varDelta_1 \tau_1\\ \left|E_{\tau_2}\right|_2 &= \left|Q_{\tau_2}(\overline{e}) - \overline{e}\right|_2 \leqslant \varDelta_2 \tau_2\end{aligned} \tag{4.54}$$

式中，$\varDelta_1 = \dfrac{\sqrt{m}}{2}$；$\varDelta_2 = \dfrac{\sqrt{s}}{2}$；$m$、$s$ 分别是 y 和 $\overline{e}$ 的维数。

两个动态量化器之间采取如下的线性关系：$\tau_1 = \varpi \tau_2$。其中 ϖ 是一个根据实际需要调节的正常数。为了描述方便，可记为

$$\begin{aligned}Q_\tau(\overline{y}) &= [Q_{\tau_1}^{\mathrm{T}}(y) \quad Q_{\tau_2}^{\mathrm{T}}(\overline{e})]^{\mathrm{T}}\\ E_\tau(\overline{y}) &= [E_{\tau_1}^{\mathrm{T}}(y) \quad E_{\tau_2}^{\mathrm{T}}(\overline{e})]^{\mathrm{T}}\end{aligned} \tag{4.55}$$

注 4.5 本节同时讨论存在量化误差和推进器故障的船舶 DPS 的滑模输出反馈控制。由于信号需要经过通信信道传输，考虑输出信号 $y(t)$ 和补偿器状态 $\overline{e}(t)$ 被

量化。与静态量化器[20]相比，本节采用了两个动态均匀量化器，量化参数更加灵活。在控制作用和动态量化参数的离散调节下，系统状态将到达期望的滑动面而不是某个邻域，并进一步趋于原点[100]。

3. 量化输出反馈控制器

考虑以下形式的基于补偿器的量化输出反馈控制器[90]：

$$\begin{aligned} \dot{\overline{e}}(t) &= K_{\mathrm{a}}\overline{e}(t) + K_{\mathrm{b}}Q_{\tau_1}(y(t)), \quad \overline{e}(0)=\overline{e}_0 \\ u(t) &= K_{\mathrm{c}}Q_{\tau_2}(\overline{e}(t)) + K_{\mathrm{d}}Q_{\tau_1}(y(t)) + u_{\mathrm{n}}(t) \end{aligned} \tag{4.56}$$

式中，$\overline{e} \in \mathbb{R}^s$ 是补偿器状态；$K_{\mathrm{a}} \in \mathbb{R}^{s\times s}$，$K_{\mathrm{b}} \in \mathbb{R}^{s\times q}$，$K_{\mathrm{c}} \in \mathbb{R}^{m\times s}$ 和 $K_{\mathrm{d}} \in \mathbb{R}^{m\times q}$ 是控制增益矩阵。非线性滑模变结构控制项 $u_{\mathrm{n}}(t)$ 将在后面被设计，用来补偿推进器故障和量化误差。本节所考虑的量化滑模控制策略结构图如图 4.7 所示。

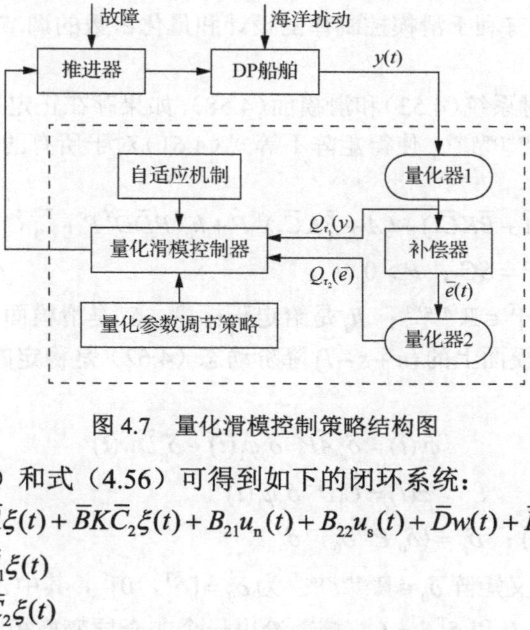

图 4.7　量化滑模控制策略结构图

通过式（4.53）和式（4.56）可得到如下的闭环系统：

$$\begin{aligned} \dot{\xi}(t) &= \overline{A}\xi(t) + \overline{B}K\overline{C}_2\xi(t) + B_{21}u_{\mathrm{n}}(t) + B_{22}u_{\mathrm{s}}(t) + \overline{D}w(t) + \overline{B}GE_{\tau}(t) \\ z(t) &= \overline{C}_1\xi(t) \\ \overline{y}(t) &= \overline{C}_2\xi(t) \end{aligned} \tag{4.57}$$

式中，$\xi = \begin{bmatrix} e \\ \overline{e} \end{bmatrix}$；$\overline{y} = \begin{bmatrix} y \\ \overline{e} \end{bmatrix}$；$\overline{A} = \begin{bmatrix} A & 0 \\ 0 & 0 \end{bmatrix}$；$\overline{B} = \begin{bmatrix} B\alpha & 0 \\ 0 & I \end{bmatrix}$；$\overline{D} = \begin{bmatrix} D \\ 0 \end{bmatrix}$；$K = \begin{bmatrix} K_{\mathrm{d}} & K_{\mathrm{c}} \\ K_{\mathrm{b}} & K_{\mathrm{a}} \end{bmatrix}$；

$B_{21} = \begin{bmatrix} B\alpha \\ 0 \end{bmatrix}$；$B_{22} = \begin{bmatrix} B\beta \\ 0 \end{bmatrix}$；$\overline{C}_1 = \begin{bmatrix} C_1 & 0 \end{bmatrix}$；$\overline{C}_2 = \begin{bmatrix} C_2 & 0 \\ 0 & I \end{bmatrix}$；$E_{\tau}(t)$ 对应 $E_{\tau}(\overline{y})$。

在增广状态空间里，定义如下所示的滑模面：

$$\chi(\overline{y}) = S\overline{y} = \begin{bmatrix} S_1 & S_2 \end{bmatrix} \begin{bmatrix} y \\ \overline{e} \end{bmatrix} \tag{4.58}$$

式中，S为待设计的滑模面参数矩阵；$S_1 \in \mathbb{R}^{l\times q}$；$S_2 \in \mathbb{R}^{l\times s}$。

为了实现容错控制，保证稳定滑模动态的存在性和推进器冗余的条件，同第3章一样需要做出相关假设3.3～假设3.5。

4.3.2 主要结果

1. 稳定性分析

假定输入矩阵B能被分解为

$$B = B'_{2\mathrm{d}}\Phi' \tag{4.59}$$

$$B_{2\mathrm{d}} = \frac{1}{\phi}B'_{2\mathrm{d}},\quad \Phi = \phi\Phi' \tag{4.60}$$

式中，矩阵$B_{2\mathrm{d}} \in \mathbb{R}^{n\times l}$和$\Phi \in \mathbb{R}^{l\times m}$的秩同为$l < m$。本节引入参数$\phi$来调整矩阵$\Phi\Phi^{\mathrm{T}}$的最小特征值[97]，有利于滑模控制律的设计和量化参数的调节，将在下文进行具体介绍。

定理 4.3 针对系统(4.53)和滑模面(4.58)，如果存在正定矩阵$P \in \mathbb{R}^{(n+s)\times(n+s)}$、$S \in \mathbb{R}^{l\times(q+s)}$、$K \in \mathbb{R}^{(m+s)\times(q+s)}$，使得矩阵不等式(4.61)对于所有的$\alpha \in \Delta_{\alpha^j}$、$j \in I(1,L)$都成立。

$$\begin{aligned}&P(\bar{A}+\bar{B}K\bar{C}_2)+(\bar{A}+\bar{B}K\bar{C}_2)^{\mathrm{T}}P+h_0^{-2}P\bar{D}\bar{D}^{\mathrm{T}}P+\bar{C}_1^{\mathrm{T}}\bar{C}_1<0\\&B_{\mathrm{d}}^{\mathrm{T}}P=S\bar{C}_2,\quad P>0\end{aligned} \tag{4.61}$$

式中，$B_{\mathrm{d}} = [B_{2\mathrm{d}}^{\mathrm{T}} \quad 0]^{\mathrm{T}} \in \mathbb{R}^{(n+q)\times l}$；$h_0$是给定正标量；$S$是滑模面参数矩阵；$K$是决策变量。则处于滑模面上的$(n+s-l)$降阶动态（4.62）是稳定的并保证自适应$H_\infty$性能指标不大于$h_0$。

$$\begin{aligned}\dot{\varphi}_1(t)&=\delta_{\mathrm{g}}\bar{A}P^{-1}\delta_0\varphi_1(t)+\delta_{\mathrm{g}}\bar{D}w(t)\\z(t)&=\bar{C}_1P^{-1}\delta_0\varphi_1(t)\end{aligned} \tag{4.62}$$

式中，$\varphi_1(t)=\delta_{\mathrm{g}}\xi(t)$；$\delta_{\mathrm{g}}=(\delta_0^{\mathrm{T}}P^{-1}\delta_0)^{-1}\delta_0^{\mathrm{T}}$。

证明 首先定义矩阵$\delta_0 \in \mathbb{R}^{(n+s)\times(n-l)}$为$\delta_0=[\delta^{\mathrm{T}} \quad 0]^{\mathrm{T}}$，其中$\delta \in \mathbb{R}^{n\times(n-l)}$是满秩矩阵，且满足$\delta^{\mathrm{T}}B_{2\mathrm{d}}=0$和$\delta^{\mathrm{T}}\delta=I$。接着给出一个非奇异变换矩阵$\Psi$和与之对应的向量$\varphi(t)$如下：

$$\Psi \triangleq \begin{bmatrix}(\delta_0^{\mathrm{T}}P^{-1}\delta_0)^{-1}\delta_0^{\mathrm{T}}\\B_{\mathrm{d}}^{\mathrm{T}}P\end{bmatrix},\quad \varphi(t)\triangleq\begin{bmatrix}\varphi_1(t)\\\varphi_2(t)\end{bmatrix}=\Psi\xi(t)$$

式中，$\Psi^{-1}=[P^{-1}\delta_0 \quad B_{\mathrm{d}}(B_{\mathrm{d}}^{\mathrm{T}}PB_{\mathrm{d}})^{-1}]$；$\varphi_1(t)\in\mathbb{R}^{n+s-l}$；$\varphi_2(t)\in\mathbb{R}^{l}$。由于$B_{\mathrm{d}}^{\mathrm{T}}P=S\bar{C}_2$，可以看出$\varphi_2(t)=\chi(t)$。利用上述变换可以得到

$$\begin{bmatrix}\dot{\varphi}_1(t)\\\dot{\alpha}(t)\end{bmatrix}=\begin{bmatrix}\delta_{\mathrm{g}}(\bar{A}+\bar{B}K\bar{C}_2)P^{-1}\delta_0 & \delta_{\mathrm{g}}(\bar{A}+\bar{B}K\bar{C}_2)B_{\mathrm{g}}\\B_{\mathrm{d}}^{\mathrm{T}}P(\bar{A}+\bar{B}K\bar{C}_2)P^{-1}\delta_0 & B_{\mathrm{d}}^{\mathrm{T}}P(\bar{A}+\bar{B}K\bar{C}_2)B_{\mathrm{g}}\end{bmatrix}\begin{bmatrix}\varphi_1(t)\\\chi(t)\end{bmatrix}+\begin{bmatrix}0\\B_{\mathrm{d}}^{\mathrm{T}}PB_{21}\end{bmatrix}u_{\mathrm{n}}(t)$$

$$+\begin{bmatrix} 0 \\ B_{\mathrm{d}}^{\mathrm{T}}PB_{22} \end{bmatrix}u_{\mathrm{s}}(t)+\begin{bmatrix} \delta_{\mathrm{g}}\bar{D} \\ B_{\mathrm{d}}^{\mathrm{T}}P\bar{D} \end{bmatrix}w(t)+\begin{bmatrix} 0 \\ B_{\mathrm{d}}^{\mathrm{T}}P\bar{B}K \end{bmatrix}E_{\tau}(t)$$

$$z(t)=\bar{C}_1P^{-1}\delta_0\varphi_1(t)+\bar{C}_1B_{\mathrm{g}}\chi(t)$$

$$\bar{y}(t)=\bar{C}_2P^{-1}\delta_0\varphi_1(t)+\bar{C}_2B_{\mathrm{g}}\chi(t)$$

式中，$\delta_{\mathrm{g}}=(\delta_0^{\mathrm{T}}P^{-1}\delta_0)^{-1}\delta_0^{\mathrm{T}}$；$B_{\mathrm{g}}=B_{\mathrm{d}}(B_{\mathrm{d}}^{\mathrm{T}}PB_{\mathrm{d}})^{-1}$；$\delta_{\mathrm{g}}B_{21}=0$；$\delta_{\mathrm{g}}B_{22}=0$。将矩阵 P 分解为

$$P=\begin{bmatrix} P_1 & P_2 \\ * & P_3 \end{bmatrix}$$

根据 Schur 补引理 2.3 可知，$P_1>0$。由式(4.59)，可得 $\mathrm{rank}(B_{\mathrm{d}}^{\mathrm{T}}PB_{21})=\mathrm{rank}\left(B_{2\mathrm{d}}^{\mathrm{T}}P_1\cdot B_{2\mathrm{d}}\Phi\alpha\right)=l$。因此对矩阵 $B_{\mathrm{d}}^{\mathrm{T}}PB_{21}$ 加入列向量 $B_{\mathrm{d}}^{\mathrm{T}}P(\bar{A}+\bar{B}K\bar{C}_2)P^{-1}\delta_0\varphi_1(t)$ 不会改变它的秩，能够得出如下等式的解有无数个：$\mathrm{rank}(B_{\mathrm{d}}^{\mathrm{T}}PB_{21})=\mathrm{rank}\left(B_{\mathrm{d}}^{\mathrm{T}}PB_{21},B_{\mathrm{d}}^{\mathrm{T}}P(\bar{A}+\bar{B}K\bar{C}_2)\cdot P^{-1}\delta_0\varphi_1(t),B_{\mathrm{d}}^{\mathrm{T}}PB_{22}u_s(t),B_{\mathrm{d}}^{\mathrm{T}}P\bar{D}w(t),B_{\mathrm{d}}^{\mathrm{T}}P\bar{B}KE_{\tau}(t)\right)$。由等效控制方法，可以得出等效控制项如下：

$$u_{\mathrm{eq}}(t)=-(\Phi\alpha)^{+}(B_{2\mathrm{d}}^{\mathrm{T}}P_1B_{2\mathrm{d}})^{-1}(B_{\mathrm{d}}^{\mathrm{T}}P(\bar{A}+\bar{B}K\bar{C}_2)P^{-1}\delta_0\varphi_1(t)+B_{\mathrm{d}}^{\mathrm{T}}PB_{22}u_{\mathrm{s}}(t)$$
$$+B_{\mathrm{d}}^{\mathrm{T}}P\bar{D}w(t)+B_{\mathrm{d}}^{\mathrm{T}}P\bar{B}KE_{\tau}(t))$$

式中，$(\Phi\alpha)^{+}$ 是矩阵 $\Phi\alpha$ 的广义逆。令 $\dot{\chi}(t)=\chi(t)=0$ 并用 $u_{\mathrm{eq}}(t)$ 代替 $u_{\mathrm{n}}(t)$，系统动态为

$$\begin{aligned}\dot{\varphi}_1(t)&=\delta_{\mathrm{g}}(\bar{A}+\bar{B}K\bar{C}_2)P^{-1}\delta_0\varphi_1(t)+\delta_{\mathrm{g}}\bar{D}w(t)\\ z(t)&=\bar{C}_1P^{-1}\delta_0\varphi_1(t)\end{aligned}\tag{4.63}$$

此时，在滑模面 $\alpha(t)=0$ 上的 $(n+s-l)$ 阶系统动态由式（4.63）给出。根据引理 2.1，若矩阵 $P_0>0$ 使得如下矩阵不等式成立：

$$P_0\delta_{\mathrm{g}}(\bar{A}+\bar{B}G\bar{C}_2)P^{-1}\delta_0+\delta_0^{\mathrm{T}}P^{-1}(\bar{A}+\bar{B}K\bar{C}_2)^{\mathrm{T}}\delta_{\mathrm{g}}^{\mathrm{T}}P_0+h_0^{-2}P_0\delta_{\mathrm{g}}\bar{D}\bar{D}^{\mathrm{T}}\delta_{\mathrm{g}}^{\mathrm{T}}P_0$$
$$+\delta_0^{\mathrm{T}}P^{-1}\bar{C}_1^{\mathrm{T}}\bar{C}_1P^{-1}\delta_0<0$$

则降阶等效系统（4.63）是稳定的并保证 H_{∞} 性能指标不大于 h_0。设计 P_0 为 $P_0=\delta_0^{\mathrm{T}}P^{-1}\delta_0$，则上述不等式可以转换为

$$\delta_0^{\mathrm{T}}(\bar{A}P^{-1}+P^{-1}\bar{A}^{\mathrm{T}}+h_0^{-2}\bar{D}\bar{D}^{\mathrm{T}}+P^{-1}\bar{C}_1^{\mathrm{T}}\bar{C}_1P^{-1})\delta_0<0$$
$$B_{\mathrm{d}}^{\mathrm{T}}P=S\bar{C}_2$$

式中，P 是式（4.61）的解。对矩阵不等式（4.61）使用引理 2.2 可以得到上式，表明降阶动态（4.62）是稳定的并保证自适应 H_{∞} 性能指标不大于 h_0。

证毕。　□

定理 4.4　令 $\delta\in\mathbb{R}^{n\times(n-l)}$ 和 $\Theta\in\mathbb{R}^{n\times(n-q)}$ 为满足 $\delta^{\mathrm{T}}B_{2\mathrm{d}}=0$、$\delta^{\mathrm{T}}\delta=I$、$C_2\Theta=0$ 和 $\Theta^{\mathrm{T}}\Theta=I$ 的任意满秩矩阵。h_0 为给定的正常数，如果存在矩阵 $X>0$，

$W = W^{\mathrm{T}} \in \mathbb{R}^{(n-l)\times(n-l)}$ 和 $Z = Z^{\mathrm{T}} \in \mathbb{R}^{d\times d}$，使得下面 LMIs 可行：

$$\begin{bmatrix} \delta^{\mathrm{T}}(AX + XA^{\mathrm{T}})\delta & \delta^{\mathrm{T}}D & \delta^{\mathrm{T}}XC_1^{\mathrm{T}} \\ * & -h_0^2 I & 0 \\ * & * & -I \end{bmatrix} < 0 \tag{4.64}$$

$$\begin{bmatrix} \Theta^{\mathrm{T}}(\delta W\delta^{\mathrm{T}}A + A^{\mathrm{T}}\delta W\delta^{\mathrm{T}})\Theta & \Theta^{\mathrm{T}}\delta W\delta^{\mathrm{T}}D & \Theta^{\mathrm{T}}C_1^{\mathrm{T}} \\ * & -h_0^2 I & 0 \\ * & * & -I \end{bmatrix} < 0 \tag{4.65}$$

$$\begin{bmatrix} \delta W\delta^{\mathrm{T}} + C_2^{\mathrm{T}}ZC_2 & I \\ * & X \end{bmatrix} > 0 \tag{4.66}$$

则受限的矩阵不等式（4.61）是具有可行解的。

证明　证明过程类似 3.3 节定理 3.4。 □

2. 量化滑模容错控制器设计

非线性滑模控制律设计如下：

$$u_{\mathrm{n}}(t) = -\zeta(t)\Phi^{\mathrm{T}}\mathrm{sgn}(SQ_{\tau}(\overline{y})) \tag{4.67}$$

$$\zeta(t) = \frac{1}{g}\left(1 + \frac{\gamma}{\sqrt{l}\lambda_2}\right)\left(\left|(B_{\mathrm{d}}^{\mathrm{T}}PB_{\mathrm{d}})^{-1}B_{\mathrm{d}}^{\mathrm{T}}P\overline{B}'\right|_1 |K|_1 (\Delta_1\tau_1 + \Delta_2\tau_2) + \sum_{k}^{m}|\Phi_k|_1 \hat{\beta}_k\hat{\overline{u}}_{sk} + \epsilon\right) \tag{4.68}$$

式中，λ_2 是矩阵 $\Phi\Phi^{\mathrm{T}}$ 的最大特征值；ϵ 是任意正标量；$\overline{B}' = \begin{bmatrix} B & 0 \\ 0 & I \end{bmatrix}$。为了描述方便，给出几个系统矩阵的分解形式：

$$\Phi = \begin{bmatrix} \Phi_1 & \Phi_2 & \cdots & \Phi_m \end{bmatrix} \in \mathbb{R}^{l\times m}, \quad \overline{u}_{\mathrm{s}} = \begin{bmatrix} \overline{u}_{\mathrm{s}1} & \overline{u}_{\mathrm{s}2} & \cdots & \overline{u}_{\mathrm{s}m} \end{bmatrix} \in \mathbb{R}^{m\times 1}$$

并给出如下自适应律：

$$\begin{aligned} \dot{\hat{\overline{u}}}_{sk}(t) &= \sigma_{1k}\left(\frac{\gamma}{\sqrt{l}\lambda_2} + 1\right)\left|SQ_{\tau}(\overline{y})\right|_1 |\Phi_k|_1, \quad \hat{\overline{u}}_{sk}(0) = \overline{u}_{sk0} \\ \dot{\hat{\beta}}_k(t) &= \sigma_{2k}\left(\frac{\gamma}{\sqrt{l}\lambda_2} + 1\right)\left|SQ_{\tau}(\overline{y})\right|_1 |\Phi_k|_1 \hat{\overline{u}}_{sk}(t), \quad \hat{\beta}_k(0) = \beta_{k0} \end{aligned} \tag{4.69}$$

式中，常数 σ_{1k} 和 σ_{2k}（$k = 1,2,\cdots,m$）是自适应增益；$\overline{u}_{sk0}$ 和 β_{k0} 分别是 $\hat{\overline{u}}_{sk}$ 和 $\hat{\beta}_k$ 的有界初值。定义自适应误差为

$$\tilde{\overline{u}}_{\mathrm{s}}(t) = \hat{\overline{u}}(t) - \overline{u}_{\mathrm{s}}, \quad \tilde{\beta}(t) = \hat{\beta}(t) - \beta \tag{4.70}$$

则可得如下误差系统：

$$\dot{\tilde{\overline{u}}}_{\mathrm{s}}(t) = \dot{\hat{\overline{u}}}_{\mathrm{s}}(t), \quad \dot{\tilde{\beta}}(t) = \dot{\hat{\beta}}(t) \tag{4.71}$$

已有文献已经介绍了一些关于设计参数的引理，现将其列出，并介绍本节的新结果。

引理 4.4[97]　对于矩阵分解（4.59），一定存在一个标量 $\bar{\theta}>0$，使得对于所有的 $\alpha\in\Delta_{\alpha^j}$，$j\in I(1,L)$，下面的不等式能够成立：

$$\bar{\theta}\Phi\Phi^{\mathrm{T}}\leqslant\Phi\alpha\Phi^{\mathrm{T}} \tag{4.72}$$

引理 4.5[97]　若式（4.20）成立，λ_1 是矩阵 $\Phi\Phi^{\mathrm{T}}$ 的最小特征值。则对于所有的 $\alpha\in\Delta_{\alpha^j}$，$j\in I(1,L)$，下式成立：

$$\bar{\theta}\lambda_1|SQ_\tau(\bar{y})|_1\leqslant(SQ_\tau(\bar{y}))^{\mathrm{T}}\Phi\alpha\Phi^{\mathrm{T}}\mathrm{sgn}(SQ_\tau(\bar{y}))$$

引理 4.6　若矩阵 Φ'、Φ 和 $\bar{\theta}$ 分别由式（4.59）、式（4.60）和式（4.72）给出，λ_1 和 λ_1' 代表正定矩阵 $\Phi\Phi^{\mathrm{T}}$ 和 $\Phi'\Phi'^{\mathrm{T}}$ 的最小特征值，那么一定存在常数 $\phi>0$，$g>0$ 和 $0<\gamma<\lambda_1$ 使得下列条件成立：

$$\lambda_1=\phi^2\lambda_1' \tag{4.73a}$$

$$\bar{\theta}\in\left(\frac{g}{\lambda_1+\gamma},1\right] \tag{4.73b}$$

证明　由方阵特征值的性质可知，式（4.73a）成立。当选择任意常数 $\phi>0$，λ_1 可以从式（4.73a）得到。且存在任意小的常数 $(1-\bar{\theta})\gamma>0$，使 $g=\bar{\theta}\lambda_1-(1-\bar{\theta})\gamma=\bar{\theta}(\lambda_1+\gamma)-\gamma>0$ 成立，其中 $0<\gamma<\lambda_1$。由此可得 $g<\bar{\theta}(\lambda_1+\gamma)$，即 $\bar{\theta}>\dfrac{g}{\lambda_1+\gamma}$。因为 $\bar{\theta}\in(0,1]$，式（4.73b）得证。

证毕。□

注 4.6　引理 4.6 给出的失效故障因子范围相当于 $\bar{\theta}\in\left(\dfrac{g}{\phi^2\lambda_1'+\gamma},1\right]$，文献[97]中为 $\bar{\theta}\in\left(\dfrac{g}{\lambda_1},1\right]$，故本节提出了一个更小的推进器失效故障因子的下界，使容错控制器的保守性更小，适用性更广。在理论上，通过适当调整参数 g、ϕ 和 γ，对于给定的 λ_1'，$\bar{\theta}$ 的下界总是属于区间（4.73b）。值得注意的是，参数 g 以 $1/g$ 的形式出现在控制律（4.68）中。参数 g 的选择不能太小，否则会导致控制器增益过大。不失一般性，可以将 g 设置为 1，且当 $\phi>\sqrt{\dfrac{1-\bar{\theta}\gamma}{\bar{\theta}\lambda_1'}}$ 成立时，参数 ϕ 可以任意选择。

引理 4.7　考虑 Φ 由式（4.60）所示，滑模面方程形如式（4.58），Δ_1 和 Δ_2 在式（4.54）中给出，γ 满足式（4.73b），λ_1 和 λ_2 分别为 $\Phi\Phi^{\mathrm{T}}$ 的最小特征值和最大特征值。若存在量化参数 $\tau_1>0$、$\tau_2>0$ 和常数 $\varpi>0$ 满足

$$\tau_2<\frac{\gamma|S\bar{y}|_1}{(\sqrt{l}\lambda_2+\lambda_1)|S|_1(\varpi\Delta_1+\Delta_2)},\quad \tau_1=\varpi\tau_2 \tag{4.74}$$

则下式成立：

$$|SE_\tau(\bar{y})|_1 \leqslant |S|_1(\Delta_1\tau_1+\Delta_2\tau_2) < \frac{\gamma}{\sqrt{l}\lambda_2}|SQ_\tau(\bar{y})|_1 \tag{4.75}$$

证明 根据式（4.54）中的量化误差，不等式（4.75）的左半部分显然成立，而且可以得到

$$(\sqrt{l}\lambda_2+\lambda_1)|S|_1(\varpi\Delta_1+\Delta_2)\tau_2 < \gamma|S\bar{y}|_1$$

由式（4.73b），则有

$$(\sqrt{l}\lambda_2+\gamma)|S|_1(\varpi\Delta_1+\Delta_2)\tau_2 < \gamma|S\bar{y}|_1$$

将上式两侧同时除以 $\sqrt{l}\lambda_2$，得到

$$|S|_1(\varpi\Delta_1+\Delta_2)\tau_2 < \frac{\gamma}{\sqrt{l}\lambda_2}(|S\bar{y}|_1-|S|_1(\varpi\Delta_1+\Delta_2)\tau_2)$$

利用三角不等式 $|a+b|\geqslant|a|-|b|(\forall a,b\in\mathbb{R})$ 和 $\bar{y}+E_\tau(\bar{y})=Q_\tau(\bar{y})$，就可以得到

$$|SE_\tau(\bar{y})|_1 \leqslant |S|_1(\Delta_1\tau_1+\Delta_2\tau_2) < \frac{\gamma}{\sqrt{l}\lambda_2}|SQ_\tau(\bar{y})|_1$$

证毕。 □

注 4.7 文献[97]中 $\tau_2 < \dfrac{(\bar{\theta}\lambda_1-g)|S\bar{y}|_1}{(\sqrt{l}\lambda_2+\lambda_1)|S|_1(\varpi\Delta_1+\Delta_2)}$，引理 4.7 提出的 τ_2 范围比文献[97]中增大了 $\dfrac{\bar{\theta}\gamma|S\bar{y}|_1}{(\sqrt{l}\lambda_2+\lambda_1)|S|_1(\varpi\Delta_1+\Delta_2)}$，故本节所得结果使量化参数调整范围更大，减小了设计的局限性，进而更有效地补偿量化误差。

在这些引理的基础上，结合故障信息给出了一种改进的量化参数调节策略。根据文献[97]中的基本规则，量化参数 τ_1 和 τ_2 的调节策略遵循算法 4.1。

算法 4.1 量化参数调节策略

输入： 给定 $\varpi\in\mathbb{R}^+$，选择 $\tau_2(t_0)=\dfrac{\gamma\lfloor|S\bar{y}(t_0)|_1\rfloor}{(\sqrt{l}\lambda_2+\lambda_1)|S|_1(\varpi\Delta_1+\Delta_2)}$，且 $\tau_1(t_0)=\varpi\tau_2(t_0)$。其中参数 J 和 Λ 满足 $\dfrac{1}{J}<\Lambda<1$ 和 $J=(|\bar{C}_2\Psi^{-1}|_2H+1)(\varpi\Delta_1+\Delta_2)$，参数 H 由定理 4.3 中给出。

输出： $\tau_2(t_i)$，$\tau_1(t_i)$

$i=0$；error $=1$；

1: **while** error **do** $Q\left(\dfrac{\bar{y}(t)}{\tau_2(t_i)}\right)=\mathrm{round}\left(\dfrac{\bar{y}(t)}{\Lambda^i\tau_2(t_0)}\right)$；

2: **if** $\left|Q\left(\dfrac{\bar{y}(t)}{\tau_2(t_i)}\right)\right|_2>J$ **then**

3: $\tau_2(t_i)=\Lambda^i\tau_2(t_0)$；$\tau_1(t_i)=\varpi\tau_2(t_i)$；error $=0$；

4: **else**

$i=i+1$；$\tau_2(t_i)=\Lambda^i\tau_2(t_0)$；$\tau_1(t_i)=\varpi\tau_2(t_i)$；

end if

end while

基于上述量化参数的动态调节策略，给出主要结果如下。

定理 4.5　针对船舶 DPS（4.53），在满足假设 3.3～假设 3.5 的前提下，滑模面由式（4.58）给出，且矩阵 $P=P^{\mathrm{T}}>0$ 满足矩阵不等式（4.61）。量化滑模容错控制器由式（4.56）、式（4.67）和式（4.68）给出，自适应律由式（4.69）给出，能够保证带有推进器故障和量化误差的 DP 控制系统是渐近稳定的，并且对于所有的 $\alpha\in\Delta_{\alpha^j}$，$j\in I(1,L)$，都满足次优 H_∞ 性能指标不大于 h_0。

证明　针对船舶 DPS（4.53），选择李雅普诺夫函数

$$V(t)=\chi^{\mathrm{T}}(\bar{y})(B_{\mathrm{d}}^{\mathrm{T}}PB_{\mathrm{d}})^{-1}\chi(\bar{y})+\sum_{k=1}^{m}\frac{\beta_k\tilde{\bar{u}}_{\mathrm{s}k}^2}{\sigma_{1k}}+\sum_{k=1}^{m}\frac{\tilde{\beta}_k^2}{\sigma_{2k}}$$

记 $V_1(\chi)=\chi^{\mathrm{T}}(\bar{y})(B_{\mathrm{d}}^{\mathrm{T}}PB_{\mathrm{d}})^{-1}\chi(\bar{y})$ 和 $F=B_{\mathrm{d}}^{\mathrm{T}}P=S\bar{C}_2$，则

$$\begin{aligned}\dot{V}(t)&=\dot{V}_1(t)+2\sum_{k=1}^{m}\frac{\beta_k\tilde{\bar{u}}_{\mathrm{s}k}\dot{\tilde{\bar{u}}}_{\mathrm{s}k}}{\sigma_{1k}}+2\sum_{k=1}^{m}\frac{\tilde{\beta}_k\dot{\tilde{\Omega}}_k}{\sigma_{2k}}\\&=(\dot{\chi}^{\mathrm{T}}(\bar{y})(FB_{\mathrm{d}})^{-1}\chi(\bar{y})+\chi^{\mathrm{T}}(\bar{y})(FB_{\mathrm{s}})^{-1}\dot{\chi}(\bar{y}))+2\sum_{k=1}^{m}\frac{\beta_k\tilde{\bar{u}}_{\mathrm{s}k}\dot{\tilde{\bar{u}}}_{\mathrm{s}k}}{\sigma_{1k}}+2\sum_{k=1}^{m}\frac{\tilde{\beta}_k\dot{\tilde{\beta}}_k}{\sigma_{2k}}\end{aligned}$$

主要结果的证明过程将分为两个部分：首先量化参数 τ_1 和 τ_2 是固定的，并且满足引理 4.4 中的式（4.72），需要证明信号 $\bar{y}(t)$ 在控制律（4.67）和控制律（4.68）的作用下进入到带状区域

$$R_1=\{\bar{y}:|S(\bar{y})|_1\leqslant\frac{\sqrt{l}\lambda_2+\lambda_1}{\gamma}|S|_1(\varpi\Delta_1+\Delta_2)\tau_2(1+\epsilon_0)\}$$

式中，$\epsilon_0>0$。然后，证明信号 $\bar{y}(t)$ 在带状区域 R_1 时，在 τ_1 和 τ_2 的调节作用下进入球域

$$R_2=\{\bar{y}(t):|\bar{y}(t)|_2\leqslant J\tau_2(t_0)\}$$

具体步骤如下。

第一步：标记 $F_0=(FB_{\mathrm{d}})^{-1}F=B_{\mathrm{d}}^{-1}$，且考虑到式（4.55）中量化误差 $Q_\tau(\bar{y})=E_\tau(\bar{y})+\bar{y}$。对 $V_1(t)$ 求导可得

$$\begin{aligned}&\dot{V}_1(t)+z^{\mathrm{T}}(t)z(t)-h_0^2w^{\mathrm{T}}(t)w(t)\\&=\xi^{\mathrm{T}}(t)\left(F^{\mathrm{T}}F_0(\bar{A}+\bar{B}K\bar{C}_2)+(\bar{A}+\bar{B}K\bar{C}_2)^{\mathrm{T}}F_0^{\mathrm{T}}F+\bar{C}_1^{\mathrm{T}}\bar{C}_1\right)\xi(t)-h_0^2w^{\mathrm{T}}(t)w(t)\\&\quad+2\xi^{\mathrm{T}}(t)F^{\mathrm{T}}F_0\bar{D}w(t)+2(SQ_\tau(\bar{y}))^{\mathrm{T}}(F_0B_{21}u_{\mathrm{n}}(t)+F_0B_{22}u_{\mathrm{s}}(t)+F_0\bar{B}KE_\tau(t))\\&\quad-2(SE_\tau(\bar{y}))^{\mathrm{T}}(F_0B_{21}u_{\mathrm{n}}(t)+F_0B_{22}u_{\mathrm{s}}(t)+F_0\bar{B}KE_\tau(t))\end{aligned}$$

由于 $B_{21}=B_{\mathrm{d}}\Phi\alpha$，$B_{22}=B_{\mathrm{d}}\Phi\beta$，且 $2\xi(t)^{\mathrm{T}}P\bar{D}w(t)\leqslant h_0^{-2}\xi(t)^{\mathrm{T}}P\bar{D}\bar{D}^{\mathrm{T}}P\xi(t)+h_0^2w(t)^{\mathrm{T}}\cdot$

$w(t)$，将上式变换如下：

$$\begin{aligned}&\dot{V}_1(t)+z^{\mathrm{T}}(t)z(t)-h_0^2w^{\mathrm{T}}(t)w(t)\\ \leqslant\ &\xi^{\mathrm{T}}(t)\left(F^{\mathrm{T}}F_0(\bar{A}+\bar{B}K\bar{C}_2)+(\bar{A}+\bar{B}K\bar{C}_2)^{\mathrm{T}}F_0^{\mathrm{T}}F+\bar{C}_1^{\mathrm{T}}\bar{C}_1+h_0^{-2}F^{\mathrm{T}}F_0\bar{D}\bar{D}^{\mathrm{T}}F_0^{\mathrm{T}}F\right)\xi(t)\\ &+2(SQ_\tau(\bar{y}))^{\mathrm{T}}(\Phi\alpha u_{\mathrm{n}}(t)+\Phi\beta u_{\mathrm{s}}(t)+F_0\bar{B}KE_\tau(t))\\ &-2(SE_\tau(\bar{y}))^{\mathrm{T}}(\Phi\alpha u_{\mathrm{n}}(t)+\Phi\beta u_{\mathrm{s}}(t)+F_0\bar{B}KE_\tau(t))\end{aligned}$$

若矩阵不等式（4.61）成立，令 $P_{\mathrm{c}}=F^{\mathrm{T}}F_0$，则 $P_{\mathrm{c}}=P_{\mathrm{c}}^{\mathrm{T}}$ 为一个正定矩阵，且存在一个半正定矩阵 Q_{c} 使得下式成立：

$$P_{\mathrm{c}}(\bar{A}+\bar{B}K\bar{C}_2)+(\bar{A}+\bar{B}K\bar{C}_2)^{\mathrm{T}}P_{\mathrm{c}}+h_0^{-2}P_{\mathrm{c}}\bar{D}\bar{D}^{\mathrm{T}}P_{\mathrm{c}}+\bar{C}_1^{\mathrm{T}}\bar{C}_1\leqslant -Q_{\mathrm{c}}\leqslant 0 \tag{4.76}$$

基于假设 3.2、引理 4.4 以及式（4.76），可以得到

$$\begin{aligned}&\dot{V}_1(t)+z^{\mathrm{T}}(t)z(t)-h_0^2w^{\mathrm{T}}(t)w(t)\\ \leqslant\ &-\xi^{\mathrm{T}}(t)Q_{\mathrm{c}}\xi(t)+2(SQ_\tau(\bar{y}))^{\mathrm{T}}\Phi\alpha u_{\mathrm{n}}(t)-2(SE_\tau(\bar{y}))^{\mathrm{T}}\Phi\alpha u_{\mathrm{n}}(t)\\ &+2(SQ_\tau(\bar{y}))^{\mathrm{T}}F_0\bar{B}KE_\tau(t)-2(SE_\tau(\bar{y}))^{\mathrm{T}}F_0\bar{B}KE_\tau(t)\\ &+2\left(1+\frac{\gamma}{\sqrt{l}\lambda_2}\right)\sum_{k=1}^{p}\left|SQ_\tau(\bar{y})\right|_1\left|\Phi_k\right|_1\beta_k\bar{u}_{\mathrm{s}k}(t)\end{aligned}$$

利用引理 2.6 和矩阵范数性质 $|fh|_\infty\leqslant|f|_\infty|h|_\infty$，$|f|_\infty\leqslant|f|_1$，则下式成立：

$$\begin{aligned}&\dot{V}_1(t)+z^{\mathrm{T}}(t)z(t)-h_0^2w^{\mathrm{T}}(t)w(t)\\ \leqslant\ &-\xi^{\mathrm{T}}(t)Q_{\mathrm{c}}\xi(t)+2(SQ_\tau(\bar{y}))^{\mathrm{T}}\Phi\alpha u_{\mathrm{n}}(t)-2(SE_\tau(\bar{y}))^{\mathrm{T}}\Phi\alpha u_{\mathrm{n}}(t)\\ &+2\left(1+\frac{\gamma}{\sqrt{l}\lambda_2}\right)\left(\sum_{k=1}^{p}\left|SQ_\tau(\bar{y})\right|_1\left|\Phi_k\right|_1\beta_k\bar{u}_{\mathrm{s}k}(t)+\left|SQ_\tau(\bar{y})\right|_1\left|F_0\bar{B}K\right|_\infty\left|E_\tau(t)\right|_1\right)\end{aligned}$$

进一步地，经变换可得

$$\begin{aligned}&\dot{V}_1(t)+z^{\mathrm{T}}(t)z(t)-h_0^2w^{\mathrm{T}}(t)w(t)\\ \leqslant\ &-\lambda_{\min}(Q_{\mathrm{c}})\left|\xi(t)\right|_2^2+2(SQ_\tau(\bar{y}))^{\mathrm{T}}\Phi\alpha u_{\mathrm{n}}(t)+2\frac{\gamma}{\sqrt{l}\lambda_2}\left|SQ_\tau(\bar{y})\right|_1\left|\Phi\alpha u_{\mathrm{n}}(t)\right|_\infty\\ &+2\left(1+\frac{\gamma}{\sqrt{l}\lambda_2}\right)\left(\sum_{k=1}^{m}\left|SQ_\tau(\bar{y})\right|_1\left|\Phi_k\right|_1\beta_k\bar{u}_{\mathrm{s}k}(t)+\left|SQ_\tau(\bar{y})\right|_1\left|F_0\bar{B}K\right|_\infty(\Delta_1\tau_1+\Delta_2\tau_2)\right)\end{aligned} \tag{4.77}$$

式中，$\lambda_{\min}(Q_{\mathrm{c}})$ 是矩阵 Q_{c} 的最小特征值。考虑式（4.67）中的控制项 $u_{\mathrm{n}}(t)$，可以得到

$$(SQ_\tau(\bar{y}))^{\mathrm{T}}\Phi\alpha u_{\mathrm{n}}(t)=-(SQ_\tau(\bar{y}))^{\mathrm{T}}\Phi\alpha\Phi^{\mathrm{T}}\zeta(t)\mathrm{sgn}(SQ_\tau(\bar{y})) \tag{4.78}$$

根据引理 4.4～引理 4.7，可得 $(SQ_\tau(\bar{y}))^{\mathrm{T}}\Phi\alpha u_{\mathrm{n}}(t)\leqslant-\bar{\theta}\lambda_1\zeta(t)\left|SQ_\tau(\bar{y})\right|_1$，则有

$$\begin{aligned}&\dot{V}_1(t)+z^{\mathrm{T}}(t)z(t)-h_0^2w^{\mathrm{T}}(t)w(t)\\ \leqslant\ &-2g\zeta(t)\left|SQ_\tau(\bar{y})\right|_1+2\left(1+\frac{\gamma}{\sqrt{l}\lambda_2}\right)\left(\sum_{k=1}^{m}\left|SQ_\tau(\bar{y})\right|_1\left|\Phi_k\right|_1\beta_k\bar{u}_{\mathrm{s}k}(t)\right.\\ &\left.+\left|SQ_\tau(\bar{y})\right|_1\left|F_0\bar{B}K\right|_\infty(\Delta_1\tau_1+\Delta_2\tau_2)\right)\end{aligned} \tag{4.79}$$

结合自适应误差（4.70）和控制律（4.68）中$\zeta(t)$的形式，式（4.79）可整理为

$$\begin{aligned}&\dot{V}_1(t)+z^{\mathrm{T}}(t)z(t)-h_0^2w^{\mathrm{T}}(t)w(t)\\&\leqslant -2\epsilon\left|SQ_\tau(\overline{y})\right|_1-2\left(1+\frac{\gamma}{\sqrt{l}\lambda_2}\right)\left(\sum_{k=1}^{m}\left|SQ_\tau(\overline{y})\right|_1\left|\varPhi_k\right|_1(\tilde{\beta}_k\hat{\bar{u}}_{sk}(t)+\beta_k\tilde{\bar{u}}_{sk}(t))\right)\end{aligned}$$

考虑自适应律（4.69），则李雅普诺夫函数$V(t)$的导数变为

$$\dot{V}(t)+z^{\mathrm{T}}(t)z(t)-h_0^2w^{\mathrm{T}}(t)w(t)<-\epsilon\left|SQ_\tau(\overline{y})\right|_1$$

根据矩阵范数的性质$|f+h|_1\leqslant|f|_1+|h|_1$和式（4.79），有

$$\left|S\overline{y}\right|_1=\left|SQ_\tau(\overline{y})-SE_\tau(\overline{y})\right|_1\leqslant\left(1+\frac{\gamma}{\sqrt{l}\lambda_2}\right)\left|SQ_\tau(\overline{y})\right|_1$$

成立，则

$$\dot{V}(t)+z^{\mathrm{T}}(t)z(t)-h_0^2w^{\mathrm{T}}(t)w(t)<-\frac{\sqrt{l}\lambda_2\epsilon}{\sqrt{l}\lambda_2+\gamma}\left|S\overline{y}\right|_1\leqslant-\frac{\sqrt{l}\lambda_2\epsilon}{\sqrt{l}\lambda_2+\gamma}\left|\chi(\overline{y})\right|_2\leqslant 0 \tag{4.80}$$

这意味着$V(t)$是一个非增函数。因此

$$V(\xi(t),\tilde{\bar{u}}_s(t),\tilde{\beta}(t))\leqslant V(\xi(0),\tilde{\bar{u}}_s(0),\quad\tilde{\beta}(0))\triangleq V_0$$

式中，$V(t)$, $\xi(t)$, $\tilde{\bar{u}}_s(t)$, $\tilde{\beta}(t)\in\mathcal{L}_\infty$。进一步地考虑，$V(t)$随着$t\to\infty$存在极限，即$\lim\limits_{t\to\infty}V(\xi(t),\tilde{\bar{u}}_s(t),\tilde{\beta}(t))\triangleq V_\infty$，并对式（4.80）两侧积分可得

$$V(\infty)-V(0)+\int_0^\infty z^{\mathrm{T}}(t)z(t)\mathrm{d}t\leqslant h_0^2\int_0^\infty w^{\mathrm{T}}(t)w(t)\mathrm{d}t$$

故上式表明

$$\int_0^\infty z^{\mathrm{T}}(t)z(t)\mathrm{d}t\leqslant h_0^2\int_0^\infty w^{\mathrm{T}}(t)w(t)\mathrm{d}t+\xi^{\mathrm{T}}(0)P\xi(0)+\sum_{k=1}^{m}\frac{\beta_k\tilde{\bar{u}}_{sk}^2(0)}{2\sigma_{1k}}+\sum_{k=1}^{m}\frac{\beta_k^2(0)}{2\sigma_{2k}}$$

另外，定义$\kappa=\dfrac{\sqrt{l}\lambda_2\varepsilon}{\sqrt{l}\lambda_2+\gamma}|\chi(\overline{y})|_2$，对式（4.80）两侧取极限，可得

$$\lim_{t\to\infty}\int_0^t\kappa\mathrm{d}t\leqslant V_0-V_\infty-\int_0^\infty z^{\mathrm{T}}(t)z(t)\mathrm{d}t+h_0^2\int_0^\infty w^{\mathrm{T}}(t)w(t)\mathrm{d}t<\infty \tag{4.81}$$

因此，可以看出$\chi(\overline{y})\in\mathcal{L}_2\cap\mathcal{L}_\infty$是一个一致连续函数。对式（4.81）应用引理2.7，根据量化参数调整范围（4.74），船舶DPS的状态轨迹在某一时刻将进入区域R_1。

第二步：证明系统状态在带状区域R_1时会在量化参数τ_2的作用下，进入一个球域$R_2=\{\overline{y}(t):|\overline{y}(t)|_2\leqslant J\tau_2(t_0)\}$，并逐渐趋于原点。当系统进入$R_1$时，

$$\chi(\overline{y})=F\xi(t)=\varrho(t)\frac{\sqrt{l}\lambda_2+\lambda_1}{\gamma}\left|S\right|_1(\varpi\varDelta_1+\varDelta_2)\tau_2(t_0)(1+\epsilon_0) \tag{4.82}$$

式中，$0\leqslant\varrho(t)<1$。考虑降阶系统（4.62）和式（4.82），能够得出

$$\dot{\varphi}_1(t)=A_{11}\varphi_1(t)+A_{12}\varrho(t)\frac{\sqrt{l}\lambda_2+\lambda_1}{\gamma}\left|S\right|_1(\varpi\varDelta_1+\varDelta_2)\tau_2(t_0)(1+\epsilon_0)+\delta_g\overline{D}_1w(t)$$

$$z(t)=\bar{C}_1P^{-1}\delta_0\varphi_1(t)+\bar{C}_1B_{\mathrm{g}}\varrho(t)\frac{\sqrt{l}\lambda_2+\lambda_1}{\gamma}|S|_1(\varpi\Delta_1+\Delta_2)\tau_2(t_0)(1+\epsilon_0) \tag{4.83}$$

式中，$A_{11}=\delta_{\mathrm{g}}(\bar{A}+\bar{B}K\bar{C}_2)P^{-1}\delta_0$ 且 $A_{12}=\delta_{\mathrm{g}}(\bar{A}+\bar{B}K\bar{C}_2)B_{\mathrm{g}}$。接着，选择李雅普诺夫函数为 $V'(t)=\varphi_1^{\mathrm{T}}(t)P'\varphi_1(t)$，则其沿着降阶系统的导数为

$$\begin{aligned}
&\dot{V}(t)+z^{\mathrm{T}}(t)z(t)-h_0^2w^{\mathrm{T}}(t)w(t)\\
&=\varphi_1^{\mathrm{T}}(t)P'\dot{\varphi}_1(t)+\dot{\varphi}_1^{\mathrm{T}}(t)P'\varphi_1(t)+z^{\mathrm{T}}(t)z(t)-h_0^2w^{\mathrm{T}}(t)w(t)\\
&\leqslant\varphi_1^{\mathrm{T}}(P'A_{11}+A_{11}^{\mathrm{T}}P'+h_0^{-2}P'\delta_{\mathrm{g}}\bar{D}_1\bar{D}_1^{\mathrm{T}}\delta_{\mathrm{g}}^{\mathrm{T}}P'+\delta_0^{\mathrm{T}}P^{-1}\bar{C}_1^{\mathrm{T}}\bar{C}_1P^{-1}\delta_0)\varphi_1\\
&\quad+2\varphi_1^{\mathrm{T}}P'A_{12}\varrho(t)\frac{\sqrt{l}\lambda_2+\lambda_1}{\gamma}|S|_1(\varpi\Delta_1+\Delta_2)\tau_2(t_0)(1+\epsilon_0)\\
&\quad+(\varrho(t)\frac{\sqrt{l}\lambda_2+\lambda_1}{\gamma}|F|_1(\varpi\Delta_1+\Delta_2)\tau_2(t_0)(1+\epsilon_0))^2B_{\mathrm{g}}^{\mathrm{T}}\bar{C}_1^{\mathrm{T}}\bar{C}_1B_{\mathrm{g}}
\end{aligned} \tag{4.84}$$

据定理 4.4 所证明的，选择 $P'=\delta_0^{\mathrm{T}}P^{-1}\delta_0$，可以得到

$$\varphi_1^{\mathrm{T}}(P'A_{11}+A_{11}^{\mathrm{T}}P'+h_0^{-2}P'\delta_{\mathrm{g}}\bar{D}_1\bar{D}_1^{\mathrm{T}}\delta_{\mathrm{g}}^{\mathrm{T}}P'+\delta_0^{\mathrm{T}}P^{-1}\bar{C}_1^{\mathrm{T}}\bar{C}_1P^{-1}\delta_0)\varphi_1\leqslant-\varphi_1^{\mathrm{T}}Q'\varphi_1$$

进而式（4.84）变为

$$\begin{aligned}
&\dot{V}'(t)+z^{\mathrm{T}}(t)z(t)-\gamma_0^2w^{\mathrm{T}}(t)w(t)\\
&\leqslant-\lambda_{\min}(Q')|\varphi_1|_2^2+2|\varphi_1|_2|P'A_{12}|_2\,\varrho(t)\frac{\sqrt{l}\lambda_2+\lambda_1}{\gamma}|S|_1(\varpi\Delta_1+\Delta_2)\tau_2(t_0)(1+\epsilon_0)\\
&\quad+|\bar{C}_1B_{\mathrm{g}}|_2^2\left(\varrho(t)\frac{\sqrt{l}\lambda_2+\lambda_1}{\gamma}|S|_1(\varpi\Delta_1+\Delta_2)\tau_2(t_0)(1+\epsilon_0)\right)^2
\end{aligned}$$

式中，$\lambda_{\min}(Q')$ 是正定矩阵 Q' 的最小特征值。经过一定时间，当 $t\geqslant t'>t_0$，φ_1 会进入到

$$R'=\left\{\varphi_1(t):|\varphi_1(t)|_2\leqslant\frac{\Pi}{\lambda_{\min}(Q')}|\varrho(t)|_2\frac{\sqrt{l}\lambda_2+\lambda_1}{\gamma}|S|_1(\varpi\Delta_1+\Delta_2)\tau_2(t_0)(1+\epsilon_0)(1+\epsilon_1)\right\}$$

式中，$\Pi=\max\left\{\frac{|\bar{C}_1B_g|_2^2}{b},\frac{2|P'A_{12}|_2}{a}\right\}$，$a>0$，$b>0$ 满足 $a+b=1$，且 $\epsilon_1>0$ 是任意标量。由于 $0\leqslant\varrho(t)<1$，可得

$$\begin{aligned}
|\chi(\bar{y})|_2&=\left|\varrho(t)\frac{\sqrt{l}\lambda_2+\lambda_1}{\gamma}|S|_1(\varpi\Delta_1+\Delta_2)\tau_2(t_0)(1+\epsilon_0)\right|_2\\
&\leqslant\frac{\sqrt{l}\lambda_2+\lambda_1}{\gamma}|S|_1(\varpi\Delta_1+\Delta_2)\tau_2(t_0)(1+\epsilon_0)
\end{aligned}$$

所以

$$|\varphi(t)|_2=\sqrt{\varphi_1^{\mathrm{T}}(t)\varphi_1(t)+\chi^{\mathrm{T}}(\bar{y})\chi(\bar{y})}\leqslant|\varphi_1(t)|_2+|\chi(\bar{y})|_2$$

$$\leqslant \frac{\Pi}{\lambda_{\min}(Q')}|\varrho(t)|_2 \frac{\sqrt{l}\lambda_2+\lambda_1}{\gamma}|S|_1(\varpi\Delta_1+\Delta_2)\tau_2(t_0)(1+\epsilon_0)(1+\epsilon_1)$$

$$+\frac{\sqrt{l}\lambda_2+\lambda_1}{\gamma}|S|_1(\varpi\Delta_1+\Delta_2)\tau_2(t_0)(1+\epsilon_0)$$

$$\leqslant \frac{\sqrt{l}\lambda_2+\lambda_1}{\gamma}|F|_1(\varpi\Delta_1+\Delta_2)\tau_2(t_0)(1+\epsilon_0)\left(\frac{\Pi(1+\epsilon_1)}{\lambda_{\min}(Q')}+1\right)$$

定义 $H=\frac{\sqrt{l}\lambda_2+\lambda_1}{\gamma}|S|_1(1+\epsilon_0)\left(\frac{\Pi(1+\epsilon_1)}{\lambda_{\min}(Q')}+1\right)$，则可得

$$|\varphi(t')|_2 \leqslant H(\varpi\Delta_1+\Delta_2)\tau_2(t_0),\quad t_0<t'\leqslant t$$

因为 $|Q_\tau(\bar{y})|_2 \leqslant |\bar{y}|_2+|E_\tau(\bar{y})|_2$，$|E_\tau(\bar{y})|_2\leqslant \Delta_1\tau_1+\Delta_2\tau_2=(\varpi\Delta_1+\Delta_2)\tau_2$，且 $\bar{y}=\bar{C}_2\Psi^{-1}\varphi(t)$，则有

$$\left|Q_{\tau(t_0)}(\bar{y})\right|_2 \leqslant \left|\bar{C}_2\Psi^{-1}\right|_2 H(\varpi\Delta_1+\Delta_2)\tau_2(t_0)+(\varpi\Delta_1+\Delta_2)\tau_2(t_0)$$

能够表明

$$\left|Q\left(\frac{\bar{y}}{\tau_2(t_0)}\right)\right|_2 \leqslant \left|\bar{C}_2\Psi^{-1}\right|_2 H(\varpi\Delta_1+\Delta_2)+(\varpi\Delta_1+\Delta_2)$$

其中，$t_0<t'\leqslant t$。

由于通信通道两端都能获得到量化信号，则有

$$|\bar{y}|_2 \leqslant \left(\left|\bar{C}_2\Psi^{-1}\right|_2 H(\varpi\Delta_1+\Delta_2)+2(\varpi\Delta_1+\Delta_2)\right)\tau_2(t_0)$$

标记 $J=\left(\left|\bar{C}_2\Psi^{-1}\right|_2 H+2\right)(\varpi\Delta_1+\Delta_2)$，可以得到

$$|\bar{y}|_2 \leqslant J\tau_2(t_0),\quad t_0<t'\leqslant t$$

当量化参数 τ_1 和 τ_2 的调节策略发挥作用时，令 $\tau_2(t_1)=\Lambda\tau_2(t_0)$，其中 $0=t_0<t_1$，$\tau_1(t_1)=\varpi\tau_2(t_1)$，$\Lambda$ 是一给定参数并满足 $\frac{1}{J}<\Lambda<1$，则可得系统的状态轨迹将在有限时间内进入到 R_1。循环进行上述操作步骤，可以得到随着 $\tau_2\to 0$ 和 $\tau_1\to 0$，有 $|F\bar{y}|_1\to 0$ 和 $\bar{y}\to 0$。

证毕。 □

综上，本节所提出的量化滑模容错控制算法可以总结为算法 4.2。

算法 4.2　量化滑模容错控制算法

输入：给定初始条件 $e(0)$、$\hat{u}_s(0)$、$\hat{\beta}(0)$ 以及调节参数 ϕ。

1：**if** 系统 (A,B,C_2) 是可镇定的并是最小相位的，且存在 $\mathrm{rank}(C_2B)=\mathrm{rank}(B)$ **then**

2：　找到矩阵 B_{2d}、Φ、δ 和 Θ，使它们满足 $B=B_{2d}\Phi$，$\delta^{\mathrm{T}}B_{2d}=0$，$\delta^{\mathrm{T}}\delta=I$，$C_2\Theta=0$ 和 $\Theta^{\mathrm{T}}\Theta=I$；

3: 找到式（4.12）～式（4.14）条件下线性矩阵不等式的优化问题的可行解 (h_0, X, Z, W)；

4: 利用 $S=[B_{2\mathrm{d}}^{\mathrm{T}}C_2^{\mathrm{T}}Z \quad B_{2\mathrm{d}}^{\mathrm{T}}U]$ 计算滑模面参数矩阵，进而得到滑模面方程 $\chi(\overline{y})$ 及量化的信号 $SQ_{\mathrm{r}}(\overline{y})$；

5: 根据定理 4.2 得到正定矩阵 P，并求解矩阵不等式（4.9）得到控制器增益矩阵 K。

6: **for** $i=0,1,2\cdots$ **do**

7: **if** $\tau_1(t_i)$ 和 $\tau_2(t_i)$ 满足式（4.22）**then**

8: $\tau_1(t_{i+1})=\tau_1(t_i)$ 且 $\tau_2(t_{i+1})=\tau_2(t_i)$；

9: **else**

10: $\tau_1(t_i)$ 和 $\tau_2(t_i)$ 遵循算法 4.1 中的调节策略；

11: **end if**

12: 参数 $\hat{u}_{\mathrm{s}}(0)$ 和 $\hat{\beta}(0)$ 随着自适应律（4.17）不断更新。

13: 构造形如式（4.15）的非线性量化滑模容错控制律 $u_{\mathrm{n}}(t)$，并计算式（4.4）中控制输入 $u(t)$，将 $u(t)$ 作用到 DPS（4.4）中。

14: **end for**

15: **else**

16: **end if**

4.3.3 仿真算例

为了证明所提出的量化滑模容错控制律的有效性和可行性，本节仍以一艘按一定比例缩小的典型的浮生船作为实验对象进行仿真研究，其相关的数据见3.2.3节。系统矩阵 A、B 和 D 可由 M、N、G 和 E 计算得到。在仿真中，选择 $\phi=3$，以及

$$B_{2\mathrm{d}}'=\begin{bmatrix} 0 & 0 & 0 & 0.8870 & -0.0149 & -0.3780 \\ 0 & 0 & 0 & 0 & 0.4120 & -2.9746 \\ 0 & 0 & 0 & 0 & 0.6850 & 3.9622 \end{bmatrix}^{\mathrm{T}}$$

按照算法 4.2，可以计算出相应的矩阵 $\varPhi$、δ 和 $\varTheta$。求解 LMIs（4.64）～（4.66），得到滑模面的参数矩阵和增益矩阵如下：

$$S=\left[\begin{matrix} -0.6118 & -0.4124 & -0.0486 & 1.2647 & 0.1810 \\ 0.5716 & -3.1899 & -0.2946 & -0.2511 & 0.0909 \\ 0.3270 & 4.2516 & 0.3658 & -0.4863 & 0.1370 \end{matrix}\right.$$

$$\left.\begin{matrix} -0.1179 & 0.0755 & 0.5767 & -0.0030 & -0.1673 \\ -1.0577 & 0.3895 & -0.1457 & 0.2313 & -1.3162 \\ 1.4311 & -0.4813 & -0.3189 & 0.2870 & 1.7532 \end{matrix}\right]$$

$$K_a=\begin{bmatrix} -165.7298 & -17.8623 & -30.9195 & -217.8606 & -315.8942 & -3.3289 \\ -10.0718 & 22.0926 & -228.5975 & -10.6789 & -17.9317 & -429.4817 \\ -31.0565 & 31.3891 & -279.8130 & -24.8139 & -22.6270 & 87.0392 \\ -111.4558 & 4.0679 & 7.5118 & -718.7078 & -127.4682 & -14.0206 \\ -203.7961 & -36.7906 & 1.7986 & -6.4468 & -435.7011 & 23.1367 \\ 10.0124 & 45.2086 & -404.4904 & 15.1375 & 29.2539 & -595.3927 \end{bmatrix}$$

$$K_b=\begin{bmatrix} -247.4386 & 10.3455 & 2.2512 & -244.1211 \\ -4.0595 & 87.3138 & 174.8557 & -24.0052 \\ -48.5517 & 100.3758 & -850.8713 & -46.1320 \\ 387.3772 & -42.1380 & 28.7095 & -468.4888 \\ -564.7482 & 12.7115 & 84.3936 & -155.0414 \\ 37.4634 & 154.1577 & 6.3867 & -3.3009 \end{bmatrix}$$

$$K_c=\begin{bmatrix} -144.6142 & -43.6213 & -4.3335 & -77.2780 & -32.0395 & -7.5054 \\ -142.5522 & -7.0296 & -33.4010 & -77.0384 & -33.2963 & 5.5275 \\ -101.6768 & 145.2587 & -93.0899 & 50.5404 & -136.1608 & 132.3292 \\ -105.3454 & 135.0336 & -90.9245 & 49.5551 & -136.5063 & 117.2377 \\ -81.7334 & -183.8554 & 67.9745 & 57.1221 & -111.5284 & -189.8028 \\ -100.3598 & -138.9932 & 51.9023 & 52.4413 & -123.3498 & -130.2646 \end{bmatrix}$$

$$K_d=\begin{bmatrix} -13.4233 & -70.4665 & -0.6774 & -617.5063 \\ -6.9635 & 41.3230 & 18.5996 & -616.7501 \\ -401.1355 & 444.8332 & 61.7209 & 44.8373 \\ -410.5052 & 413.1450 & 59.6388 & 41.5640 \\ -349.0600 & -543.4240 & -53.5922 & 62.6483 \\ -398.6120 & -411.6602 & -42.7381 & 47.3808 \end{bmatrix}$$

扰动信号如下式所示：

$$\tilde{w}(t)=\begin{bmatrix} 20(1.1+1.2\sin(0.02t)+1.5\sin(0.1t)) \\ 130(-1.1+2\sin(0.02t-\pi/6)+1.5\sin(0.3t)) \\ 2000(\sin(0.09t+\pi/3)+3\sin(0.01t)) \end{bmatrix}$$

对于量化器，经计算可得 $J=1.2188\times10^6$ 和 $\Lambda=0.5000$，然后选择 $\varpi=0.09$，$a=0.9$，$b=0.1$，$\varepsilon_0=0.1$ 和 $\varepsilon_1=0.1$。对于控制器，选择 $\overline{\theta}=0.25$，$g=1$，$\varepsilon=0.001$，$\Delta_1=1$，$\Delta_2=1.22$，且由式（4.12）～式（4.14）计算可得 $\gamma=3.5727$。考虑的故障模式为：当 $t\leqslant30$s 时，每个推进器处于正常工作状态；当 $t>30$s 时，左舷主推进器完全失效，艉侧槽道推进器 I 失效 40%，艏侧全回转推进器发生卡死故障，卡死值为 $4+0.8\cos(t)$，其他推进器正常工作。为了验证本节算法的有效性，与 3.3 节中未考虑量化误差的控制算法进行了对比，仿真结果如图 4.8～图 4.13 所示。从

图 4.8 中可以看出，本节控制的误差状态响应比 3.3 节控制的平滑，尤其是艏摇角速度误差 e_ψ 响应更为明显。如果忽略量化现象，就无法维持理想的位置和速度。由此可以清楚地证明所设计的控制器考虑量化误差的必要性和有效性。从图 4.9 中可以看出，本节的滑模面是渐近稳定的，系统状态达到了期望的滑模面，而 3.3 节控制律下的滑模面响应较大。图 4.10 给出了推进器命令的对比响应曲线，由于信号量化推进器的工作频率增加，即抖振现象更加严重。图 4.11 和图 4.12 分别给出了未知卡死故障上界值 $\bar{u}_s$ 以及未知故障因子 β 估计曲线的对比响应，表明量化控制器可以保证自适应因子在有限时间内有界稳定，而 3.3 节方法不能做到这一点。本节量化参数 τ_2 的收敛响应曲线如图 4.13 所示。

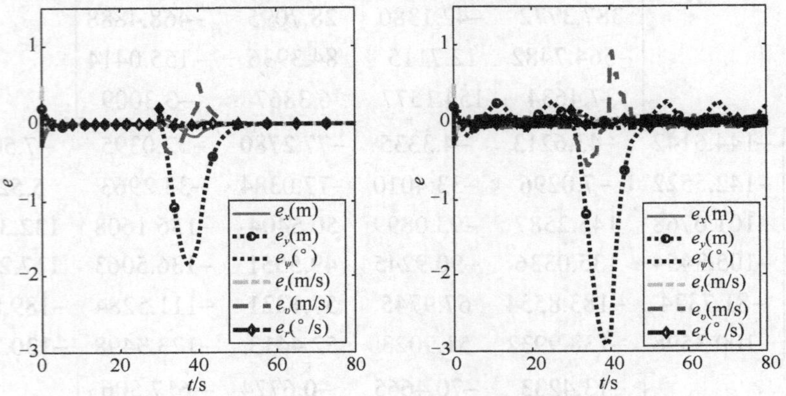

（a）本节方法 （b）3.3节方法

图 4.8 系统状态误差响应曲线

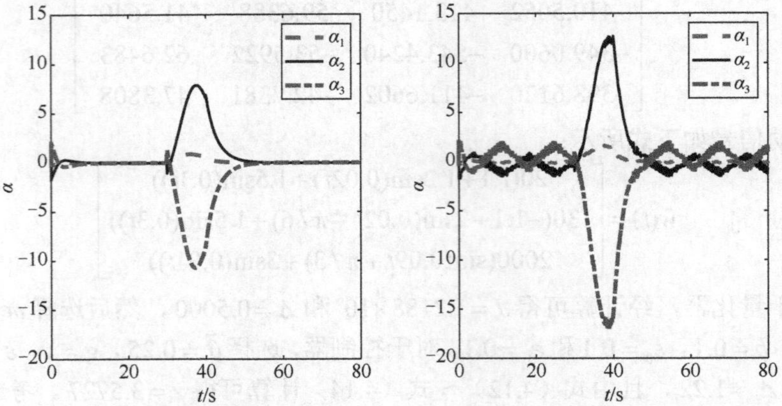

（a）本节方法 （b）3.3节方法

图 4.9 滑模面响应曲线

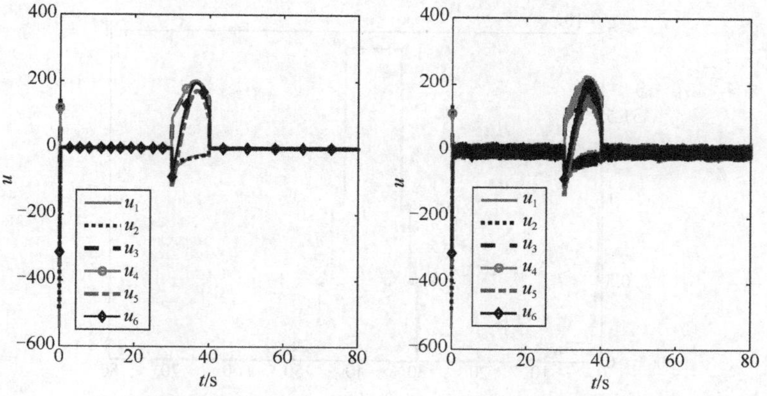

（a）本节方法　　（b）3.3节方法

图 4.10　推进器命令响应曲线

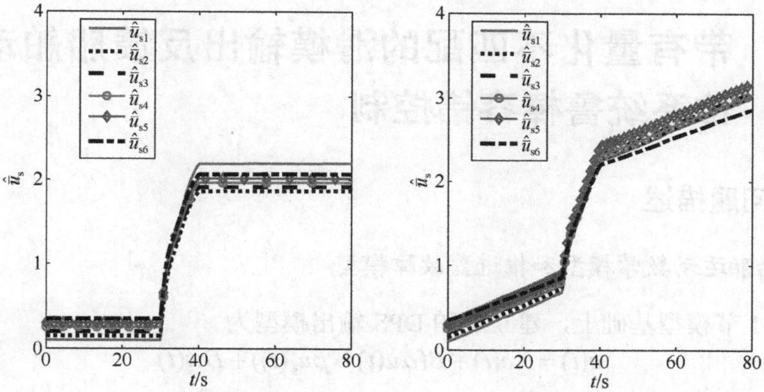

（a）本节方法　　（b）3.3节方法

图 4.11　未知卡死故障上界 $\bar{u}_s$ 估计值

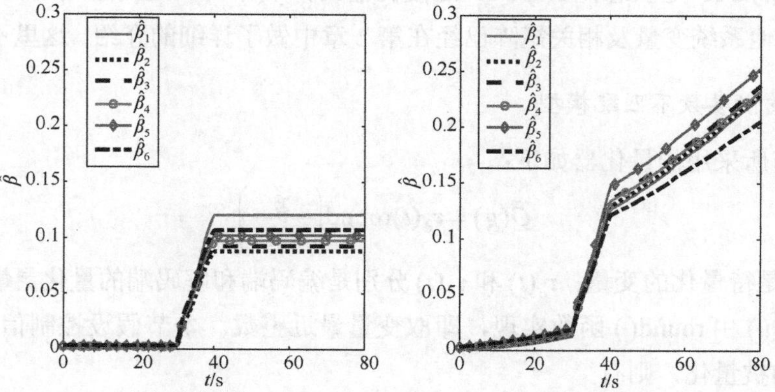

（a）本节方法　　（b）3.3节方法

图 4.12　未知故障因子 β 的估计值

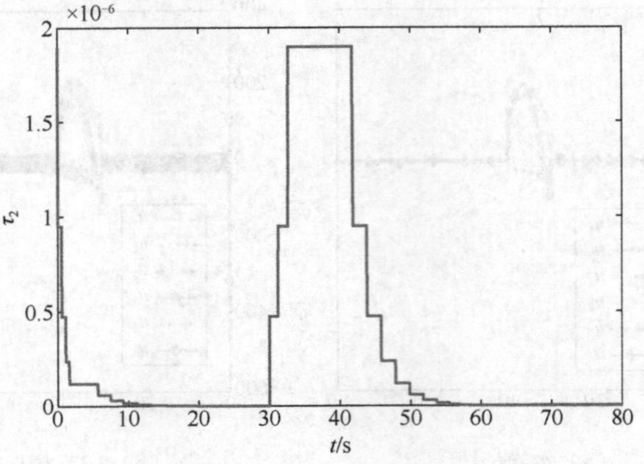

图 4.13 量化参数 τ_2 的收敛响应曲线

4.4 带有量化不匹配的滑模输出反馈船舶动力定位系统鲁棒容错控制

4.4.1 问题描述

1. 船舶运动数学模型和推进器故障模型

在 2.1 节模型基础上，建立船舶 DPS 输出模型为

$$\begin{aligned}\dot{e}(t) &= Ae(t) + B(\alpha u(t) + \beta u_s(t)) + Dw(t) \\ z(t) &= C_1 e(t) \\ y(t) &= C_2 e(t)\end{aligned} \tag{4.85}$$

式中，$e(t) \in \mathbb{R}^n$ 是状态；$z(t) \in \mathbb{R}^p$ 是被调输出；$y(t) \in \mathbb{R}^q$ 是测量输出；$w(t)$ 是扰动项，其他系统变量及相关矩阵已经在第 2 章中做了详细的介绍，这里不再阐述。

2. 量化参数不匹配模型

本节所采用的量化器如下：

$$\bar{Q}(g) = \tau_d(t)\text{round}\left(\frac{g}{\tau_c(t)}\right)$$

式中，g 是待量化的变量；$\tau_c(t)$ 和 $\tau_d(t)$ 分别是编码端和解码端的量化灵敏度参数。量化器 $\bar{Q}(\cdot)$ 由 round$(\cdot)$ 函数实现，即取变量最近整数。本节假设控制信号在传输到系统前被量化，则有

$$\bar{Q}(u(t)) = \tau_d(t)\text{round}\left(\frac{u(t)}{\tau_c(t)}\right) \tag{4.86}$$

通常，对于所有 $t>0$，$\tau_c(t)=\tau_d(t)$。在实际工程应用中，显然这一要求相当严格，难以满足。所以，文献[101]中提出的时变量化不匹配比例模型如下：

$$\gamma(t)=\frac{\tau_d(t)}{\tau_c(t)},\ \gamma(t)\in[\gamma_{\min},\gamma_{\max}]$$

式中，$\gamma_{\min}$ 和 $\gamma_{\max}$ 为满足 $0<\gamma_{\min}\leqslant 1\leqslant\gamma_{\max}$ 的两个标量。可以看出，当 $\gamma(t)=1$ 是量化不匹配的一种特殊情形。

注 4.8　在文献[20]和文献[101]中，量化器的编码端与解码端的灵敏度参数相同，但由于实际硬件实现有缺陷可能无法满足该要求。为了放宽这一条件，文献[103]首先研究了编码器和解码器之间不匹配的线性系统的稳定性，其中量化参数不匹配的比例是固定的常数。本节考虑到船舶 DPS 的输出及输入信号在通信信道中传输时会受到信道噪声和传输延迟的影响，所以采用文献[101]中的一般量化失配比，该失配比可以在不受额外约束的一定区间内变化。

定义

$$Q_{\tau_c}(u(t))=\tau_c(t)\mathrm{round}\left(\frac{u(t)}{\tau_c(t)}\right) \tag{4.87}$$

并且定义量化误差为

$$E_{\tau_c}(t)\triangleq Q_{\tau_c}(u(t))-u(t) \tag{4.88}$$

满足 $\left|E_{\tau_c}(t)\right|\leqslant\varDelta\tau_c(t)$，其中，$\varDelta=\dfrac{\sqrt{m}}{2}$ 且 m 是控制输入向量 $u(t)$ 的维数。故在考虑量化参数不匹配的情况下，结合式（4.86）～式（4.88），系统（4.85）转化为

$$\begin{aligned}\dot{e}(t)&=Ae(t)+B\alpha\gamma(t)u(t)+B\alpha\gamma(t)E_{\tau_c}(t)+B\beta u_s(t)+Dw(t)\\ z(t)&=C_1e(t)\\ y(t)&=C_2e(t)\end{aligned} \tag{4.89}$$

3. 滑模输出反馈控制器

基于补偿器的滑模输出反馈控制器形式如下：

$$\begin{aligned}\dot{\overline{e}}(t)&=K_a\overline{e}(t)+K_by(t),\quad \overline{e}(0)=\overline{e}_0\\ u(t)&=K_c\overline{e}(t)+K_dy(t)+u_n(t)\end{aligned} \tag{4.90}$$

式中，$\overline{e}\in\mathbb{R}^s$ 是补偿器状态；$K_a\in\mathbb{R}^{s\times s}$、$K_b\in\mathbb{R}^{s\times q}$、$K_c\in\mathbb{R}^{m\times s}$ 和 $K_d\in\mathbb{R}^{m\times q}$ 是控制增益矩阵。非线性控制项 $Q_{\tau_2}(\overline{e})$ 将在下一小节中被设计，用来补偿推进器故障和量化误差。本节所考虑的带有量化不匹配的滑模控制策略结构图如图 4.14 所示。

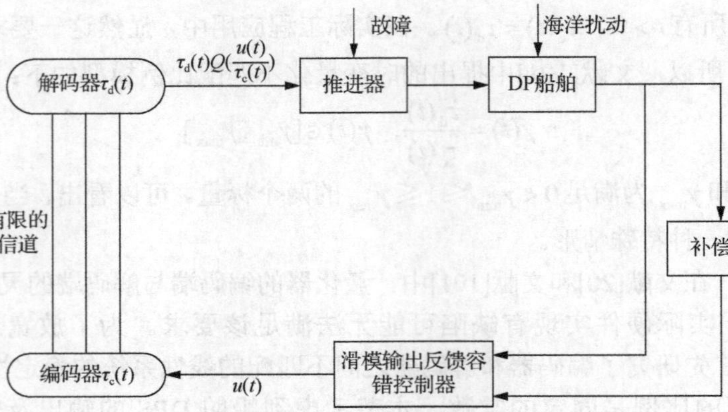

图 4.14 带有量化不匹配的滑模控制策略结构图

根据式（4.85）和式（4.90）可得到如下的闭环系统：

$$\begin{aligned}&\dot{\xi}(t)=\bar{A}\xi(t)+\bar{B}K\bar{C}_2\xi(t)+\gamma(t)B_{21}u_n(t)+\gamma(t)B_{21}E_{\tau_c}(t)+B_{22}u_s(t)+\bar{D}w(t)\\&z(t)=\bar{C}_1\xi(t),\qquad \bar{y}(t)=\bar{C}_2\xi(t)\end{aligned}\tag{4.91}$$

式中，$\xi=\begin{bmatrix}e\\ \bar{e}\end{bmatrix}$；$\bar{y}=\begin{bmatrix}y\\ \bar{e}\end{bmatrix}$；$\bar{A}=\begin{bmatrix}A&0\\0&0\end{bmatrix}$；$\bar{B}=\begin{bmatrix}\gamma(t)B\alpha&0\\0&I\end{bmatrix}$；$\bar{D}=\begin{bmatrix}D\\0\end{bmatrix}$；$K=\begin{bmatrix}K_d&K_c\\K_b&K_a\end{bmatrix}$；$B_{21}=\begin{bmatrix}B\alpha\\0\end{bmatrix}$；$B_{22}=\begin{bmatrix}B\beta\\0\end{bmatrix}$；$\bar{C}_1=\begin{bmatrix}C_1&0\end{bmatrix}$；$\bar{C}_2=\begin{bmatrix}C_2&0\\0&I\end{bmatrix}$。

定义增广滑模面$\chi(\bar{y})$如下所示：

$$\chi(\bar{y})=S\bar{y}=\begin{bmatrix}S_1&S_2\end{bmatrix}\begin{bmatrix}y\\ \bar{e}\end{bmatrix}\tag{4.92}$$

式中，$S_1\in\mathbb{R}^{l\times q}$；$S_2\in\mathbb{R}^{l\times s}$；$S$为待设计的滑模面矩阵。

为了实现容错控制，保证稳定滑模动态的存在性和推进器冗余的条件，同第3章一样需要做出相关假设3.3～假设3.5。

4.4.2 主要结果

1. 稳定性分析

假设输入矩阵B能被分解为

$$B=B_{2d}\Phi\tag{4.93}$$

式中，矩阵$B_{2d}\in\mathbb{R}^{n\times l}$和$\Phi\in\mathbb{R}^{l\times m}$的秩同为$l<m$。此外，$B_{2d}=\frac{1}{\phi}B_{2d}'$，$\Phi=\phi\Phi'$，且$\phi$为一个可调节的正标量。为了得到主要结果，引入以下引理。

引理 4.8[97]　对于矩阵分解（4.93），一定存在一个标量 $\bar{\theta} > 0$，使得对于所有的 $\alpha \in \Delta_{\alpha^j}$， $j \in I(1,L)$，下面不等式成立：

$$\bar{\theta}\lambda_1 I \leqslant \bar{\theta}\Phi\Phi^{\mathrm{T}} \leqslant \Phi\alpha\Phi^{\mathrm{T}}$$

式中，$\lambda_1 = \lambda_{\min}(\Phi\Phi^{\mathrm{T}})$，即 λ_1 是矩阵 $\Phi\Phi^{\mathrm{T}}$ 的最小特征值。

定理 4.6　针对系统（4.89）和滑模面（4.92），若存在正定矩阵 $P \in \mathbb{R}^{(n+s)\times(n+s)}$、$S \in \mathbb{R}^{l\times(q+s)}$ 和 $K \in \mathbb{R}^{(m+s)\times(q+s)}$ 使得不等式（4.94）对于所有的 $\alpha \in \Delta_{\alpha^j}$, $j \in I(1,L)$ 都成立：

$$\begin{aligned}&P(\bar{A}+\bar{B}K\bar{C}_2)+(\bar{A}+\bar{B}K\bar{C}_2)^{\mathrm{T}}P+h_0^{-2}P\bar{D}\bar{D}^{\mathrm{T}}P+\bar{C}_1^{\mathrm{T}}\bar{C}_1<0\\&B_{\mathrm{d}}^{\mathrm{T}}P=S\bar{C}_2,\quad P>0\end{aligned} \tag{4.94}$$

式中，$B_{\mathrm{d}} = [B_{2\mathrm{d}}^{\mathrm{T}} \quad 0]^{\mathrm{T}} \in \mathbb{R}^{(n+q)\times l}$；$h_0$ 是给定的正标量；S 是滑模面矩阵；K 是决策变量。则在滑模面上的 $(n+s-l)$ 降阶动态（4.95）是稳定的并保证 H_∞ 性能指标不大于 h_0。

$$\begin{aligned}&\dot{\varphi}_1(t)=\delta_{\mathrm{g}}\bar{A}P^{-1}\delta_0\varphi_1(t)+\delta_{\mathrm{g}}\bar{D}w(t)\\&z(t)=\bar{C}_1P^{-1}\delta_0\varphi_1(t)\end{aligned} \tag{4.95}$$

式中，$\varphi_1(t)=\delta_{\mathrm{g}}\xi(t)$； $\delta_{\mathrm{g}}=(\delta_0^{\mathrm{T}}P^{-1}\delta_0)^{-1}\delta_0^{\mathrm{T}}$。

证明　证明过程同理可见 3.3 节。

定理 4.7　令 $\delta \in \mathbb{R}^{n\times(n-l)}$ 和 $\Theta \in \mathbb{R}^{n\times(n-q)}$ 为满足 $\delta^{\mathrm{T}}B_{2\mathrm{d}}=0$、$\delta^{\mathrm{T}}\delta=I$、$C_2\Theta=0$ 和 $\Theta^{\mathrm{T}}\Theta=I$ 的任意满秩矩阵。h_0 为给定的正标量，如果存在矩阵 $X>0$、$W=W^{\mathrm{T}} \in \mathbb{R}^{(n-l)\times(n-l)}$ 和 $Z=Z^{\mathrm{T}} \in \mathbb{R}^{d\times d}$，使得如下 LMIs 可行：

$$\begin{bmatrix}\delta^{\mathrm{T}}(AX+XA^{\mathrm{T}})\delta & \delta^{\mathrm{T}}D & \delta^{\mathrm{T}}XC_1^{\mathrm{T}}\\ * & -h_0^2 I & 0\\ * & * & -I\end{bmatrix}<0 \tag{4.96}$$

$$\begin{bmatrix}\Theta^{\mathrm{T}}(\delta W\delta^{\mathrm{T}}A+A^{\mathrm{T}}\delta W\delta^{\mathrm{T}})\Theta & \Theta^{\mathrm{T}}\delta W\delta^{\mathrm{T}}D & \Theta^{\mathrm{T}}C_1^{\mathrm{T}}\\ * & -h_0^2 I & 0\\ * & * & -I\end{bmatrix}<0 \tag{4.97}$$

$$\begin{bmatrix}\delta W\delta^{\mathrm{T}}+C_2^{\mathrm{T}}ZC_2 & I\\ * & X\end{bmatrix}>0 \tag{4.98}$$

则矩阵不等式（4.94）是有可行解的。

证明　证明过程同理可见 3.3 节。

注 4.9　本节将有界时变量化不匹配比 $\gamma(t)$ 考虑到约束矩阵不等式（4.94）中，以获得控制增益矩阵 K。这样的容错控制设计虽然受到一定的限制，但可以削弱不匹配的量化误差的影响，更符合实际船舶 DPS 中量化器的硬件条件。

2. 滑模容错控制器设计

针对船舶 DPS（4.91），非线性滑模控制律设计如下：

$$u_{\mathrm{n}}(t)=-(u_1(t)+u_2(t))\Phi^{\mathrm{T}}\operatorname{sgn}(\chi(t)) \tag{4.99}$$

$$u_1(t)=\frac{\mu_1}{\lambda_1}\left(\sum_{k=1}^{m}\left|\Phi_k\right|_1\hat{\beta}_k\hat{\bar{u}}_{sk}+\epsilon_0\right) \tag{4.100}$$

$$u_2(t)=\frac{\mu_2}{\lambda_1}\epsilon_1\sum_{k=1}^{m}\left|\Phi_k\right|_1 \tag{4.101}$$

式中，$\mu_1=\dfrac{1}{\bar{\theta}\gamma_{\min}}$；$\mu_2=\dfrac{1}{\bar{\theta}}$；$\lambda_1$ 是矩阵 $\Phi\Phi^{\mathrm{T}}$ 的最小特征值；ϵ_0 是任意正常数；ϵ_1 是一给定常数满足 $\left|E_{\tau_{\mathrm{c}}}(t)\right|_\infty\leqslant\Delta\tau_{\mathrm{c}}(t)\leqslant\epsilon_1$。

给出相关自适应律

$$\begin{aligned}&\dot{\hat{\bar{u}}}_{sk}(t)=\sigma_{1k}\left|\chi(t)\right|_1\left|\Phi_k\right|_1,\quad \hat{\bar{u}}_{sk}(0)=\bar{u}_{sk0}\\&\dot{\hat{\beta}}(t)=\sigma_{2k}\left|\chi(t)\right|_1\left|\Phi_k\right|_1\hat{\bar{u}}_{sk}(t),\quad \hat{\beta}_k(0)=\beta_{k0}\end{aligned} \tag{4.102}$$

为了便于描述，给出几个系统矩阵分解形式：

$$\Phi=\begin{bmatrix}\Phi_1 & \Phi_2 & \cdots & \Phi_m\end{bmatrix}\in\mathbb{R}^{l\times m}$$

$$\bar{u}_{\mathrm{s}}=\begin{bmatrix}\bar{u}_{\mathrm{s}1} & \bar{u}_{\mathrm{s}2} & \cdots & \bar{u}_{sm}\end{bmatrix}^{\mathrm{T}}\in\mathbb{R}^{m\times 1}$$

$$\chi(t)=\begin{bmatrix}\chi_1(t) & \chi_2(t) & \cdots & \chi_l(t)\end{bmatrix}^{\mathrm{T}}\in\mathbb{R}^{l\times 1}$$

定义自适应误差为

$$\begin{aligned}&\tilde{\bar{u}}_{\mathrm{s}}(t)=\hat{\bar{u}}_{\mathrm{s}}(t)-\bar{u}_{\mathrm{s}}\\&\tilde{\beta}(t)=\hat{\beta}(t)-\beta\end{aligned} \tag{4.103}$$

则可以看出 $\dot{\tilde{\bar{u}}}_{\mathrm{s}}(t)=\dot{\hat{\bar{u}}}_{\mathrm{s}}(t)$ 和 $\dot{\tilde{\beta}}(t)=\dot{\hat{\beta}}(t)$。

定理 4.8 针对船舶 DPS(4.91)，基于假设 3.3～假设 3.5，滑模面方程由式(4.92)给出，矩阵 $P=P^{\mathrm{T}}>0$ 满足矩阵不等式（4.94）。滑模控制器设计为式（4.99）～式（4.101），自适应律由式（4.102）给出，则能够保证考虑推进器故障和不匹配量化的船舶 DPS 是渐近稳定的并且对于所有的 $\alpha\in\Delta_{\alpha^j}$，$j\in I(1,L)$，都满足次优 H_∞ 性能指标不大于 h_0。

证明 针对船舶 DPS（4.91），选择李雅普诺夫函数

$$V(t)=\xi(t)^{\mathrm{T}}P\xi(t)+\sum_{k=1}^{m}\frac{\beta_k\tilde{\bar{u}}_{sk}^2(t)}{\sigma_{1k}}+\sum_{k=1}^{m}\frac{\tilde{\beta}_k^2(t)}{\sigma_{2k}} \tag{4.104}$$

沿着闭环系统（4.91）对 $V(t)$ 求导，可得

$$
\begin{aligned}
&\dot{V}(t)+z^{\mathrm{T}}(t)z(t)-h_0^2 w^{\mathrm{T}}(t)w(t)\\
&=\xi(t)^{\mathrm{T}}\left(P(\bar{A}+\bar{B}K\bar{C}_2)+(\bar{A}+\bar{B}K\bar{C}_2)^{\mathrm{T}}P\right)\xi(t)+2\gamma(t)\xi(t)^{\mathrm{T}}PB_{21}u_{\mathrm{n}}(t)\\
&\quad+2\gamma(t)\xi(t)^{\mathrm{T}}PB_{21}E_{\tau_{\mathrm{c}}}(t)+2\xi(t)^{\mathrm{T}}PB_{22}u_{\mathrm{s}}(t)+2\xi(t)^{\mathrm{T}}P\bar{D}w(t)\\
&\quad+2\sum_{k=1}^{m}\frac{\beta_k\tilde{\bar{u}}_{\mathrm{s}k}(t)\dot{\tilde{\bar{u}}}_{\mathrm{s}k}(t)}{\sigma_{1k}}+2\sum_{k=1}^{m}\frac{\tilde{\beta}_k(t)\dot{\tilde{\beta}}_k(t)}{\sigma_{2k}}+z^{\mathrm{T}}(t)z(t)-h_0^2 w^{\mathrm{T}}(t)w(t)
\end{aligned}
$$

由于 $B_{21}=B_{\mathrm{d}}\Phi\alpha$ 和 $B_{22}=B_{\mathrm{d}}\Phi\beta$，则有

$$
\begin{aligned}
&\dot{V}(t)+z^{\mathrm{T}}(t)z(t)-h_0^2 w^{\mathrm{T}}(t)w(t)\\
&=\xi(t)^{\mathrm{T}}\left(P(\bar{A}+\bar{B}K\bar{C}_2)+(\bar{A}+\bar{B}K\bar{C}_2)^{\mathrm{T}}P\right)\xi(t)+2\gamma(t)\xi(t)^{\mathrm{T}}PB_{\mathrm{d}}\Phi\alpha u_{\mathrm{n}}(t)\\
&\quad+2\xi(t)^{\mathrm{T}}PB_{\mathrm{d}}\Phi\beta u_{\mathrm{s}}(t)+2\xi(t)^{\mathrm{T}}P\bar{D}w(t)+2\gamma(t)\xi(t)^{\mathrm{T}}PB_{\mathrm{d}}\Phi\alpha E_{\tau_{\mathrm{c}}}(t)\\
&\quad+2\sum_{k=1}^{m}\frac{\beta_k\tilde{\bar{u}}_{\mathrm{s}k}(t)\dot{\tilde{\bar{u}}}_{\mathrm{s}k}(t)}{\sigma_{1k}}+2\sum_{k=1}^{m}\frac{\tilde{\beta}_k(t)\dot{\tilde{\beta}}_k(t)}{\sigma_{2k}}+z^{\mathrm{T}}(t)z(t)-h_0^2 w^{\mathrm{T}}(t)w(t)
\end{aligned}
$$

鉴于 $2\xi(t)^{\mathrm{T}}P\bar{D}w(t)\leqslant h_0^{-2}\xi(t)^{\mathrm{T}}P\bar{D}\bar{D}^{\mathrm{T}}P\xi(t)+h_0^2 w(t)^{\mathrm{T}}w(t)$，可以得到

$$
\begin{aligned}
&\dot{V}(t)+z^{\mathrm{T}}(t)z(t)-h_0^2 w^{\mathrm{T}}(t)w(t)\\
&\leqslant\xi(t)^{\mathrm{T}}\left(P(\bar{A}+\bar{B}K\bar{C}_2)+(\bar{A}+\bar{B}K\bar{C}_2)^{\mathrm{T}}P+h_0^{-2}P\bar{D}\bar{D}^{\mathrm{T}}P+C_1^{\mathrm{T}}C_1\right)\xi(t)\\
&\quad+2\gamma(t)\xi(t)^{\mathrm{T}}PB_{\mathrm{d}}\Phi\alpha u_{\mathrm{n}}(t)+2\gamma(t)\xi(t)^{\mathrm{T}}PB_{\mathrm{d}}\Phi\alpha E_{\tau_{\mathrm{c}}}(t)\\
&\quad+2\xi(t)^{\mathrm{T}}PB_{\mathrm{d}}\Phi\beta u_{\mathrm{s}}(t)+2\sum_{k=1}^{m}\frac{\beta_k\tilde{\bar{u}}_{\mathrm{s}k}(t)\dot{\tilde{\bar{u}}}_{\mathrm{s}k}(t)}{\sigma_{1k}}+2\sum_{k=1}^{m}\frac{\tilde{\beta}_k(t)\dot{\tilde{\beta}}_k(t)}{\sigma_{2k}}
\end{aligned}
\tag{4.105}
$$

根据假设 3.4，以下不等式成立：

$$
\begin{aligned}
\chi^{\mathrm{T}}(t)\Phi\beta u_{\mathrm{s}}(t)&=\sum_{k=1}^{m}\chi^{\mathrm{T}}(t)\Phi_k\beta_k u_{\mathrm{s}k}(t)\\
&\leqslant\sum_{k=1}^{m}|\chi(t)|_1|\Phi_k|_1\beta_k|u_{\mathrm{s}k}(t)|_1\leqslant\sum_{k=1}^{m}|\chi(t)|_1|\Phi_k|_1\beta_k\bar{u}_{\mathrm{s}k}
\end{aligned}
$$

若式（4.94）成立，则有 $\chi(t)=S\bar{C}_2\xi(t)=B_{\mathrm{d}}^{\mathrm{T}}P\xi(t)$，且存在矩阵 $Q_{\mathrm{c}}>0$ 使得下式成立：

$$
P(\bar{A}+\bar{B}K\bar{C}_2)+(\bar{A}+\bar{B}K\bar{C}_2)^{\mathrm{T}}P+h_0^{-2}P\bar{D}\bar{D}^{\mathrm{T}}P+\bar{C}_1^{\mathrm{T}}\bar{C}_1\leqslant -Q_{\mathrm{c}}<0
$$

考虑到如上变换，则式（4.95）可以重整为

$$
\begin{aligned}
&\dot{V}(t)+z^{\mathrm{T}}(t)z(t)-h_0^2 w^{\mathrm{T}}(t)w(t)\\
&\leqslant-\xi(t)^{\mathrm{T}}Q_{\mathrm{c}}\xi(t)+2\gamma(t)\chi(t)^{\mathrm{T}}\Phi\alpha u_{\mathrm{n}}(t)+2\gamma(t)\chi(t)^{\mathrm{T}}\Phi\alpha E_{\tau_{\mathrm{c}}}(t)\\
&\quad+2\sum_{k=1}^{m}|\chi(t)|_1|\Phi_k|_1\beta_k\bar{u}_{\mathrm{s}k}+2\sum_{k=1}^{m}\frac{\beta_k\tilde{\bar{u}}_{\mathrm{s}k}(t)\dot{\tilde{\bar{u}}}_{\mathrm{s}k}(t)}{\sigma_{1k}}+2\sum_{k=1}^{m}\frac{\tilde{\beta}_k(t)\dot{\tilde{\beta}}_k(t)}{\sigma_{2k}}
\end{aligned}
$$

将自适应误差（4.103）代入上式，可以得到

$$\begin{aligned}&\dot V(t)+z^{\mathrm T}(t)z(t)-h_0^2w^{\mathrm T}(t)w(t)\\ &\leqslant -\xi(t)^{\mathrm T}Q_{\mathrm c}\xi(t)+2\gamma(t)\chi(t)^{\mathrm T}\varPhi\alpha u_{\mathrm n}(t)+2\gamma(t)\chi(t)^{\mathrm T}\varPhi\alpha E_{\tau_{\mathrm c}}(t)\\ &\quad+2\sum_{k=1}^{m}\left|\chi(t)\right|_1\left|\varPhi_k\right|_1\hat\beta_k(t)\hat{\bar u}_{sk}(t)-2\sum_{k=1}^{m}\left|\chi(t)\right|_1\left|\varPhi_k\right|_1\tilde\beta_k(t)\hat{\bar u}_{sk}(t)\\ &\quad+2\sum_{k=1}^{m}\frac{\beta_k\tilde{\bar u}_{sk}(t)\dot{\hat{\bar u}}_{sk}(t)}{\sigma_{1k}}-2\sum_{k=1}^{m}\left|\chi(t)\right|_1\left|\varPhi_k\right|_1\beta_k\tilde{\bar u}_{sk}(t)+2\sum_{k=1}^{m}\frac{\tilde\beta_k(t)\dot{\hat\beta}_k(t)}{\sigma_{2k}}\end{aligned}$$

进一步地，考虑式（4.99）中 $u_n(t)$ 的形式，则上式变换为

$$\begin{aligned}&\dot V(t)+z^{\mathrm T}(t)z(t)-h_0^2w^{\mathrm T}(t)w(t)\\ &\leqslant -\xi(t)^{\mathrm T}Q_{\mathrm c}\xi(t)-2\gamma(t)u_1(t)\chi(t)^{\mathrm T}\varPhi\alpha\varPhi^{\mathrm T}\operatorname{sgn}(\chi(t))+2\gamma(t)\chi(t)^{\mathrm T}\varPhi\alpha E_{\tau_{\mathrm c}}(t)\\ &\quad-2\gamma(t)u_2(t)\chi(t)^{\mathrm T}\varPhi\alpha\varPhi^{\mathrm T}\operatorname{sgn}(\chi(t))+2\sum_{k=1}^{m}\left|\chi(t)\right|_1\left|\varPhi_k\right|_1\hat\beta_k(t)\hat{\bar u}_{sk}(t)\\ &\quad-2\sum_{k=1}^{m}\left|\chi(t)\right|_1\left|\varPhi_k\right|_1\tilde\beta_k(t)\hat{\bar u}_{sk}(t)-2\sum_{k=1}^{m}\left|\chi(t)\right|_1\left|\varPhi_k\right|_1\beta_k\tilde{\bar u}_{sk}(t)\\ &\quad+2\sum_{k=1}^{m}\frac{\beta_k\tilde{\bar u}_{sk}(t)\dot{\hat{\bar u}}_{sk}(t)}{\sigma_{1k}}+2\sum_{k=1}^{m}\frac{\tilde\beta_k(t)\dot{\hat\beta}_k(t)}{\sigma_{2k}}\end{aligned}\tag{4.106}$$

根据引理 4.8 和系统矩阵的分解形式，不等式 $-\chi(t)^{\mathrm T}\varPhi\alpha\varPhi^{\mathrm T}\operatorname{sgn}(\chi(t))\leqslant-\bar\theta\lambda_1\left|\chi(t)\right|_1$ 成立，设计 $u_2(t)$ 为式（4.101）中的形式，那么可以得到

$$\begin{aligned}-2\gamma(t)u_2(t)\chi(t)^{\mathrm T}\varPhi\alpha\varPhi^{\mathrm T}\operatorname{sgn}(\chi(t))&=-2\gamma(t)\frac{\mu_2}{\lambda_1}\epsilon_1\sum_{k=1}^{m}\left|\varPhi_k\right|_1\chi(t)^{\mathrm T}\varPhi\alpha\varPhi^{\mathrm T}\operatorname{sgn}(\chi(t))\\ &\leqslant-2\left|\gamma(t)\right|\epsilon_1\chi(t)^{\mathrm T}\operatorname{sgn}(\chi(t))\sum_{k=1}^{m}\left|\varPhi_k\right|_1\\ &=-2\gamma(t)\epsilon_1\left|\chi(t)\right|_1\sum_{k=1}^{m}\left|\varPhi_k\right|_1\end{aligned}$$

鉴于失效因子 $\alpha\in\varDelta_{\alpha^j}$ 且 $0\leqslant\underline{\alpha}\leqslant\alpha_k\leqslant\bar\alpha\leqslant1$，显然有 $|\alpha_k|\leqslant1$。利用 $\left\|E_{\tau_{\mathrm c}}(t)\right\|_\infty\leqslant\varDelta\tau_{\mathrm c}(t)$，则带有量化误差的变量项可进行如下转换：

$$\begin{aligned}2\gamma(t)\chi(t)^{\mathrm T}\varPhi\alpha E_{\tau_{\mathrm c}}(t)&=2\gamma(t)\chi(t)^{\mathrm T}\sum_{k=1}^{m}\varPhi_k\alpha_kE_{\tau_{\mathrm c}}(t)\leqslant2\gamma(t)\left\|\chi(t)\right\|_\infty\sum_{k=1}^{m}\left\|\varPhi_k\right\|_\infty\left|\alpha_k\right|\left\|E_{\tau_{\mathrm c}}(t)\right\|_\infty\\ &\leqslant2\gamma(t)\left\|\chi(t)\right\|_\infty\sum_{k=1}^{m}\left\|\varPhi_k\right\|_\infty\varDelta\tau_{\mathrm c}(t)\leqslant2\gamma(t)\left\|\chi(t)\right\|_1\sum_{k=1}^{m}\left\|\varPhi_k\right\|_1\varDelta\tau_{\mathrm c}(t)\end{aligned}$$

由于设计参数 ϵ_1 满足 $\varDelta\tau_{\mathrm c}(t)\leqslant\epsilon_1$，故有

$$-2\gamma(t)u_2(t)\chi(t)^{\mathrm T}\varPhi\alpha\varPhi^{\mathrm T}\operatorname{sgn}(\chi(t))+2\gamma(t)\chi(t)^{\mathrm T}\varPhi\alpha E_{\tau_{\mathrm c}}(t)\leqslant0$$

成立。进而，式（4.106）可以整理为

$$\begin{aligned}
&\dot{V}(t)+z^{\mathrm{T}}(t)z(t)-h_0^2w^{\mathrm{T}}(t)w(t)\\
&\leqslant -\xi(t)^{\mathrm{T}}Q_{\mathrm{c}}\xi(t)-2\gamma(t)u_1(t)\chi(t)^{\mathrm{T}}\varPhi\alpha\varPhi^{\mathrm{T}}\mathrm{sgn}(\chi(t))\\
&\quad+2\sum_{k=1}^{m}\left|\chi(t)\right|_1\left|\varPhi_k\right|_1\hat{\beta}_k(t)\hat{\bar{u}}_{sk}(t)\\
&\quad-2\sum_{k=1}^{m}\left|\chi(t)\right|_1\left|\varPhi_k\right|_1\tilde{\beta}_k(t)\hat{\bar{u}}_{sk}(t)-2\sum_{k=1}^{m}\left|\chi(t)\right|_1\left|\varPhi_k\right|_1\beta_k\tilde{\bar{u}}_{sk}(t)\\
&\quad+2\sum_{k=1}^{m}\frac{\beta_k\tilde{\bar{u}}_{sk}(t)\dot{\tilde{\bar{u}}}_{sk}(t)}{\sigma_{1k}}+2\sum_{k=1}^{m}\frac{\tilde{\beta}_k(t)\dot{\tilde{\beta}}_k(t)}{\sigma_{2k}}
\end{aligned}\tag{4.107}$$

将式（4.100）中的 $u_1(t)$ 代入式（4.107），可以得到

$$\begin{aligned}
&\dot{V}(t)+z^{\mathrm{T}}(t)z(t)-h_0^2w^{\mathrm{T}}(t)w(t)\\
&\leqslant -\xi(t)^{\mathrm{T}}Q_{\mathrm{c}}\xi(t)-2\epsilon_0\left|\chi(t)\right|_1-2\sum_{k=1}^{m}\left|\chi(t)\right|_1\left|\varPhi_k\right|_1\tilde{\beta}_k(t)\hat{\bar{u}}_{sk}(t)\\
&\quad-2\sum_{k=1}^{m}\left|\chi(t)\right|_1\left|\varPhi_k\right|_1\beta_k\tilde{\bar{u}}_{sk}(t)+2\sum_{k=1}^{m}\frac{\beta_k\tilde{\bar{u}}_{sk}(t)\dot{\tilde{\bar{u}}}_{sk}(t)}{\sigma_{1k}}+2\sum_{k=1}^{m}\frac{\tilde{\beta}_k(t)\dot{\tilde{\beta}}_k(t)}{\sigma_{2k}}
\end{aligned}$$

根据自适应律（4.102），上式变换为

$$\dot{V}(t)+z^{\mathrm{T}}(t)z(t)-h_0^2w^{\mathrm{T}}(t)w(t)\leqslant -\xi(t)^{\mathrm{T}}Q_{\mathrm{c}}\xi(t)-2\epsilon_0\left|\chi(t)\right|_1\leqslant 0\tag{4.108}$$

即

$$\dot{V}(t)\leqslant -z^{\mathrm{T}}(t)z(t)+h_0^2w^{\mathrm{T}}(t)w(t)-\xi(t)^{\mathrm{T}}Q_{\mathrm{c}}\xi(t)-2\epsilon_0\left|\chi(t)\right|_1$$

这意味着对于任意的非零向量 $\xi(t)\in\mathbb{R}^{n+s}$，$\dot{V}(t)\leqslant 0$，即 $V(t)$ 是非增函数。

考虑到李雅普诺夫函数（4.104），一定存在一个正常数 β_0 使得如下形式的不等式成立：

$$0\leqslant \beta_0\left|\tilde{\xi}(t)\right|_2\leqslant V(\tilde{\xi}(t))$$

式中，$\tilde{\xi}(t)=\begin{bmatrix}\xi^{\mathrm{T}}(t) & \tilde{\bar{u}}_{\mathrm{s}}^{\mathrm{T}}(t) & \tilde{\beta}^{\mathrm{T}}(t)\end{bmatrix}^{\mathrm{T}}$。进而

$$\begin{aligned}
V(\tilde{\xi}(t))&=V(\tilde{\xi}(t_0))+\int_{t_0}^{t}\dot{V}(\tilde{\xi}(\tau))\mathrm{d}\tau\\
&\leqslant V(\tilde{\xi}(t_0))-\int_{t_0}^{t}\xi(\tau)^{\mathrm{T}}Q_{\mathrm{c}}\xi(\tau)\mathrm{d}\tau-\int_{t_0}^{t}z^{\mathrm{T}}(\tau)z(\tau)\mathrm{d}\tau\\
&\quad-\int_{t_0}^{t}2\epsilon_0\left|\chi(t)\right|_1\mathrm{d}\tau+h_0^2\int_{t_0}^{t}w^{\mathrm{T}}(\tau)w(\tau)\mathrm{d}\tau
\end{aligned}$$

由于 $w(t)\in\mathcal{L}_2$，上面的不等式意味着船舶 DPS 和误差系统的解是一致有界的。

因此

$$V(\xi(t),\tilde{\bar{u}}_{\mathrm{s}}(t),\tilde{\beta}(t))\leqslant V(\xi(0),\tilde{\bar{u}}_{\mathrm{s}}(0),\tilde{\beta}(0))\triangleq V_0$$

式中，$V(t)$, $\xi(t)$, $\tilde{\bar{u}}_{\mathrm{s}}(t)$, $\tilde{\beta}(t)\in\mathcal{L}_\infty$。进一步地考虑，$V(t)$ 随着 $t\to\infty$ 存在极限，即 $\lim\limits_{t\to\infty}V(\xi(t),\tilde{\bar{u}}_{\mathrm{s}}(t),\tilde{\beta}(t))\triangleq V_\infty$，并对式（4.108）两侧积分可得

$$V(\infty)-V(0)+\int_0^{\infty} z^{\mathrm{T}}(t)z(t)\mathrm{d}t \leqslant h_0^2\int_0^{\infty} w^{\mathrm{T}}(t)w(t)\mathrm{d}t \tag{4.109}$$

因此，式（4.109）表明

$$\int_0^{\infty} z^{\mathrm{T}}(t)z(t)\mathrm{d}t \leqslant h_0^2\int_0^{\infty} w^{\mathrm{T}}(t)w(t)\mathrm{d}t+\xi^{\mathrm{T}}(0)P\xi(0)+\sum_{k=1}^{m}\frac{\beta_k\tilde{\bar{u}}_{sk}^2(0)}{\sigma_{1k}}+\sum_{k=1}^{m}\frac{\tilde{\beta}_k^2(0)}{\sigma_{2k}}$$

这表明船舶 DPS（4.99）保证次优自适应 H_∞ 性能指标不大于 h_0。

证毕。 □

4.4.3 仿真算例

本节以自主水面航行器 CyberShip II[104]为例进行仿真，验证了所提方法在存在不匹配量化、推进器故障和外部干扰的船舶 DPS 中的可行性和有效性。CyberShip II 是一艘 1∶70 比例的补给船复制品，其质量为 $m_{cs2}=23.8\text{kg}$，长度为 $L_{cs2}=1.255\text{m}$，宽度为 $B_{cs2}=0.29\text{m}$；配备如下：u_1 为左舷主螺旋桨，u_2 为右舷主螺旋桨，u_3 为艏侧槽道推进器，u_4 为艉侧舵 I，u_5 为艏侧舵 II。动态参数矩阵 M、N、G 和配置矩阵 E 如下：

$$M=\begin{bmatrix}21.8 & 0 & 0\\ 0 & 13.8 & 1.0948\\ 0 & 1.0948 & 0.76\end{bmatrix},\quad N=\begin{bmatrix}0.7225 & 0 & 0\\ 0 & 0.8612 & -0.1079\\ 0 & -0.1052 & 1.9000\end{bmatrix}$$

$$E=\begin{bmatrix}1.000 & 1.000 & 0 & 0 & 0\\ 0 & 0 & 1.000 & 1.000 & 1.000\\ 0.078 & -0.078 & 0.466 & -0.549 & 0.549\end{bmatrix}$$

且 $G=0$（无系泊力），参数矩阵 A、B 和 D 可以由 M、N、G 和 E 计算得到，并选择

$$B'_{2d}=\begin{bmatrix}0 & 0 & 0 & 0.0459 & -0.0092 & 0.1159\\ 0 & 0 & 0 & 0 & 0.0269 & 0.5744\\ 0 & 0 & 0 & 0 & 0.1465 & -0.9334\end{bmatrix}^{\mathrm{T}}$$

可以看出，系统 (A,B,C_2) 是最小相位的，且 $\mathrm{rank}(C_2B)=\mathrm{rank}(B)$。因此，可以计算出相应的矩阵 Φ、δ 和 Θ，并选择 $\phi=3$。求解 LMIs（4.96）～（4.98），得到了次优 H_∞ 性能指标 $h_0=2.1190$，滑模面的参数矩阵和增益矩阵如下：

$$S=\left[\begin{matrix}-0.0048 & 0.0003 & 0.0655 & 0.0407 & -0.0038\\ 0.0148 & -0.0011 & 0.3297 & 0.0001 & 0.0086\\ 0.0809 & -0.0062 & -0.5358 & 0.0008 & 0.0468\end{matrix}\right.$$

$$\left.\begin{matrix}0.0014 & 0.0301 & 0.0228 & -0.0013 & 0.0316\\ -0.0035 & 0.1494 & 0.0004 & 0.0039 & 0.1565\\ -0.0192 & -0.2428 & 0.0024 & 0.0213 & -0.2543\end{matrix}\right]$$

$$K_a = \begin{bmatrix} -141.9265 & 90.7234 & 0.3537 & -14.2401 & -169.1648 & 6.1681 \\ 87.7364 & -253.9702 & -1.0892 & -1.4682 & -68.0400 & -5.3986 \\ -6.1881 & -2.3080 & -162.1943 & 0.0623 & 3.6266 & -236.3171 \\ -17.2683 & -0.4515 & -1.3141 & -323.4076 & 11.9238 & 0.1888 \\ -164.7075 & -72.4813 & -0.5747 & 10.7885 & -359.8048 & 5.5268 \\ -8.3241 & -3.0187 & -212.6382 & 0.0767 & 4.7630 & -314.4263 \end{bmatrix}$$

$$K_b = \begin{bmatrix} -243.4998 & 91.7259 & -5.9225 & -11.3531 \\ 150.5676 & -389.3952 & 2.4865 & -12.0071 \\ -10.3271 & -8.2337 & -272.5175 & 1.8119 \\ -23.2262 & -8.0709 & -5.6453 & -463.5535 \\ -282.9013 & -193.1103 & -8.2756 & 26.2041 \\ -13.8985 & -10.9152 & -356.7593 & 2.4031 \end{bmatrix}$$

$$K_c = \begin{bmatrix} 32.3776 & -7.3420 & 30.9209 & 341.6823 & 159.4213 & 122.6342 \\ 220.4749 & 37.8478 & -34.0267 & 178.5665 & -313.3359 & -143.6075 \\ -52.2043 & 12.7489 & -70.1651 & 13.1814 & 111.0748 & -71.4376 \\ -53.9861 & -1.8775 & 89.1151 & 19.8087 & 55.8688 & 3.4211 \\ -84.5857 & -7.6841 & 138.1159 & 20.1150 & 85.3073 & 67.3256 \end{bmatrix}$$

$$K_d = \begin{bmatrix} -197.0975 & -90.6332 & -69.4429 & -303.8316 \\ 234.4716 & 241.2914 & 114.8046 & -246.2012 \\ -104.1591 & -32.4318 & -160.944 & -17.1845 \\ -101.3345 & -51.4589 & 304.9369 & 11.0933 \\ -190.3075 & -55.4893 & 419.6088 & 10.1060 \end{bmatrix}$$

并且采用以下自适应增益分别为 $\sigma_{11}=\sigma_{12}=\sigma_{13}=\sigma_{14}=\sigma_{15}=0.05$，$\sigma_{21}=\sigma_{22}=\sigma_{23}=\sigma_{24}=\sigma_{25}=0.001$；$\bar{\theta}=0.2$，$\epsilon_0=0.5$，$\epsilon_1=1.5$。选择扰动信号如下：

$$\tilde{w}(t) = \begin{bmatrix} 20(1.1+1.2\sin(0.02t)+1.5\sin(0.1t)) \\ 130(-1.1+2\sin(0.02t-\pi/6)+1.5\sin(0.3t)) \\ 200(\sin(0.09t+\pi/3)+3\sin(0.01t)) \end{bmatrix}$$

考虑的故障模式为：当 $t\leqslant 25\text{s}$ 时，系统中所有推进器正常运行；当 $t>25\text{s}$ 时，左舷主螺旋桨完全失效，艏侧槽道推进器失效 20%，艉侧舵 I 发生卡死故障，卡死信号为 $2+0.2\cos t$，其他推进器正常。

另外，针对量化不匹配问题，令编码器和解码器的量化灵敏度参数演化方式如下：

$$\tau_c(t)=\begin{cases}1.0, & 0\text{s}<t\leqslant 3\text{s}\\ 0.6, & 3\text{s}<t\leqslant 10\text{s}\\ 0.3, & 10\text{s}<t\leqslant 15\text{s}\\ 0.2, & 15\text{s}<t\leqslant 30\text{s}\\ 0.1, & t>30\text{s}\end{cases},\quad \tau_d(t)=\begin{cases}1.20, & 0\text{s}<t\leqslant 2\text{s}\\ 0.25, & 2\text{s}<t\leqslant 7.5\text{s}\\ 0.15, & 7.5\text{s}<t\leqslant 20\text{s}\\ 0.05, & 20\text{s}<t\leqslant 35\text{s}\\ 0.06, & t>35\text{s}\end{cases}$$

可得比值 $\gamma(t)=\tau_d(t)/\tau_c(t)$ 不是一个固定的值，即发生量化不匹配现象。同时，也采用了 3.3 节中不考虑量化的滑模容错控制器进行对比仿真，仿真结果如图 4.15～图 4.19 所示。

从图 4.15 中可以看出，本节控制的状态误差在考虑量化不匹配的情况下可收敛到零的邻域，而 3.3 节方法控制的误差状态是发散的。若控制器设计忽略量化现象，特别是不匹配量化，就无法维持理想的位置和速度。由图 4.16 可知，本节的滑模面是渐近稳定的，使得系统状态达到了期望的滑模面。然而，3.3 节方法中滑模面响应存在严重的抖振，这在工程应用中是不理想的。图 4.17 为推进器命令响应曲线，显然，由于系统存在不匹配量化，推进器运行频率增加，3.3 节控制器抖振现象更严重。未知卡死故障上界值 $\bar{u}_s$ 以及故障因子 β 估计的对比响应曲线分别如图 4.18 和图 4.19 所示，说明容错控制器可以保证自适应因子在有限时间内有界稳定，而 3.3 节方法不能做到这一点。

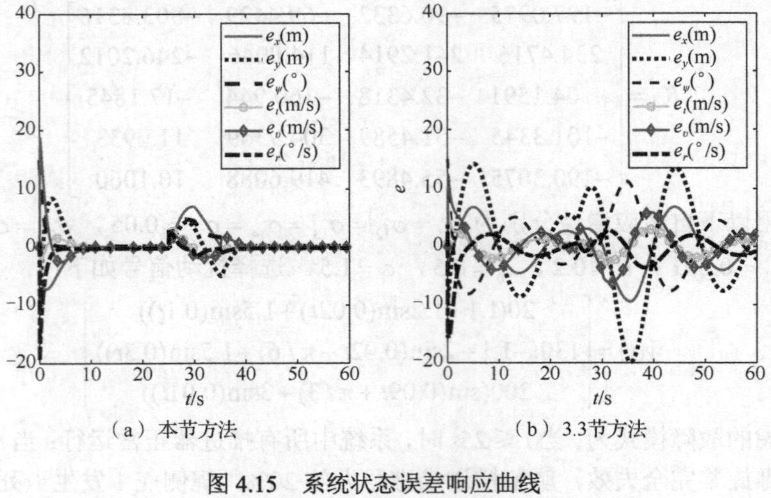

（a）本节方法　　（b）3.3节方法

图 4.15　系统状态误差响应曲线

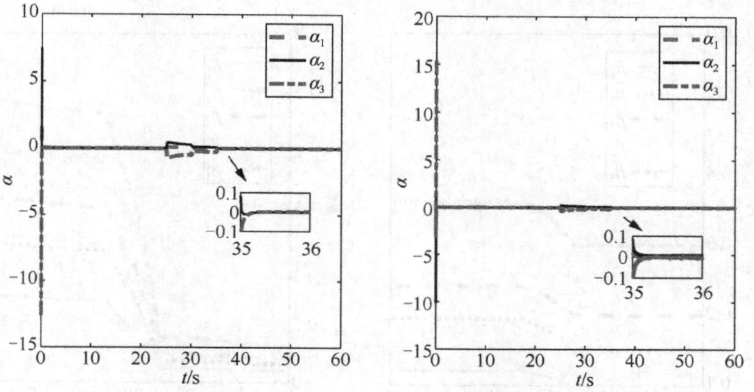

（a）本节方法　　（b）3.3节方法

图 4.16　滑模面响应曲线

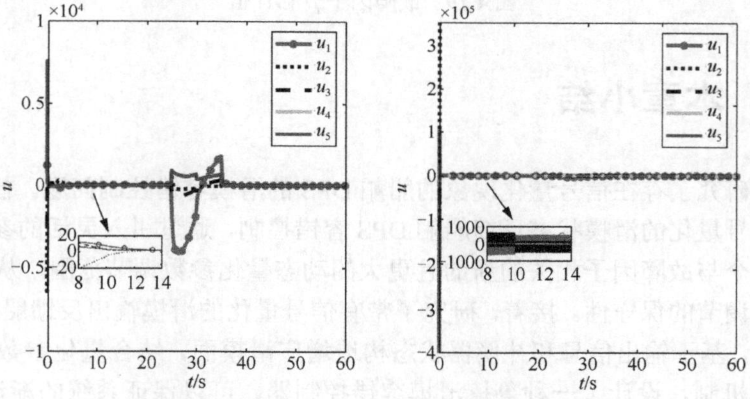

（a）本节方法　　（b）3.3节方法

图 4.17　推进器命令响应曲线

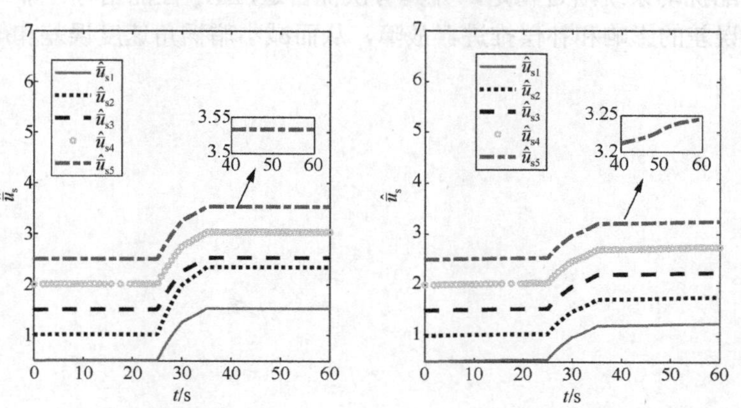

（a）本节方法　　（b）3.3节方法

图 4.18　未知卡死故障上界 $\bar{u}_s$ 估计值

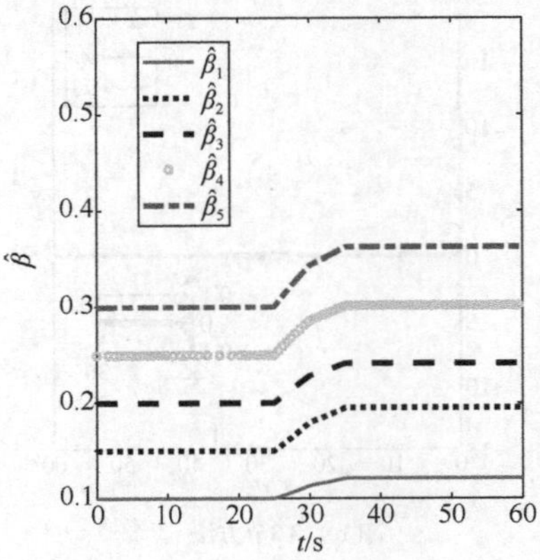

（a）本节方法

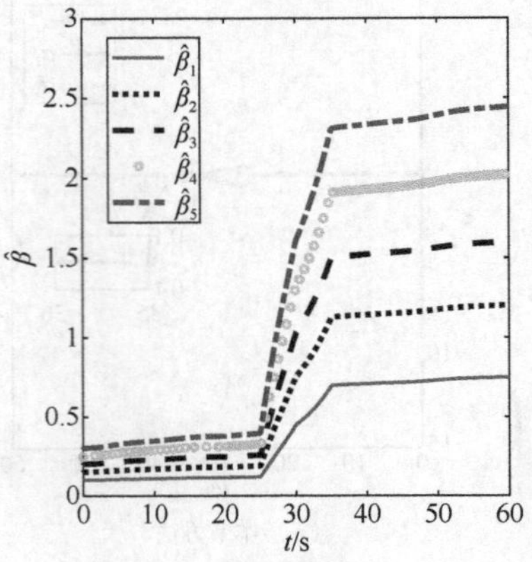

（b）3.3节方法

图 4.19 故障因子 β 估计值

4.5 本章小结

本章研究了存在信号量化现象的船舶 DPS 的滑模容错控制问题。首先，研究了带有信号量化的滑模状态反馈船舶 DPS 容错控制，通过引入灵活的参数，重新构造了一个与故障因子相关的新的且更大的动态量化参数调节范围，从而减小了量化参数调节的保守性。接着，研究了带有信号量化的滑模输出反馈船舶 DPS 的容错控制，基于输出信息和补偿器状态构造增广滑模面，结合量化参数调整策略和自适应机制，设计了一种鲁棒滑模容错控制器，可以保证系统的渐近稳定性。最后，研究了带有量化不匹配的滑模输出反馈船舶 DPS 容错控制，利用线性项保证不匹配扰动系统渐近稳定，并具有次优自适应 H_∞ 性能指标；非线性项用于减小量化误差的影响和补偿推进器故障，从而减小艏摇角速度误差和艏摇角振荡幅值。

第 5 章

具有定常时延和信号量化的船舶动力定位系统鲁棒容错控制

5.1 概述

船舶的运动由远程陆基控制站通过通信网络进行控制。受到海洋恶劣环境的影响，位置和速度信号在传递与处理的过程中不可避免地会发生通信时延，这是影响船舶 DPS 稳定性的一个重要因素[9,11,68,115]。目前，考虑通信时延对船舶的影响的研究结果有很多，比如：文献[11]基于网络控制，对无人船进行故障检测滤波器和控制器的协调设计研究；文献[68]基于动态输出反馈控制，研究了网络环境中的船舶 DP 控制；文献[116]研究了具有时变扰动和通信延迟的多艘船舶的鲁棒同步，提出了一种新型分布式控制法；针对具有通信延迟的水下航行器；文献[117]设计了两个无模型比例微分控制器分别实现单航行器和多航行器的位置跟踪；文献[118]采用无模型比例微分控制与线性矩阵不等式相结合的方法，解决了受时延影响的遥控水下航行器的跟踪控制问题。虽然上述研究结果成功地解决了通信时延问题，但是却忽略了信号量化和推进器故障对于船舶 DPS 的影响，这显然是不合理的。在实际中，对于发生推进器故障的船舶 DPS，时延的存在会增加量化参数动态调节策略设计的难度。因此，如何针对同时考虑信号量化、通信时延和推进器故障的船舶 DPS，设计一个新的量化滑模容错控制方法是具有理论价值和现实意义的。

本章在前面章节的基础上，进一步研究基于滑模状态反馈的船舶 DPS 的鲁棒容错控制问题。除了考虑推进器故障、海洋扰动和信号量化等问题，本章还研究了通信时延对于船舶 DPS 的影响。与上一章类似，本章同样建立了统一的推进器故障模型，并将动态量化参数调节策略与滑模状态反馈容错控制方法相结合来处理信号量化和推进器故障问题。与前两章的不同之处在于：本章建立了船舶 DPS 定常时延模型，这对于进行船舶 DPS 的鲁棒容错控制的研究具有重要的意义；把定常时延参数引入量化参数调节，扩大了动态量化参数的调节范围，减少了系统设计与参数调节的保守性；根据矩阵不等式理论和滑模控制方法，处理了状态时延问题，体现了滑模控制技术具有很强的鲁棒性；设计了新的量化滑模容错控制器，从而抑制了艏摇角速度误差与艏摇角振荡幅值；最后，将本章的结果与未考虑时延的结果进行对比仿真实验，验证了所设计方法的有效性。

5.2 问题描述

5.2.1 动力定位船舶定常时延系统模型

同第 3 章所述，带有推进器故障的船舶 DPS 模型为

$$\begin{cases}\dot{e}(t)=Ae(t)+B(\alpha u(t)+\beta u_{s}(t))+D\xi(t)\\ z(t)=Ce(t)\end{cases}\tag{5.1}$$

式中，所有的符号含义与第 3 章相同，不再赘述。

如图 5.1 所示，船舶与远程陆基控制站之间通过通信网络进行连接。受恶劣的海洋环境的影响，在传感器到控制站之间的通信信道中，不可避免地发生信号时延。因此，带有定常时延的船舶 DPS（5.1）变为

$$\begin{cases}\dot{e}(t)=Ae(t)+A_{d}e(t-d)+B(\alpha u(t)+\beta u_{s}(t))+D\xi(t)\\ e(t_{0})=e_{0}v\\ z(t)=Ce(t)\end{cases}\tag{5.2}$$

式中，A_d 是一个已知的参数矩阵；d 为定常时延参数；t_0 表示初始瞬间；$e_0\in\mathbb{R}^6$ 是初始状态。

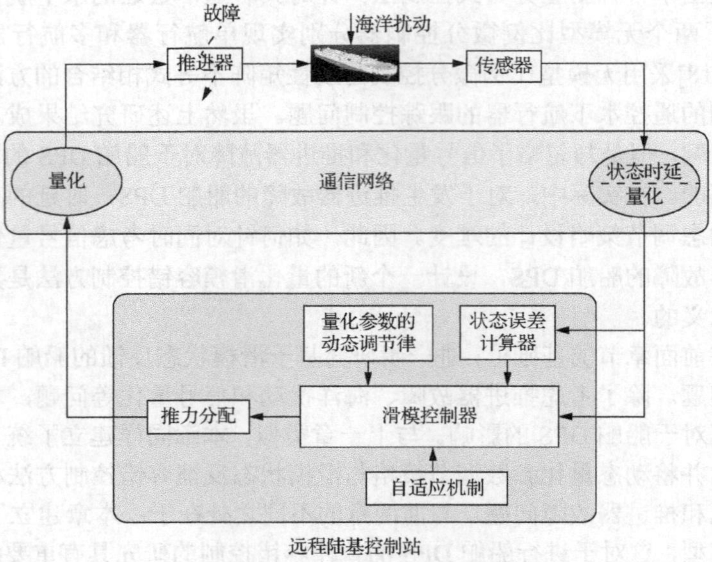

图 5.1 具有定常时延和信号量化的船舶 DPS 的控制框图

5.2.2　量化器模型

船舶通过通信网络受控于远程陆基控制站。控制站由推力分配机制、状态误差计算器与量化滑模控制器组成。船舶的位置信号 $\eta(t)$ 和速度信号 $\nu(t)$ 在到达控制站之前，经过网络环境时会发生量化。同时，控制站输出信号 $u(t)$ 在传输到船舶之前，也会发生信号量化现象。

通常，量化器被认为是一个分段常值函数 $H:\mathbb{R}^r \to J$，其中 J 是向量空间 $\mathbb{R}^r$ 的一个有限子集，满足

$$\begin{aligned}&|H(\daleth)-\daleth|\leqslant \Delta, \quad |\daleth|\leqslant \mathbb{H}\\ &|H(\daleth)-\daleth|> \Delta, \quad |\daleth|> \mathbb{H}\end{aligned}$$

式中，$H(\cdot)$ 代表量化器；$\daleth$ 是被量化的参数；Δ 和 $\mathbb{H}$ 分别为量化器的量化误差和范围。基于此，本章采用的是单参数族的量化器[112]：

$$H_{\hbar}(\daleth)\triangleq \hbar H\left(\frac{\daleth}{\hbar}\right)\triangleq \hbar\,\mathrm{round}\left(\frac{\daleth}{\hbar}\right), \quad \hbar>0$$

式中，$H_{\hbar}(\cdot)$ 表示带有量化参数 $\hbar$ 的均匀量化器。如果量化灵敏度 $\hbar$ 是一个固定值，那么 $H_{\hbar}(\daleth)$ 是静态量化器；如果量化参数 $\hbar$ 是一个变化的量，那么 $H_{\hbar}(\daleth)$ 是动态量化器。

船舶的状态信号和控制信号经过网络环境时同时被量化。定义量化误差 $e_{\hbar}=H_{\hbar}(y)-y$，有

$$|e_{\hbar_1}|=|H_{\hbar_1}(u)-u|\leqslant \Delta_1\hbar_1 \tag{5.3}$$

$$|e_{\hbar_2}|=|H_{\hbar_2}(e)-e|\leqslant \Delta_2\hbar_2 \tag{5.4}$$

式中，$H_{\hbar_1}(u)$ 是静态量化器；$H_{\hbar_2}(e)$ 是动态量化器。

注 5.1　本章同时采用静态量化器 $H_{\hbar_1}(u)$ 和动态量化器 $H_{\hbar_2}(e)$。通常，状态信号 $\eta(t)$ 和 $\nu(t)$ 通过动态量化器后可得量化后的信号，该信号用于进行滑模容错控制器的设计。由于量化误差的存在，船舶 DPS 无法实现渐近稳定。动态量化器的选择增加了系统状态到达滑模面的可能性，进而有利于船舶系统的稳定。当 $\hbar_2=0$ 时，有 $H_{\hbar_2}(e)=0$，此时系统状态到达滑模面上。

5.2.3　控制目标

本章的控制目标是通过设计量化滑模容错控制器，使船舶 DPS 在发生信号量化和定常时延的情况下，依然能够抑制艏摇角速度误差与艏摇角振荡幅度。将滑模控制与容错控制结合，补偿了推进器故障和量化误差对船舶 DPS 的影响。基于动态量化参数调节策略，考虑时延参数对于量化参数调节范围的影响，设计一个不仅与故障因子相关，而且与时延参数有关系的量化参数调节范围，减小系统设计与参数调节的保守性。

5.3 滑模容错控制设计

下面给出本章的主要结果，整个控制策略如图 5.1 所示。根据滑模设计原理，主要分为两步：第一步是设计滑模面；第二步是设计滑模控制器。针对发生各种推进器故障和通信时延的船舶 DPS，使用量化后的信号设计量化滑模容错控制方法。

5.3.1 滑模面设计

根据矩阵满秩分解方法，输入矩阵 B 变为

$$B = B_{\mathrm{v}}\mathcal{N} \tag{5.5}$$

式中，$B_{\mathrm{v}} \in \mathbb{R}^{m\times s}$；$\mathcal{N} \in \mathbb{R}^{s\times m}$。

为了更方便地设计与调节量化滑模容错控制器，引入参数 $\varpi > 0$ 以增加设计与调节的灵活性：

$$B_{\mathrm{v}} = \frac{1}{\varpi}B_{\mathrm{v}}^{0},\quad \mathcal{N} = \varpi\mathcal{N}^{0} \tag{5.6}$$

对于船舶 DPS（5.2），设计如下滑模面：

$$\Xi \triangleq \{e:\sigma(e) = Se(t) = B_{\mathrm{v}}^{\mathrm{T}}P^{-1}e(t) = 0\} \tag{5.7}$$

式中，P 是将要在下边定理中设计的正定矩阵，以确保滑模面上滑动模态的稳定性。

定理 5.1 针对船舶 DPS（5.2），设计滑模面为式（5.7）。给定的参数 $\gamma_0 > 0$，如果存在一个正定矩阵 $P > 0$ 和一个矩阵 X 使得下面的矩阵不等式（5.8）成立，那么对于所有的 $\alpha \in \left\{\alpha^{\ell} \mid \alpha^{\ell} = \mathrm{diag}\{\alpha_1^{\ell},\alpha_2^{\ell},\cdots,\alpha_m^{\ell}\},\alpha_j^{\ell} \in \left[\underline{\alpha}_j^{\ell},\overline{\alpha}_j^{\ell}\right]\right\}$，$j \in \{1,2,\cdots,m\}$，$\ell \in \{1,2,\cdots,n\}$，滑模面 $\sigma(e) = 0$ 上的 $(m-s)$ 维降阶船舶 DPS 是渐近稳定的并且其自适应 H_{∞} 性能指标不大于 γ_0。

$$\begin{bmatrix} AP + PA^{\mathrm{T}} + B\alpha X + X^{\mathrm{T}}\alpha B^{\mathrm{T}} & P & A_{\mathrm{d}} & PC^{\mathrm{T}} & D \\ * & -I & 0 & 0 & 0 \\ * & * & -I & 0 & 0 \\ * & * & * & -I & 0 \\ * & * & * & * & -\gamma_0^2 I \end{bmatrix} < 0 \tag{5.8}$$

证明 定义状态转移矩阵 T 和相应的变换向量 $\overline{e}(t)$ 如下：

$$T = \begin{bmatrix} \tilde{B}_{\mathrm{v}}^{\mathrm{T}} \\ B_{\mathrm{v}}^{\mathrm{T}}P^{-1} \end{bmatrix} = \begin{bmatrix} \tilde{B}_{\mathrm{v}}^{\mathrm{T}} \\ S \end{bmatrix},\quad \overline{e}(t) = \begin{bmatrix} \overline{e}_1(t) \\ \overline{e}_2(t) \end{bmatrix} = Te(t)$$

式中，$\overline{e}_1(t) \in \mathbb{R}^{m\times s}$；$\overline{e}_2(t) \in \mathbb{R}^{s}$。

对船舶 DPS（5.2）采用上述状态转移变换，有

$$\begin{cases}\dot{\overline{e}}(t)=TAT^{-1}\overline{e}(t)+TA_{\mathrm{d}}T^{-1}\overline{e}(t-d)+TB(\alpha u(t)+\beta u_{\mathrm{s}}(t))+T\xi(t)+TFf(t,\overline{e}(t))\\ \overline{e}(t_0)=\overline{e}_0\\ \overline{z}(t)=CT^{-1}\overline{e}(t)\end{cases}$$

上述船舶 DPS 可等效为

$$\begin{cases}\begin{bmatrix}\dot{\overline{e}}_1\\ \dot{\sigma}(t)\end{bmatrix}=\begin{bmatrix}\overline{A}_{11} & \overline{A}_{12}\\ \overline{A}_{21} & \overline{A}_{22}\end{bmatrix}\begin{bmatrix}\overline{e}_1(t)\\ \sigma(t)\end{bmatrix}+\begin{bmatrix}\overline{A}_{\mathrm{d}11} & \overline{A}_{\mathrm{d}12}\\ \overline{A}_{\mathrm{d}21} & \overline{A}_{\mathrm{d}22}\end{bmatrix}\begin{bmatrix}\overline{e}_1(t-d)\\ \sigma(t-d)\end{bmatrix}\\ \qquad+\begin{bmatrix}0\\ \overline{B}_2\end{bmatrix}(\alpha u(t)+\beta u_{\mathrm{s}}(t))+\begin{bmatrix}\overline{D}_1\\ \overline{D}_2\end{bmatrix}\xi(t)\\ \overline{e}_1(t_0)=\overline{e}_{10}\\ \overline{z}(t)=\begin{bmatrix}\overline{C}_1 & \overline{C}_2\end{bmatrix}\begin{bmatrix}\overline{e}_1(t)\\ \sigma(t)\end{bmatrix}\end{cases} \tag{5.9}$$

式中，$\overline{A}_{11}=\tilde{B}_{\mathrm{v}}^{\mathrm{T}}AP\tilde{B}_{\mathrm{v}}(\tilde{B}_{\mathrm{v}}^{\mathrm{T}}P\tilde{B}_{\mathrm{v}})^{-1}$；$\overline{A}_{12}=\tilde{B}_{\mathrm{v}}^{\mathrm{T}}AB_{\mathrm{v}}(SB_{\mathrm{v}})^{-1}$；$\overline{A}_{21}=SAP\tilde{B}_{\mathrm{v}}(\tilde{B}_{\mathrm{v}}^{\mathrm{T}}P\tilde{B}_{\mathrm{v}})^{-1}$；$\overline{B}_2=SB$；$\overline{A}_{22}=SAB_{\mathrm{v}}(SB_{\mathrm{v}})^{-1}$；$\overline{A}_{\mathrm{d}11}=\tilde{B}_{\mathrm{v}}^{\mathrm{T}}A_{\mathrm{d}}P\tilde{B}_{\mathrm{v}}(\tilde{B}_{\mathrm{v}}^{\mathrm{T}}P\tilde{B}_{\mathrm{v}})^{-1}$；$\overline{A}_{\mathrm{d}12}=\tilde{B}_{\mathrm{v}}^{\mathrm{T}}A_{\mathrm{d}}B_{\mathrm{v}}(SB_{\mathrm{v}})^{-1}$；$\overline{D}_1=\tilde{B}_{\mathrm{v}}^{\mathrm{T}}D$；$\overline{A}_{\mathrm{d}21}=SA_{\mathrm{d}}P\tilde{B}_{\mathrm{v}}(\tilde{B}_{\mathrm{v}}^{\mathrm{T}}P\tilde{B}_{\mathrm{v}})^{-1}$；$\overline{A}_{\mathrm{d}22}=SA_{\mathrm{d}}B_{\mathrm{v}}(SB_{\mathrm{v}})^{-1}$；$\overline{D}_2=SD$；$\overline{C}_1=CP\tilde{B}_{\mathrm{v}}\cdot(\tilde{B}_{\mathrm{v}}^{\mathrm{T}}P\tilde{B}_{\mathrm{v}})^{-1}$；$\overline{C}_2=CB_{\mathrm{v}}(SB_{\mathrm{v}})^{-1}$。

考虑到量化误差 $e_{\hbar 1}=u(t)-\phi(t)$，可以得到等效控制律为

$$\begin{aligned}\phi_{\mathrm{eq}}(t)=&-(\mathcal{N}\alpha)^{+}(SB_{\mathrm{v}})^{-1}SAP\tilde{B}_{\mathrm{v}}(\tilde{B}_{\mathrm{v}}^{\mathrm{T}}P\tilde{B}_{\mathrm{v}})^{-1}\overline{e}_1(t)-(\mathcal{N}\alpha)^{+}\mathcal{N}\beta u_{\mathrm{s}}(t)-(\mathcal{N}\alpha)^{+}\mathcal{N}\xi(t)\\ &-(\mathcal{N}\alpha)^{+}(SB_{\mathrm{v}})^{-1}SA_{\mathrm{d}}P\tilde{B}_{\mathrm{v}}(\tilde{B}_{\mathrm{v}}^{\mathrm{T}}P\tilde{B}_{\mathrm{v}})^{-1}\overline{e}_1(t-d)-e_{\hbar_1}\end{aligned}$$

式中，$(\mathcal{N}\alpha)^{+}$ 是矩阵 $\mathcal{N}\alpha$ 的 Moore-Penrose 逆。

令 $\dot{\sigma}(t)=\sigma(t)=0$，并用 $\phi_{\mathrm{eq}}(t)$ 代替 $u(t)$，有

$$\begin{cases}\dot{\overline{e}}_1(t)=\overline{A}_{11}\overline{e}_1(t)+\overline{A}_{\mathrm{d}11}\overline{e}_1(t-d)+\overline{D}_1\xi(t)\\ \overline{e}_1(t_0)=\overline{e}_{10}\\ \overline{z}(t)=\overline{C}_1\overline{e}_1(t)\end{cases} \tag{5.10}$$

根据引理 2.1 和文献[119]，如果存在一个正定矩阵 P_0 和任意的矩阵 $Q_0>0$，使得以下矩阵不等式成立，那么降阶系统（5.10）是渐近稳定的。

$$\overline{A}_{11}P_0+P_0\overline{A}_{11}^{\mathrm{T}}+\overline{A}_{\mathrm{d}11}Q_0^{-1}\overline{A}_{\mathrm{d}11}^{\mathrm{T}}+P_0Q_0P_0+\gamma_0^{-2}\overline{D}_1\overline{D}_1^{\mathrm{T}}+P_0\overline{C}_1^{\mathrm{T}}\overline{C}_1P_0<0 \tag{5.11}$$

定义 $P_0=\tilde{B}_{\mathrm{v}}^{\mathrm{T}}P\tilde{B}_{\mathrm{v}}>0$ 和 $Q_0=P_0^{-1}\tilde{B}_{\mathrm{v}}^{\mathrm{T}}P^2\tilde{B}_{\mathrm{v}}P_0^{-1}$，式（5.11）变为

$$\begin{aligned}&\tilde{B}_{\mathrm{v}}^{\mathrm{T}}AP\tilde{B}_{\mathrm{v}}+\tilde{B}_{\mathrm{v}}^{\mathrm{T}}PA^{\mathrm{T}}\tilde{B}_{\mathrm{v}}+\tilde{B}_{\mathrm{v}}^{\mathrm{T}}P^2\tilde{B}_{\mathrm{v}}+\gamma_0^{2}\tilde{B}_{\mathrm{v}}^{\mathrm{T}}DD^{\mathrm{T}}\tilde{B}_{\mathrm{v}}+\tilde{B}_{\mathrm{v}}^{\mathrm{T}}PC^{\mathrm{T}}CP\tilde{B}_{\mathrm{v}}\\ &+\tilde{B}_{\mathrm{v}}^{\mathrm{T}}A_{\mathrm{d}}P\tilde{B}_{\mathrm{v}}(\tilde{B}_{\mathrm{v}}^{\mathrm{T}}P^2\tilde{B}_{\mathrm{v}})^{-1}\tilde{B}_{\mathrm{v}}^{\mathrm{T}}PA_{\mathrm{d}}^{\mathrm{T}}\tilde{B}_{\mathrm{v}}<0\end{aligned}$$

由于 $P\tilde{B}_{\mathrm{v}}(\tilde{B}_{\mathrm{v}}^{\mathrm{T}}P^2\tilde{B}_{\mathrm{v}})^{-1}\tilde{B}_{\mathrm{v}}^{\mathrm{T}}P\leqslant I$，如果存在一个正定矩阵 P 满足以下不等式，则上述不等式是成立的。

$$\tilde{B}_{\mathrm{v}}^{\mathrm{T}}(AP+PA^{\mathrm{T}}+A_{\mathrm{d}}A_{\mathrm{d}}^{\mathrm{T}}+P^2+\gamma_0^2DD^{\mathrm{T}}+PC^{\mathrm{T}}CP)\tilde{B}_{\mathrm{v}}<0$$

由引理 2.2 和引理 2.3 可知，上述不等式与矩阵不等式（5.8）等效。

证毕。 □

注 5.2 从理论上，H_∞ 性能会受到一些因素的影响，比如通过求解矩阵不等式（5.8）得到的矩阵 P 和矩阵 X，通信时延参数的上界值、推进器故障有效因子的损失程度等。而在实际中，船舶 DPS 的 H_∞ 性能指标主要受到风、浪、流等海洋扰动的影响。

5.3.2 量化滑模控制器设计

针对受到各种推进器故障、信号量化和定常时延影响的船舶 DPS（5.2），设计量化滑模容错控制器如下：

$$\begin{aligned}&H_{\hbar_1}(u(t))=\phi_1(t)+\phi_2(t)\\&\phi_1(t)=KH_{\hbar_2}(e(t))\\&\phi_2(t)=-\varphi(t)\mathcal{N}^{\mathrm{T}}\mathrm{sgn}(SH_{\hbar_2}(e(t)))\end{aligned}\tag{5.12}$$

式中，

$$\varphi(t)=\frac{1}{\kappa}(1+\Upsilon)\left(|\mathcal{N}|_\infty\Delta_1\hbar_1+|\mathcal{N}XP^{-1}|_\infty\Delta_2\hbar_2+\sum_{j=1}^{m}|\mathcal{N}_j|_1\hat{\beta}_j(t)\hat{\bar{u}}_{sj}(t)+\epsilon\right)\tag{5.13}$$

其中，$K=XP^{-1}$，矩阵 X 和 P 在定理 4. 1 中得到设计；κ、μ 是正标量，满足引理 5. 1、引理 2. 4，Υ 的表达式为 $(\mu(\lambda_1+d)-\kappa)/(\sqrt{\ell}(\lambda_2+d))$，$\lambda_1$ 和 λ_2 分别为矩阵 $\mathcal{N}\mathcal{N}^{\mathrm{T}}$ 的最小特征值和最大特征值；Δ_1 和 Δ_2 分别满足式（5.3）和式（5.4）；$\hbar_1$ 和 $\hbar_2$ 分别表示 $H_{\hbar_1}(u)$ 和 $H_{\hbar_2}(e)$ 的量化参数；d 表示定常时延参数；ϵ 为任意小的常数；$\hat{\bar{u}}_{sj}(t)$ 和 $\hat{\beta}_j(t)$ 分别表示时变卡死与满舵故障上界值 $\bar{u}_{sj}(t)$ 和故障因子 $\beta_j(t)$ 的估计值，且由以下的自适应律进行估计：

$$\dot{\hat{\bar{u}}}_{sj}(t)=\gamma_{1j}(1+\Upsilon)|SH_{\rho_2}(e)|_1|\mathcal{N}_j|_1\beta_j\tag{5.14}$$

$$\dot{\hat{\beta}}_j(t)=\gamma_{2j}(1+\Upsilon)|SH_{\rho_2}(e)|_1|\mathcal{N}_j|_1\hat{\bar{u}}_{sj}(t)\tag{5.15}$$

这里，$j\in\{1,2,\cdots,m\}$，γ_{1j} 和 γ_{2j} 是根据实际情况设计的自适应律增益；$\hat{\bar{u}}_{sj}(t)$ 和 $\hat{\beta}_j(t)$ 的初始值分别为 $\hat{\bar{u}}_{sj}(0)$ 和 $\hat{\beta}_j(0)$。

定义

$$\tilde{\bar{u}}_{sj}(t)=\hat{\bar{u}}_{sj}(t)-\bar{u}_{sj}\tag{5.16}$$

$$\tilde{\beta}_j(t)=\hat{\beta}_j(t)-\beta_j\tag{5.17}$$

由于 $\bar{u}_{sj}$ 和 β_j 的导数为 0，有

$$\dot{\tilde{\bar{u}}}_{sj}(t)=\dot{\hat{\bar{u}}}_{sj}(t)\tag{5.18}$$

$$\dot{\tilde{\beta}}_j(t)=\dot{\hat{\beta}}_j(t) \tag{5.19}$$

在给出本章的主要结果之前，先给出两个重要的引理，以保证设计的完整性。

引理 5.1　已知 $\mathcal{N}$、$\mathcal{N}^0$ 和 μ 分别由式（5.5）、式（5.6）和引理 2.4 给出，那么一定存在正常数 ϖ 和 κ 使得下式成立：

$$\lambda_1=\bar{\varpi}^2\lambda_1^0 \tag{5.20}$$

$$\mu\in\left(\frac{\kappa}{\lambda_1+d},1\right] \tag{5.21}$$

式中，λ_1^0 是矩阵 $\mathcal{N}^0\mathcal{N}^{0\mathrm{T}}$ 的最小特征值。

证明　由方阵特征值的基本性质可知，式（5.20）成立。如果选择任意正常数 ϖ 和 h，那么，从式（5.6）可以得到 λ_1。进而，可得关系式 $\kappa=\mu(\lambda_1+d)-h>0$ 成立。因为 $\mu\in(0,1]$，所以有 $\kappa<\mu(\lambda_1+d)<\lambda_1+d$，即得式（5.21）成立。

证毕。 □

引理 5.2　如果 Δ_2、$\mathcal{N}$ 和 $\sigma(e(t))$ 分别满足式（5.4）、式（5.5）和式（5.7），那么一定存在一个足够小的标量 $\hbar(t)>0$ 满足

$$\hbar_2(t)<\frac{\mu(\lambda_1+d)-\kappa}{(\lambda_1+d+\sqrt{\ell}(\lambda_2+d))|S|_1\Delta_2}|\sigma(e(t))|_1 \tag{5.22}$$

则以下不等式成立：

$$|Se_{\hbar_2}|_1<|S|_1\Delta_2\hbar_2(t)<\Upsilon|SH_{\hbar_2}(e(t))|_1 \tag{5.23}$$

证明　根据量化误差的定义与范围（5.4），可以得到

$$|Se_{\hbar_2}|_1<|S|_1\Delta_2\hbar_2(t) \tag{5.24}$$

把式（5.22）两侧同时乘以 $(\lambda_1+d+\sqrt{\ell}(\lambda_2+d))|S|_1\Delta_2$，有

$$(\lambda_1+d+\sqrt{\ell}(\lambda_2+d))|S|_1\Delta_2\hbar_2(t)<(\mu(\lambda_1+d)-\kappa)|\sigma(e(t))|_1 \tag{5.25}$$

由引理 5.1 中的式（5.21），可得

$$(\mu(\lambda_1+d)+\sqrt{\ell}(\lambda_2+d)-\kappa)|S|_1\Delta_2\hbar_2(t)<(\lambda_1+\sqrt{\ell}(\lambda_2+d))|S|_1\Delta_2\hbar_2(t) \tag{5.26}$$

结合式（5.25）和式（5.26），并将不等式两侧同时除以 $\sqrt{\ell}(\lambda_2+d)$，有

$$(1+\Upsilon)|S|_1\Delta_2\hbar_2(t)<\Upsilon|\sigma(e(t))|_1 \tag{5.27}$$

式中，$\Upsilon=(\mu(\lambda_1+d)-\kappa)/(\sqrt{\ell}(\lambda_2+d))$。

将式（5.27）两侧同时减去 $\Upsilon|S|_1\Delta_2\hbar_2(t)$，有

$$|S|_1\Delta_2\hbar_2(t)<\Upsilon(|\sigma(e(t))|_1-|S|_1\Delta_2\hbar_2(t))$$

利用三角形基本关系不等式 $|a+b|\geqslant|a|-|b|,\forall a\in\mathbb{R},b\in\mathbb{R}$ 和动态量化误差的定义与范围（5.4），有

$$|\sigma(e(t))|_1-|S|_1\Delta_2\hbar_2(t)<|Se(t)|_1-|S|_1|e_{\hbar_2}|_1<|S(e(t)+e_{\hbar_2})|_1$$

由量化信号关系式 $e(t)+e_{\hbar_2}=H_{\hbar_2}(e(t))$，可得

$$|Se_{\hbar_2}|_1 < \Upsilon |SH_{\hbar_2}(e(t))|_1 \tag{5.28}$$

结合式（5.24）和式（5.28），可以得到式（5.23）成立。

证毕。 □

注 5.3 不同于文献[15]和文献[20]，本章不仅考虑了通信网络中的信号量化，而且考虑了状态时延对船舶 DPS 的影响。引理 5.2 给出了量化参数的范围与 $|Se_{\hbar_2}|_1$、$|S|_1 \varDelta_2\hbar_2(t)$ 和 $|SH_{\hbar_2}(e(t))|_1$ 之间的关系。由于定常时延参数 d 的存在，本章的动态量化参数 $\hbar_2(t)$ 的范围比文献[113]中的大 $\dfrac{d(\sqrt{\ell}\mu(\lambda_2-\lambda_1)+(\sqrt{\ell}+1)\kappa)|\sigma(e)|_1}{(\sqrt{\ell}(\lambda_2+d)+\lambda_1+d)(\sqrt{\ell}\lambda_2+\lambda_1)\varDelta_2}$。值得一提的是，当 $d=0$ 时，本章的量化调节范围可以回归到文献[113]中的结果。量化范围越大，保守性越低，这是因为更大的动态量化参数的调节范围更适合控制器的设计与量化参数的调节。因此，本章设计的带有定常时延参数 d 的动态量化参数调节范围降低了船舶 DPS 设计与调节的保守性。

基于上述引理，给出以下定理来保证船舶 DPS 状态的可达性。

定理 5.2 针对受信号量化影响的船舶定常时延 DPS（5.2），滑模面由式（5.7）给出，设计量化滑模容错控制器为式（5.11），并且按式（5.14）和式（5.15）设计自适应律来估计时变卡死与满舵故障上界值 $\bar{u}_{sj}(t)$ 和故障因子 $\beta_j(t)$，则在有推进器故障的情况下，可以使船舶 DPS 状态 $e(t)$ 在一定的时间内进入带状区域

$$\aleph = \{e: |Se(t)|_1 \leqslant \frac{\lambda_1+d+\sqrt{\ell}(\lambda_2+d)}{\mu(\lambda_1+d)-\kappa}|S|_1 \varDelta_2\hbar_2(1+\varepsilon_0)\}$$

之后，通过动态量化参数调节策略，$e(t)$ 将最终趋于原点。

证明： 针对船舶定常时延 DPS（5.2），选取如下李雅普诺夫函数：

$$V(\sigma,e,\tilde{\bar{u}}_s,\tilde{\beta},\tilde{\bar{\zeta}}) = V_1(\sigma,e,t) + \sum_{j=1}^{m}\frac{\beta_j\tilde{\bar{u}}_{sj}^2(t)}{2\gamma_{1j}} + \sum_{j=1}^{m}\frac{\tilde{\beta}_j^2(t)}{2\gamma_{2j}} \tag{5.29}$$

式中，$V_1(\sigma,e,t)=\sigma^{\mathrm{T}}(e(t))(SB_{\mathrm{v}})^{-1}\sigma(e(t))+\int_{t-d}^{t}e^{\mathrm{T}}(s)e(s)\mathrm{d}s$。

第一步：证明船舶定常时延 DPS 的状态 $e(t)$ 将在控制律（5.11）的作用下进入到带状区域 $\aleph$。

沿着船舶定常时延 DPS（5.2），$V_1(\sigma,e,t)$ 的导数为

$$\begin{aligned}&\dot{V}_1(\sigma,e,t)+z^{\mathrm{T}}(t)z(t)-\gamma_0^2\xi^{\mathrm{T}}(t)\xi(t)\\&=2e^{\mathrm{T}}(t)S^{\mathrm{T}}S_0(Ae(t)+A_{\mathrm{d}}e(t-d)+B(\alpha u(t)+\beta u_{\mathrm{s}}(t))+D\xi(t))\\&\quad+e^{\mathrm{T}}(t)e(t)-e^{\mathrm{T}}(t-d)e(t-d)+e^{\mathrm{T}}(t)C^{\mathrm{T}}Ce(t)-\gamma_0^2\xi^{\mathrm{T}}(t)\xi(t)\end{aligned} \tag{5.30}$$

式中，$S_0=(SB_{\mathrm{v}})^{-1}S$。

基于下面两个不等式 $2e^{\mathrm{T}}(t)S^{\mathrm{T}}S_0A_{\mathrm{d}}e(t-d)\leqslant e^{\mathrm{T}}(t)S^{\mathrm{T}}S_0A_{\mathrm{d}}A_{\mathrm{d}}^{\mathrm{T}}S_0^{\mathrm{T}}Se(t)+e^{\mathrm{T}}(t-d)\cdot e(t-d)$ 和 $2e^{\mathrm{T}}(t)S^{\mathrm{T}}S_0D\xi(t)\leqslant\gamma_0^{-2}e^{\mathrm{T}}(t)S^{\mathrm{T}}S_0DD^{\mathrm{T}}S_0^{\mathrm{T}}Se(t)+\gamma_0^2\xi^{\mathrm{T}}(t)\xi(t)$ 的成立，有

$$\begin{aligned}&\dot{V}_1(\sigma,e,t)+z^{\mathrm{T}}(t)z(t)-\gamma_0^2\xi^{\mathrm{T}}(t)\xi(t)\\&\leqslant e^{\mathrm{T}}(t)(S^{\mathrm{T}}S_0A+A^{\mathrm{T}}S_0^{\mathrm{T}}S)e(t)+e^{\mathrm{T}}(t)S^{\mathrm{T}}S_0A_{\mathrm{d}}A_{\mathrm{d}}^{\mathrm{T}}S_0^{\mathrm{T}}Se(t)+e^{\mathrm{T}}(t)C^{\mathrm{T}}Ce(t)\\&\quad+2e^{\mathrm{T}}(t)S^{\mathrm{T}}S_0B(\alpha u(t)+\beta u_{\mathrm{s}}(t))+e^{\mathrm{T}}(t)e(t)+\gamma_0^{-2}e^{\mathrm{T}}(t)S^{\mathrm{T}}S_0DD^{\mathrm{T}}S_0^{\mathrm{T}}Se(t)\end{aligned}$$

考虑到量化滑模容错控制器（5.11）和量化误差的定义式（5.3）和式（5.4），有

$$\begin{aligned}&\dot{V}_1(\sigma,e,t)+z^{\mathrm{T}}(t)z(t)-\gamma_0^2\xi^{\mathrm{T}}(t)\xi(t)\\&\leqslant e^{\mathrm{T}}(t)S^{\mathrm{T}}S_0(A(S_0^{\mathrm{T}}S)^{-1}+(S^{\mathrm{T}}S_0)^{-1}A^{\mathrm{T}}+(S^{\mathrm{T}}S_0)^{-1}C^{\mathrm{T}}C(S_0^{\mathrm{T}}S)^{-1}\\&\quad+A_{\mathrm{d}}A_{\mathrm{d}}^{\mathrm{T}}+(S^{\mathrm{T}}S_0)^{-1}(S_0^{\mathrm{T}}S)^{-1}+B\alpha X+X^{\mathrm{T}}\alpha B^{\mathrm{T}}+\gamma_0^{-2}DD^{\mathrm{T}})S_0^{\mathrm{T}}Se(t)\\&\quad+2e^{\mathrm{T}}(t)S^{\mathrm{T}}S_0B\alpha(XP^{-1}e_{\hbar_2}+\phi_2(t)+e_{\hbar_1})+2e^{\mathrm{T}}(t)S^{\mathrm{T}}S_0B\beta u_{\mathrm{s}}(t)\end{aligned}\tag{5.31}$$

如果定理 5.1 成立，那么一定存在一个正定矩阵 $W>0$ 使得以下矩阵不等式成立：

$$AP_{\mathrm{c}}+P_{\mathrm{c}}A^{\mathrm{T}}+A_{\mathrm{d}}A_{\mathrm{d}}^{\mathrm{T}}+P_{\mathrm{c}}^2+B\alpha X+X^{\mathrm{T}}\alpha B^{\mathrm{T}}+P_{\mathrm{c}}C^{\mathrm{T}}CP_{\mathrm{c}}+\gamma_0^{-2}DD^{\mathrm{T}}=-W_{\mathrm{c}}<0$$

式中，$P_{\mathrm{c}}=(S^{\mathrm{T}}S_0)^{-1}$。

根据动态量化误差的定义（5.4），式（5.31）变为

$$\begin{aligned}&\dot{V}_1(\sigma,e,t)+z^{\mathrm{T}}(t)z(t)-\gamma_0^2\xi^{\mathrm{T}}(t)\xi(t)\\&\leqslant -e^{\mathrm{T}}(t)We(t)+2(SH_{\hbar_2}(e(t)))^{\mathrm{T}}S_0B(\alpha XP^{-1}e_{\hbar_2}+\alpha\phi_2(t)+\alpha e_{\hbar_1}+\beta u_s(t))\\&\quad-2(Se_{\hbar_2})^{\mathrm{T}}S_0B(\alpha XP^{-1}e_{\hbar_2}+\alpha\phi_2(t)+\alpha e_{\hbar_1}+\beta u_s(t))\end{aligned}$$

式中，$W=P_{\mathrm{c}}^{-1}W_{\mathrm{c}}P_{\mathrm{c}}$。

基于引理 2.6，有

$$\begin{aligned}&\dot{V}_1(\sigma,e,t)+z^{\mathrm{T}}(t)z(t)-\gamma_0^2\xi^{\mathrm{T}}(t)\xi(t)\\&\leqslant -\lambda_{\min}(W)|e(t)|_2^2+2|SH_{\hbar_2}(e(t))|_1(|S_0B\alpha e_{\hbar_1}|_\infty+|S_0B\alpha XP^{-1}e_{\hbar_2}|_\infty)\\&\quad+2(SH_{\hbar_2}(e(t)))^{\mathrm{T}}S_0B\alpha\phi_2(t)+2(SH_{\hbar_2}(e(t)))^{\mathrm{T}}S_0B\beta u_{\mathrm{s}}(t)+2|Se_{\hbar_2}|_1\\&\quad\times(|S_0B\alpha XP^{-1}e_{\hbar_2}|_\infty+|S_0B\alpha\phi_2(t)|_\infty+|S_0B\alpha e_{\hbar_1}|_\infty+|S_0B\beta u_{\mathrm{s}}(t)|_\infty)\end{aligned}\tag{5.32}$$

从输入矩阵的满秩分解（5.5），可知：$S_0B=\mathcal{N}$。再考虑到推进器时变卡死与满舵故障的有界性，可得

$$\begin{aligned}(SH_{\hbar_2}(e(t)))^{\mathrm{T}}S_0B\beta u_{\mathrm{s}}(t)&=\sum_{j=1}^{m}(SH_{\hbar_2}(e(t)))^{\mathrm{T}}\mathcal{N}_j\beta_ju_{sj}(t)\\&\leqslant\sum_{j=1}^{m}|SH_{\hbar_2}(e(t))|_1|\mathcal{N}_j|_1\beta_j\bar{u}_{sj}\end{aligned}$$

由上述不等式和引理 5.2，式（5.32）变为

$$\begin{aligned}&\dot{V}_1(\sigma,e,t)+z^{\mathrm{T}}(t)z(t)-\gamma_0^2\xi^{\mathrm{T}}(t)\xi(t)\\&\leqslant -\lambda_{\min}(W)|e(t)|_2^2+2(1+\Upsilon)|SH_{\hbar_2}(e(t))|_1(|S_0B\alpha XP^{-1}e_{\hbar_2}|_\infty+|S_0B\alpha e_{\hbar_1}|_\infty\\&\quad+\sum_{j=1}^{m}|N_j|_1\beta_j\bar{u}_{sj})+2\Upsilon|SH_{\hbar_2}(e(t))|_1|\mathcal{N}\alpha\phi_2(t)|_\infty+2(SH_{\hbar_2}(e(t)))^{\mathrm{T}}S_0B\alpha\phi_2(t)\end{aligned}\tag{5.33}$$

设计量化滑模容错控制器为式（5.11），再根据引理 2.5，有

$$\begin{aligned}&(SH_{\hbar_2}(e(t)))^{\mathrm{T}}S_0B\alpha\phi_2(t)\\&=-(SH_{\hbar_2}(e(t)))^{\mathrm{T}}\mathcal{N}\alpha\varphi(t)\mathcal{N}^{\mathrm{T}}\mathrm{sgn}(SH_{\hbar_2}(e(t)))\\&\leqslant-\mu\lambda_1\varphi(t)|SH_{\hbar_2}(e(t))|_1\end{aligned}\tag{5.34}$$

通过文献[113]中的引理 2.4 的证明过程可知：$\mathcal{N}\mathcal{N}^{\mathrm{T}}$ 和 $\mathcal{N}\alpha\mathcal{N}^{\mathrm{T}}$ 都是正定矩阵。并且考虑到 $\alpha\leqslant I$ 以及矩阵 $\mathcal{L}_2$ 范数和 $\mathcal{L}_\infty$ 范数的关系，可得

$$|\mathcal{N}\alpha\phi_2(t)|_\infty\leqslant\sqrt{\ell}\lambda_2\varphi(t)$$

将式（5.34）代入式（5.33），有

$$\begin{aligned}&\dot{V}_1(\sigma,e,t)+z^{\mathrm{T}}(t)z(t)-\gamma_0^2\xi^{\mathrm{T}}(t)\xi(t)\\&\leqslant-\lambda_{\min}(W)|e(t)|_2^2+2(1+\varUpsilon)|SH_{\hbar_2}(e(t))|_1(|S_0B\alpha XP^{-1}e_{\hbar_2}|_\infty+|S_0B\alpha e_{\hbar_1}|_\infty\\&\quad+\sum_{j=1}^{m}|\mathcal{N}_j|_1\beta_j\bar{u}_{sj})-2\kappa\varphi(t)|SH_{\hbar_2}(e(t))|_1\end{aligned}\tag{5.35}$$

选择自适应参数误差系统的定义和 $\varphi(t)$ 分别为式(5.16)、式(5.17)和式(5.12)，则式（5.35）变为

$$\begin{aligned}&\dot{V}_1(\sigma,e,t)+z^{\mathrm{T}}(t)z(t)-\gamma_0^2\xi^{\mathrm{T}}(t)\xi(t)\\&\leqslant-\lambda_{\min}(W)|e(t)|_2^2-2(1+\varUpsilon)\epsilon|SH_{\hbar_2}(e(t))|_1-2(1+\varUpsilon)|SH_{\hbar_2}(e(t))|_1\\&\quad\times\sum_{j=1}^{m}|\mathcal{N}_j|_1\tilde{\beta}_j(t)\hat{\bar{u}}_{sj}(t)-2(1+\varUpsilon)\sum_{j=1}^{m}|SH_{\hbar_2}(e(t))|_1|\mathcal{N}_j|_1\beta_j\tilde{\bar{u}}_{sj}(t)\end{aligned}$$

设计自适应律为式（5.14）～式（5.15），则上式变为

$$\begin{aligned}&\dot{V}(\sigma,e,\tilde{\bar{u}}_s,\tilde{\beta},t)+z^{\mathrm{T}}(t)z(t)-\gamma_0^2\xi^{\mathrm{T}}(t)\xi(t)\\&\leqslant-\lambda_{\min}(W)|e(t)|_2^2-2(1+\varUpsilon)\epsilon|SH_{\hbar_2}(e(t))|_1\end{aligned}$$

基于1范数基本关系不等式 $|\tilde{A}+\tilde{B}|_1\leqslant|\tilde{A}|_1+|\tilde{B}|_1$ 和引理 5.2 中的式（5.23），可以得到以下不等式：

$$|SH_{\hbar_2}(e(t))|_1\geqslant\frac{\mu(\lambda_1+d)}{\mu(\lambda_1+d)+\sqrt{\ell}(\lambda_2+d)-\kappa}|Se(t)|_1$$

根据1范数和2范数的大小关系，可得 $|Se(t)|_1\geqslant|Se(t)|_2=|\sigma(e(t))|_2$。进而可得

$$\begin{aligned}&\dot{V}(\sigma,e,\tilde{\bar{u}}_s,\tilde{\beta},t)+z^{\mathrm{T}}(t)z(t)-\gamma_0^2\xi^{\mathrm{T}}(t)\xi(t)\\&\leqslant-\lambda_{\min}(W)|e(t)|_2^2-2\epsilon|\sigma(e(t))|_2\end{aligned}$$

即

$$\begin{aligned}&\dot{V}(\sigma,e,\tilde{\bar{u}}_s,\tilde{\beta},t)\\&\leqslant-z^{\mathrm{T}}(t)z(t)+\gamma_0^2\xi^{\mathrm{T}}(t)\xi(t)-\lambda_{\min}(W)|e(t)|_2^2-2\epsilon|\sigma(e(t))|_2\end{aligned}\tag{5.36}$$

定义 $\tilde{e}(t)=\begin{bmatrix}\sigma & e & \tilde{\bar{u}}_s & \tilde{\beta}\end{bmatrix}^{\mathrm{T}}$，由式（5.29）得，一定存在一个正常数 δ_0，使得不等式 $0\leqslant\delta_0|\tilde{e}(t)|_1\leqslant V(\tilde{e}(t))$ 成立，进而可得

$$
\begin{aligned}
&V(\tilde{e}(t)) \\
&= V(\tilde{e}(t_0)) + \int_{t_0}^{t} \dot{V}(\tilde{e}(s))\mathrm{d}s \\
&\leqslant V(\tilde{e}(t_0)) - \int_{t_0}^{t} z^{\mathrm{T}}(s)z(s)\mathrm{d}s + \gamma_0^2\int_{t_0}^{t}\xi^{\mathrm{T}}(s)\xi(s)\mathrm{d}s \\
&\quad - \lambda_{\min}(W)\int_{t_0}^{t}|e(s)|_2^2\mathrm{d}s - 2\epsilon\int_{t_0}^{t}|\sigma(e(s))|_2\,\mathrm{d}s
\end{aligned} \tag{5.37}
$$

由于 $\xi(t)\in\mathcal{L}_2$，式（5.36）意味着船舶定常时延 DPS（5.2）和自适应参数误差系统式（5.18）、式（5.19）的解是一致有界的，从而有

$$
V(\sigma,e,\tilde{\bar{u}}_{\mathrm{s}},\tilde{\beta}) \leqslant V(\sigma(0),e(0),\tilde{\bar{u}}_s(0),\tilde{\beta}(0)) \triangleq V_0
$$

因此，$V(t),\sigma(t),e(t),\tilde{\bar{u}}_{\mathrm{s}}(t),\tilde{\beta}(t)\in\mathcal{L}_\infty$。另外，随着 $t\to\infty$，V 存在极限，即 $\lim\limits_{t\to\infty}V(\sigma,e,\tilde{\bar{u}}_{\mathrm{s}},\tilde{\beta},t)=V_\infty$。

从 0 到 ∞ 对式（5.29）进行积分，有

$$
\begin{aligned}
&\int_0^\infty z^{\mathrm{T}}(\mathrm{s})z(s)\mathrm{d}s \\
&\leqslant \gamma_0^2\int_0^\infty \xi^{\mathrm{T}}(s)\xi(s)\mathrm{d}s + \sigma^{\mathrm{T}}(0)(SB_{\mathrm{v}})^{-1}\sigma(0) + \int_{-d}^{0}e^{\mathrm{T}}(s)e(s)\mathrm{d}s + \sum_{j=1}^{m}\frac{\beta_j\tilde{\bar{u}}_{sj}^2(0)}{2\gamma_{1j}} + \sum_{j=1}^{m}\frac{\tilde{\beta}_j^2(0)}{2\gamma_{2j}}
\end{aligned}
$$

上式意味着船舶定常时延 DPS（5.2）的次优自适应 H_∞ 性能指标不大于 γ_0。

令 $\bar{\xi}=\epsilon|\sigma(e(t))|_2$，从 0 到 t 对式（5.36）积分，有

$$
V(t)-V(0)+\int_0^t z^{\mathrm{T}}(s)z(s)\mathrm{d}s - \gamma_0^2\int_0^t\xi^{\mathrm{T}}(s)\xi(s)\mathrm{d}s \leqslant -\int_0^t\bar{\xi}\,\mathrm{d}s
$$

而且，随着 $t\to\infty$，上式变为

$$
\lim_{t\to\infty}\int_0^t\bar{\xi}\,\mathrm{d}s \leqslant V(0)-V(\infty)-\int_0^\infty z^{\mathrm{T}}(s)z(s)\mathrm{d}s+\gamma_0^2\int_0^\infty\xi^{\mathrm{T}}(s)\xi(s)\mathrm{d}s<\infty
$$

所以，$\sigma(e(t))\in\mathcal{L}_2\cap\mathcal{L}_\infty$ 是一个一致连续函数。在引理 2.7 和引理 5.2 的基础上，船舶定常时延 DPS（5.2）的状态轨迹将会在某个时刻进入到带状区域 $\aleph$。

第二步：证明带状区域 $\aleph$ 中的船舶定常时延 DPS 的状态轨迹 $e(t)$ 将在动态量化参数调节的作用下进入到球域 $\wp=\{e(t):|e(t)|_2\leqslant\Im\hbar_2(t_0)\}$，并最终趋于原点。

当船舶定常时延 DPS（5.2）状态轨迹进入到带状区域 $\aleph$，有

$$
\sigma(e(t)) = Se(t) = \varnothing(t)\Omega|S|_1\,\Delta_2\hbar_2(t_0)(1+\varepsilon_0) \tag{5.38}
$$

式中，$0\leqslant\varnothing(t)<1$；$\Omega=\dfrac{\lambda_1+d+\sqrt{\ell}(\lambda_2+d)}{\mu(\lambda_1+d)-\kappa}$。

将式（5.38）代入式（5.9），有

$$
\begin{cases}
\dot{\bar{e}}_1(t)=\bar{A}_{11}\bar{e}_1(t)+\bar{A}_{d11}\bar{e}_1(t-d)+(\bar{A}_{12}+\bar{A}_{d12})\varnothing(t)\Omega|S|_1\,\Delta_2\hbar_2(t_0)(1+\varepsilon_0)+\bar{D}_1\xi(t)\\
\bar{e}_1(t_0)=\bar{e}_{10}\\
\bar{z}(t)=\bar{C}_1\bar{e}_1(t)+\bar{C}_2\varnothing(t)\Omega|S|_1\,\Delta_2\hbar_2(t_0)(1+\varepsilon_0)
\end{cases}
$$

针对上述系统，选取李雅普诺夫函数为

$$V_2(t)=\overline{e}_1^{\mathrm{T}}(t)P_0^{-1}\overline{e}_1(t)+\int_{t-d}^{t}\overline{e}_1^{\mathrm{T}}(s)Q_0\overline{e}_1(s)\mathrm{d}s$$

进一步，可得 $V_2(t)$ 的导数为

$$\begin{aligned}&\dot{V}_2(t)+\overline{z}^{\mathrm{T}}(t)\overline{z}(t)-\gamma_0^2\xi^{\mathrm{T}}(t)\xi(t)\\ \leqslant\ &2\overline{e}_1^{\mathrm{T}}(t)P_0^{-1}(\overline{A}_{11}\overline{e}_1(t)+\overline{A}_{\mathrm{d}11}\overline{e}_1(t-d)+(\overline{A}_{12}+\overline{A}_{\mathrm{d}12})\varnothing(t)\Omega\,|S|_1\,\varDelta_2\\ &\times\hbar_2(t_0)(1+\varepsilon_0)+\overline{D}_1\xi(t))+\overline{e}_1^{\mathrm{T}}(t)Q_0\overline{e}_1(t)-\overline{e}_1^{\mathrm{T}}(t-d)Q_0\overline{e}_1(t-d)\\ &+(\varnothing(t)\Omega\,|S|_1\,\varDelta_2\hbar_2(t_0)(1+\varepsilon_0))^2\,\overline{C}_2^{\mathrm{T}}\overline{C}_2+\overline{e}_1^{\mathrm{T}}(t)\overline{C}_1^{\mathrm{T}}\overline{C}_1\overline{e}_1(t)-\gamma_0^2\xi^{\mathrm{T}}(t)\xi(t)\end{aligned}\tag{5.39}$$

由于不等式 $2\overline{e}_1^{\mathrm{T}}(t)P_0^{-1}\overline{A}_{d11}\overline{e}_1(t-d)\leqslant\overline{e}_1^{\mathrm{T}}(t)P_0^{-1}\overline{A}_{\mathrm{d}11}Q_0^{-1}\overline{A}_{\mathrm{d}11}^{\mathrm{T}}P_0^{-1}\overline{e}_1(t)+\overline{e}_1^{\mathrm{T}}(t-d)Q_0\overline{e}_1\cdot(t-d)$ 和不等式 $2\overline{e}_1^{\mathrm{T}}(t)P_0^{-1}\overline{D}_1\xi(t)\leqslant\gamma_0^{-2}\overline{e}_1^{\mathrm{T}}(t)P_0^{-1}\overline{D}_1\overline{D}_1^{\mathrm{T}}P_0^{-1}\overline{e}_1(t)+\gamma_0^2\xi^{\mathrm{T}}(t)\xi(t)$ 成立，式(5.39)变为

$$\begin{aligned}&\dot{V}_2(t)+\overline{z}^{\mathrm{T}}(t)\overline{z}(t)-\gamma_0^2\xi^{\mathrm{T}}(t)\xi(t)\\ \leqslant\ &\overline{e}_1^{\mathrm{T}}(t)P_0^{-1}(\overline{A}_{11}P_0+P_0\overline{A}_{11}^{\mathrm{T}}+\overline{A}_{\mathrm{d}11}Q_0^{-1}\overline{A}_{\mathrm{d}11}^{\mathrm{T}}+\gamma_0^{-2}\overline{D}_1\overline{D}_1^{\mathrm{T}}+P_0Q_0P_0\\ &+P_0\overline{C}_1^{\mathrm{T}}\overline{C}_1P_0)P_0^{-1}\overline{e}_1(t)+2\overline{e}_1^{\mathrm{T}}(t)P_0^{-1}(\overline{A}_{12}+\overline{A}_{\mathrm{d}12})\varnothing(t)\Omega\,|S|_1\,\varDelta_2\\ &\times\hbar_2(t_0)(1+\varepsilon_0)+(\varnothing(t)\Omega\,|S|_1\,\varDelta_2\hbar_2(t_0)(1+\varepsilon_0))^2\,\overline{C}_2^{\mathrm{T}}\overline{C}_2\end{aligned}\tag{5.40}$$

根据定理 5.1 的证明过程，可以得到

$$P_0^{-1}(\overline{A}_{11}P_0+P_0\overline{A}_{11}^{\mathrm{T}}+\overline{A}_{\mathrm{d}11}Q_0^{-1}\overline{A}_{\mathrm{d}11}^{\mathrm{T}}+\gamma_0^{-2}\overline{D}_1\overline{D}_1^{\mathrm{T}}+P_0Q_0P_0+P_0\overline{C}_1^{\mathrm{T}}\overline{C}_1P_0)P_0^{-1}=-W_0\leqslant 0$$

经过整理，式（5.40）变为

$$\begin{aligned}&\dot{V}_2(t)+\overline{z}^{\mathrm{T}}(t)\overline{z}(t)-\gamma_0^2\xi^{\mathrm{T}}(t)\xi(t)\\ \leqslant\ &-\lambda_{\min}(W_0)\,|\overline{e}_1(t)|_2^2+2\,|\overline{e}_1(t)|_2\,(|P_0^{-1}\overline{A}_{12}|_2+|P_0^{-1}\overline{A}_{\mathrm{d}12}|_2)\varnothing(t)\Omega\,|S|_1\\ &\times\varDelta_2\hbar_2(t_0)(1+\varepsilon_0)+(\varnothing(t)\Omega\,|S|_1\,\varDelta_2\hbar_2(t_0)(1+\varepsilon_0))^2\,|\overline{C}_2^{\mathrm{T}}\overline{C}_2|_2\end{aligned}$$

式中，$\lambda_{\min}(W_0)$ 表示矩阵 W_0 的最小特征值。

经过一段时间，$\overline{e}_1(t)$ 将会进入到

$$\mathfrak{R}=\{\overline{e}_1(t'):|\overline{e}_1(t')|_2\leqslant\frac{H_1}{\lambda_{\min}(W_0)}|\varnothing(t)|_2\,\Omega\,|S|_1\,\varDelta_2\hbar_2(t_0)(1+\varepsilon_0)(1+\varepsilon_1)\}$$

式中，$H_1=|P_0^{-1}\overline{A}_{12}|_2+|P_0^{-1}\overline{A}_{\mathrm{d}12}|_2+\sqrt{(|P_0^{-1}\overline{A}_{12}|_2+|P_0^{-1}\overline{A}_{\mathrm{d}12}|_2)^2+\lambda_{\min}(W_0)\,|\overline{C}_2^{\mathrm{T}}\overline{C}_2|_2}$。

因为 $0<\varnothing(t)<1$，所以不难得到 $|\sigma(e(t'))|_2\leqslant\Omega\,|S|_1\,\varDelta_2\hbar_2(t_0)(1+\varepsilon_0)$。经过整理，有

$$\begin{aligned}|e(t')|_2&\leqslant|\overline{e}_1(t')|_2+|\sigma(e(t'))|_2\\ &\leqslant\Omega\,|S|_1\,\varDelta_2\hbar_2(t_0)(1+\varepsilon_0)\left(\frac{H_1}{\lambda_{\min}(W_0)}(1+\varepsilon_1)+1\right)\end{aligned}$$

定义 $\mho=\Omega\,|S|_1\,(1+\varepsilon_0)\left(\dfrac{H_1}{\lambda_{\min}(W_0)}(1+\varepsilon_1)+1\right)$，上式变为

$$|e(t')|_2\leqslant\mho\varDelta_2\hbar_2(t_0),\quad t'>t_0$$

从而有

$$|H_{\hbar_2(t_0)}(e(t))|_2 \leqslant |e(t)|_2 + |e_{\hbar_2(t_0)}(t)|_2 \leqslant |T^{-1}|_2 \mho \Delta_2 \hbar_2(t_0) + \Delta_2 \hbar_2(t_0), \quad t > t' > t_0$$

由于可以从通信信道两侧得到 $H\left(\dfrac{e(t)}{\hbar_2(t_0)}\right)$，所以有

$$|e(t)|_2 \leqslant \mathfrak{I} \hbar_2(t_0), \quad t > t' > t_0$$

式中，$\mathfrak{I} = (|T^{-1}|_2 \mho + 2)\Delta_2$。此时，状态 $e(t)$ 进入到一个球域 $\wp$。

接下来，将进行动态量化参数调节。令 $\hbar_2(t_i) = \vartheta^i \hbar_2(t_0)$，其中 $t_i > t_0 = 0$，$\dfrac{1}{\mathfrak{I}} < \vartheta < 1$，随着 i 不断增大，ϑ^i 不断变小，$\hbar_2(t_i)$ 将不断减小，从而 $|e(t)|_2 \to 0$，最终 $|\sigma(e(t))|_1 \to 0$。

证毕。 □

注 5.4　本章为船舶定常时延 DPS（5.2）设计了量化滑模容错控制器（5.12）。文献[15]和文献[20]仅仅考虑了信号量化对 DP 船舶的影响，而忽略了通信时延对船舶 DPS 稳定性的影响。但是，本章同时考虑了推进器故障、信号量化和定常时延对船舶 DPS 的影响，更符合实际情况。受文献[113]和文献[114]的启发，本章中的动态量化参数范围不仅考虑了故障因子，还将时延参数引入量化参数调节范围，使其范围变大，减小设计与调节的保守性。

5.4　仿真算例

为了验证本章所设计的量化滑模容错控制器（5.12）的有效性，对一艘典型的浮生船[68]进行仿真试验研究，其相关的参数数据见 3.2.3 节。

本章的合成扰动 $\xi(t)$ 与第 3 章相同；选择自适应调节增益 $\gamma_{1j} = 1$，$\gamma_{2j} = 0.001$；定常时延参数选取为 $d = 1\text{s}$；关于量化器参数的设置为 $\hbar_1 = 0.02$，$\Delta_1 = \Delta_2 = \sqrt{6}/2$，$\mathfrak{I} = 407960$。选择参考信号分别为 $x_{\text{pref}} = 0$，$y_{\text{pref}} = 0$，$\psi_{\text{ref}} = 0$，$\vartheta_{\text{ref}}(t) = 0$，$\upsilon_{\text{ref}}(t) = 0$，$r_{\text{ref}}(t) = \begin{cases} -0.2, & t \in [0,10) \text{和} t \in [20,30) \\ 0.2, & t \in [10,20) \text{和} t \in [30,40) \end{cases}$。

为了更有说服力地证明本章所提出方法的有效性，我们将与已有的结果（未考虑通信时延）进行对比仿真。在仿真中，当 $t = 15\text{s}$ 时，推进器的具体情况为：左舷主推进器正常工作；右舷主推进器发生全部故障；船尾槽道推进器 I 发生时变卡死故障，故障信号为 $u_s(t) = \sin(2t)$；艉侧槽道推进器 II 发生满舵故障，卡死故障信号为 $u_s^* = 0.2$；船首槽道推进器发生失效 50%的部分故障；艏侧全回转推进器发生虚假故障。

对比仿真结果如图 5.2～图 5.7 所示，其中，实线是本章的结果，点虚线为已有的结果。图 5.2 为船舶 DPS 的状态信号对比响应曲线图。通过仿真结果可以看出，本章的状态误差轨迹最终趋于零，而对比信号的轨迹最后趋于发散。图 5.3 是推进器输出信号对比响应曲线图。由此图不难得到，虽然在故障发生前，本章的推进器输出迟于未考虑时延结果的状态趋于零；但是发生推进器故障之后，本章的推进器输出最终能趋于零，而对比仿真曲线却最终发散。这意味着本章设计的鲁棒容错控制器可以同时解决推进器故障、信号量化和通信时延等问题。滑模面

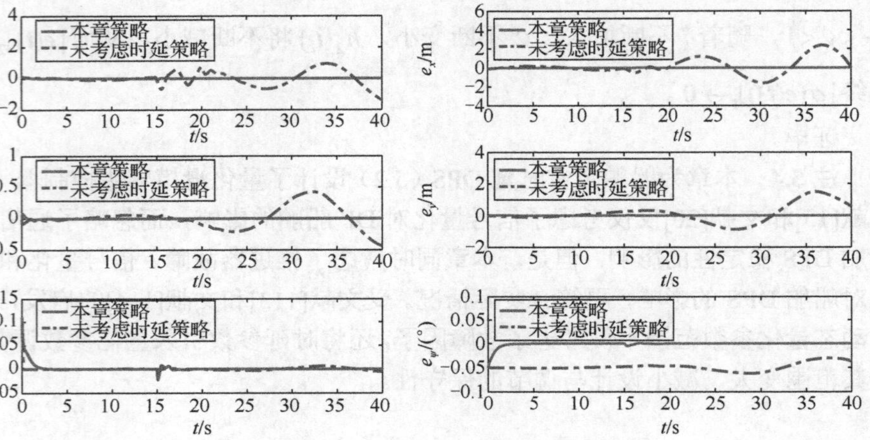

图 5.2　状态信号对比响应曲线

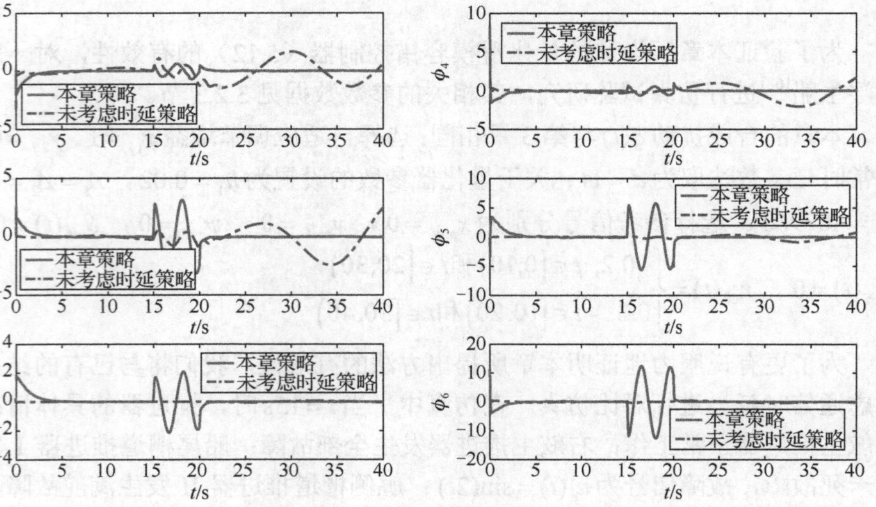

图 5.3　推进器输出信号对比响应曲线

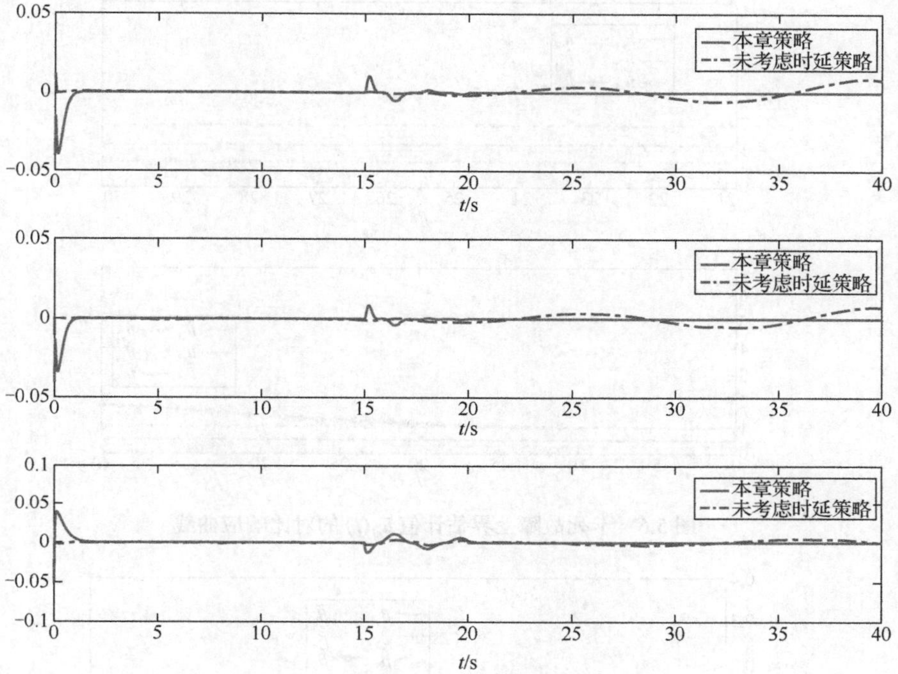

图 5.4　滑模面对比响应曲线

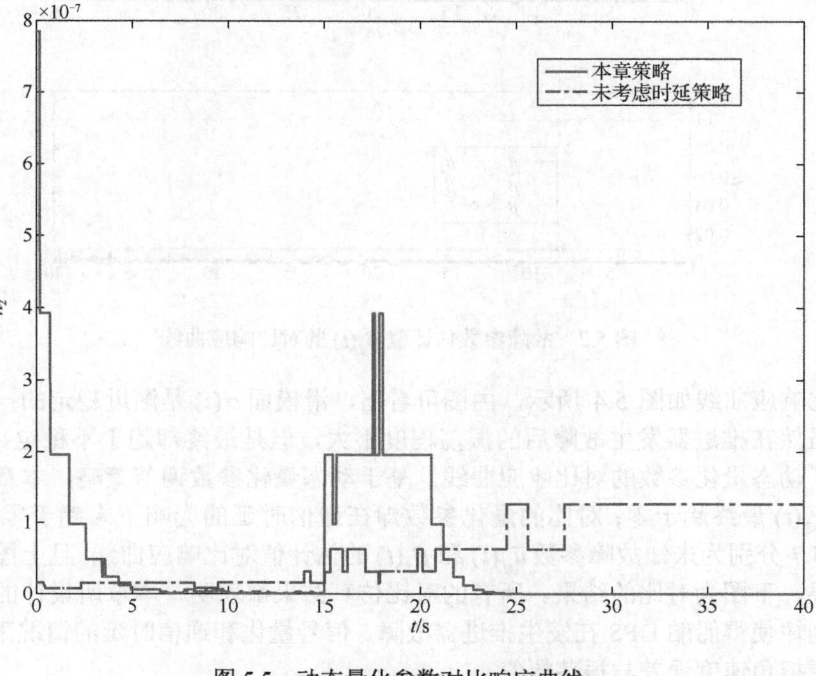

图 5.5　动态量化参数对比响应曲线

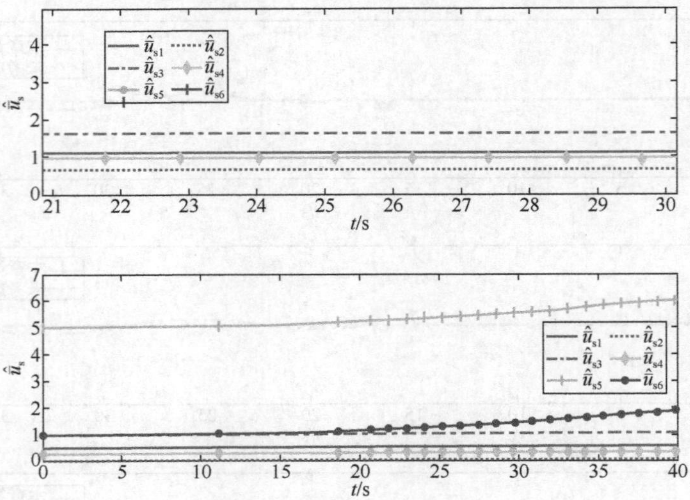

图 5.6 卡死故障上界估计值 $\overline{u}_{sj}(t)$ 的对比响应曲线

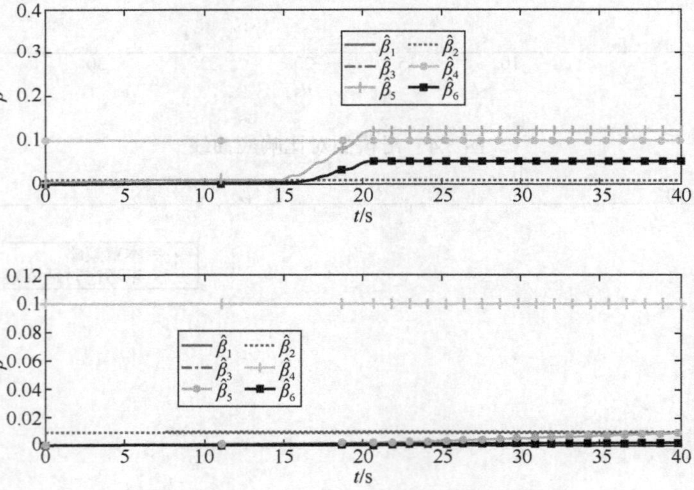

图 5.7 故障参数估计值 $\beta_j(t)$ 的对比响应曲线

的对比响应曲线如图 5.4 所示，由图可看出，滑模面 $\sigma(t)$ 是渐近稳定的；对比滑模面虽然在推进器发生故障后的振荡程度不大，但是最终却趋于不稳定。图 5.5 给出了动态量化参数的对比响应曲线。基于动态量化参数调节策略，本章的量化参数 $\hbar_2(t)$ 最终趋于零；对比的量化参数却在通信时延的影响下未趋于零。图 5.6 和图 5.7 分别为未知故障参数 $\overline{u}_{sj}(t)$ 和 $\beta_j(t)$ 的估计值对比响应曲线，且上图为本章的结果，下图为对比的结果。所有的对比仿真结果都表明，本章所设计的量化滑模控制律使得船舶 DPS 在发生推进器故障、信号量化和通信时延的情况下，仍能减小艏摇角速度误差与振荡幅值。

5.5　本章小结

本章针对受状态时延、信号量化和推进器故障影响的船舶 DPS 进行滑模容错补偿控制的研究。考虑到通信时延对船舶 DPS 的影响，将滑模状态反馈控制技术与矩阵不等式方法相结合，对状态时延进行鲁棒。为了解决量化与时延相互影响的问题，把定常时延参数引入量化参数调节范围，减小了系统设计与参数调节的保守性。基于动态量化参数调节策略和自适应容错控制理论，设计了一个新的不需要故障检测与诊断模块的量化滑模容错控制器，从而保证了船舶 DPS 状态在存在信号量化、状态时延和推进器故障的情况下仍能到达并维持在滑模面上，实现系统的渐近稳定。最后，对一艘典型的浮生船进行比较试验，由仿真结果可以看出，所设计的控制器能够实现本章的控制目标。

第6章

带有未知隶属度函数的T-S模糊船舶动力定位系统鲁棒容错控制

6.1 概述

上一章针对近似线性化后的船舶DPS模型，研究了具有状态时延和信号量化的鲁棒滑模容错控制问题。然而，在实际中，船舶系统是一个非常复杂的非线性系统。因此，用于处理非线性问题的T-S模糊控制引起了DP控制领域的广泛关注，此时的线性控制方法可用于为每个线性模型设计局部状态反馈控制器[120]。在文献[121]中，船舶的DP控制问题是通过建立T-S模糊模型来完成的。结合正交函数方法和混合Taguchi遗传算法，文献[122]解决了基于T-S模糊模型的船舶DPS的最优控制问题。文献[9]研究了T-S模糊船舶DPS的建模和基于观测器的网络控制器设计。

值得一提的是，上述T-S模糊船舶DP控制器是在隶属度函数完全已知的情况下设计的，且该前提变量是关于艏摇角的函数。然而，由于复杂的海洋环境，存在未知的不确定性。在这种情况下，前提变量函数变得未知，并且依赖于隶属度函数的传统T-S模糊控制器将失效。文献[123]～[128]关于带有未知隶属度函数的T-S模糊系统已取得了一些研究成果。文献[123]和文献[124]分别研究了带有未知隶属度函数的故障检测问题和有限频率$\mathcal{L}_2$-$\mathcal{L}_\infty$滤波问题。文献[125]针对一类具有参数不确定性的非线性状态反馈控制系统进行了故障检测与隔离的研究。尽管上述文献取得了很好的研究结果，但是在船舶滑模控制中，如果发生了推进器故障，控制器的设计会变得更加复杂。如文献[13]和文献[15]所述，推进器故障的发生可能会导致人员受伤、环境污染和任务取消。容错控制技术是一个很好的用来处理推进器故障问题的方法[129-131]。然而，目前关于带有未知隶属度函数的T-S模糊船舶DPS的滑模容错控制的结果尚未发表。

如第4章和第5章所述，推进器故障和信号量化现象会影响船舶DPS的稳定性。此外，由于复杂的海洋环境影响，通信时延会存在的，也会影响船舶DPS系统的稳定性，甚至导致系统的性能下降。不同于第 4 章的定常时延，由于海洋中网络环境不稳定，时延可能是时变的。到目前为止，鲜有研究结果同时考虑了信号量化和时变时延对 T-S 模糊船舶 DPS 的影响，也很少有成果研究时变时延对动态量化参数调节策略的影响。因此，解决上述难题，建立量化范围、故障因子与时延参数之间的关系，并设计一个新的滑模容错控制器是很有必要的。

本章在前 5 章结果的基础上，将滑模鲁棒容错控制的结果推广到带有未知隶属度函数的 T-S 模糊船舶时变时延 DPS 中，提出了一种新的切换型量化滑模容错控制器。由于复杂的海洋环境对艏摇角的影响，本章建立了带有未知隶属度函数的 T-S 模糊船舶 DPS。当与艏摇角有关的前提变量函数不可用时，传统的滑模控制技术变得不可行。为了解决这一难题，本章设计了一种基于切换机制的新型量化滑模控制策略。另外，信号时变时延的存在，使得现有的动态量化参数调节策略变得很保守。所以通过考虑时延参数和故障信息，本章给出了一个新的且更大的动态量化参数调节范围。新的切换型量化滑模容错控制器和改进后的量化参数调节策略的结合，可以保证发生推进器故障和信号量化的船舶实现 DP 控制。最后，通过与未考虑时延或量化的设计进行对比实验，表明所提出的方案的有效性。

6.2　问题描述

6.2.1　带有未知隶属度函数的 T-S 模糊船舶模型

考虑海洋扰动（风、浪、流）$\zeta(t)$ 的船舶模型为

$$M\dot{\nu}(t)+N\nu(t)+G\eta(t)=Eu^{\mathrm{F}}(t)+\zeta(t) \tag{6.1}$$

$$\dot{\eta}(t)=R(\psi(t))\nu(t) \tag{6.2}$$

式中，推进器故障模型 $u^{\mathrm{F}}(t)$ 如第 3 章所述：

$$u^{\mathrm{F}}(t)=\alpha u(t)+\beta u_{\mathrm{s}}(t) \tag{6.3}$$

其中，符号的含义与第 2 章相同，在此不再赘述。

令 $\eta(t)=f(t,\nu)$，其中 $f(t,\nu)$ 代表时变非线性向量函数[68]。结合式（6.3），船舶模型（6.1）变为

$$\dot{\nu}(t)=\mathbb{A}\nu(t)+\mathbb{B}(\alpha u(t)+\beta u_{\mathrm{s}}(t))+\mathbb{D}\zeta(t)+\mathbb{F}f(t,\nu) \tag{6.4}$$

式中，$\mathbb{A}=-M^{-1}N=\begin{bmatrix} a_{11} & a_{12} & a_{13} \\ a_{21} & a_{22} & a_{23} \\ a_{31} & a_{32} & a_{33} \end{bmatrix}$；$\mathbb{B}=-M^{-1}E=\begin{bmatrix} b_{11} & b_{12} & b_{13} & b_{14} & b_{15} & b_{16} \\ b_{21} & b_{22} & b_{23} & b_{24} & b_{25} & b_{26} \\ b_{31} & b_{32} & b_{33} & b_{34} & b_{35} & b_{36} \end{bmatrix}$；

$\mathbb{D}=-M^{-1}=\begin{bmatrix} d_{11} & d_{12} & d_{13} \\ d_{21} & d_{22} & d_{23} \\ d_{31} & d_{32} & d_{33} \end{bmatrix}$；$\mathbb{F}=-M^{-1}G=\begin{bmatrix} f_{11} & f_{12} & f_{13} \\ f_{21} & f_{22} & f_{23} \\ f_{31} & f_{32} & f_{33} \end{bmatrix}$。

结合式（6.2）和式（6.4），并通过定义 $x(t)=[x_1(t)\quad x_2(t)\quad x_3(t)\quad x_4(t)\quad x_5(t)\quad x_6(t)]^{\mathrm{T}}=[x_{\mathrm{p}}(t)\quad y_{\mathrm{p}}(t)\quad \psi(t)\quad \vartheta(t)\quad \upsilon(t)\quad r(t)]^{\mathrm{T}}$，可得

$$
\begin{aligned}
\dot{x}_1(t)&=\cos(x_3(t))x_4(t)-\sin(x_3(t))x_5(t)\\
\dot{x}_2(t)&=\sin(x_3(t))x_4(t)+\cos(x_3(t))x_5(t)\\
\dot{x}_3(t)&=x_6(t)\\
\dot{x}_4(t)&=a_{11}x_4(t)+a_{12}x_5(t)+a_{13}x_6(t)+b_{11}u_1^{\mathrm{F}}(t)+b_{12}u_2^{\mathrm{F}}(t)+b_{13}u_3^{\mathrm{F}}(t)\\
&\quad+b_{14}u_4^{\mathrm{F}}(t)+b_{15}u_5^{\mathrm{F}}(t)+b_{16}u_6^{\mathrm{F}}(t)+d_{11}\zeta_1(t)+d_{12}\zeta_2(t)+d_{13}\zeta_3(t)\\
&\quad+f_{11}f(t,x_4(t))+f_{12}f(t,x_5(t))+f_{13}f(t,x_6(t))\\
\dot{x}_5(t)&=a_{21}x_4(t)+a_{22}x_5(t)+a_{23}x_6(t)+b_{21}u_1^{\mathrm{F}}(t)+b_{22}u_2^{\mathrm{F}}(t)+b_{23}u_3^{\mathrm{F}}(t)\\
&\quad+b_{24}u_4^{\mathrm{F}}(t)+b_{25}u_5^{\mathrm{F}}(t)+b_{26}u_6^{\mathrm{F}}(t)+d_{21}\zeta_1(t)+d_{22}\zeta_2(t)+d_{23}\zeta_3(t)\\
&\quad+f_{21}f(t,x_4(t))+f_{22}f(t,x_5(t))+f_{23}f(t,x_6(t))\\
\dot{x}_6(t)&=a_{31}x_4(t)+a_{32}x_5(t)+a_{33}x_6(t)+b_{31}u_1^{\mathrm{F}}(t)+b_{32}u_2^{\mathrm{F}}(t)+b_{33}u_3^{\mathrm{F}}(t)\\
&\quad+b_{34}u_4^{\mathrm{F}}(t)+b_{35}u_5^{\mathrm{F}}(t)+b_{36}u_6^{\mathrm{F}}(t)+d_{31}\zeta_1(t)+d_{32}\zeta_2(t)+d_{33}\zeta_3(t)\\
&\quad+f_{31}f(t,x_4(t))+f_{32}f(t,x_5(t))+f_{33}f(t,x_6(t))
\end{aligned}
$$

假设船舶 DPS 的艏摇角变化范围为 $\left[-\dfrac{\pi}{6},\dfrac{\pi}{6}\right]$[9]，进而 $\theta_1(t)=\sin(\psi(t))\in\left[-\dfrac{1}{2},\dfrac{1}{2}\right]$ 和 $\theta_2(t)=\cos(\psi(t))\in\left[-\dfrac{\sqrt{3}}{2},1\right]$。然后通过以下 T-S 模糊规则可以得到 T-S 模糊船舶 DPS。

规则 i：如果 $\theta_1(t)$ 属于 Q_{i1} 和 $\theta_2(t)$ 属于 Q_{i2}，则

$$
\begin{cases}
\dot{x}(t)=A_{1i}x(t)+A_{2i}x(t-\tau(t))+B(\alpha u(t)+\beta u_{\mathrm{s}}(t))+D_i\zeta(t)+F_if(t,x)\\
z(t)=C_ix(t)\\
x(t)=\Psi(t),\quad t\in[-\tau_0,0]
\end{cases}\tag{6.5}
$$

式中，$i=1,2,3,4$；Q_{i1} 和 Q_{i2} 表示模糊集；$\tau(t)\leqslant\tau_0$ 表示有界时变时延，且满足 $\dot{\tau}(t)\leqslant\varsigma<1$；$z(t)$ 是控制输出；$\Psi(t)\in\mathcal{C}_{6,\tau_0}$ 为向量值的初始连续函数；非线性向量值函数 $f(t,x)$ 满足

$$
(f(t,x)-T_1x)^{\mathrm{T}}(f(t,x)-T_2x)\leqslant 0\tag{6.6}
$$

式中，T_1 和 T_2 是常实数矩阵；如果 $T=T_1-T_2$ 为对称正定矩阵，那么 $f(t,x)$ 落在扇形区域 $[T_1,T_2]$ 内[68]。A_{2i} 和 C_i 是已知矩阵，且 $A_{11}=\begin{bmatrix}0_{3\times3} & \mathcal{U}_1\\ 0_{3\times3} & \mathbb{A}\end{bmatrix}$，$A_{12}=\begin{bmatrix}0_{3\times3} & \mathcal{U}_2\\ 0_{3\times3} & \mathbb{A}\end{bmatrix}$，$A_{13}=\begin{bmatrix}0_{3\times3} & \mathcal{U}_3\\ 0_{3\times3} & \mathbb{A}\end{bmatrix}$，$A_{14}=\begin{bmatrix}0_{3\times3} & \mathcal{U}_4\\ 0_{3\times3} & \mathbb{A}\end{bmatrix}$；$B=\begin{bmatrix}0_{3\times6}\\ \mathbb{B}\end{bmatrix}$；$D_1=D_2=D_3=D_4=\begin{bmatrix}0_{3\times3}\\ \mathbb{D}\end{bmatrix}$；

$$F_1 = F_2 = F_3 = F_4 = \begin{bmatrix} 0_{3\times3} & 0_{3\times3} \\ 0_{3\times3} & \mathbb{F} \end{bmatrix};\quad \mathcal{U}_1 = \begin{bmatrix} 1 & -\frac{1}{2} & 0 \\ \frac{1}{2} & 1 & 0 \\ 0 & 0 & 1 \end{bmatrix},\quad \mathcal{U}_2 = \begin{bmatrix} 1 & -\frac{1}{2} & 0 \\ \frac{1}{2} & 1 & 0 \\ 0 & 0 & 1 \end{bmatrix},$$

$$\mathcal{U}_3 = \begin{bmatrix} 1 & \frac{1}{2} & 0 \\ \frac{1}{2} & 1 & 0 \\ 0 & 0 & 1 \end{bmatrix},\quad \mathcal{U}_4 = \begin{bmatrix} 1 & -\frac{1}{2} & 0 \\ \frac{1}{2} & 1 & 0 \\ 0 & 0 & 1 \end{bmatrix}。$$

由于复杂多变的海洋环境，艏摇角存在不确定性，因此前提变量函数变得未知[132]。根据式（6.5），可得带有未知隶属度函数的 T-S 模糊船舶 DPS 为

$$\begin{cases} \dot{x}(t) = \sum_{i=1}^{4} \rho_i(\theta(t))\{A_{1i}x(t) + A_{2i}x(t-\tau(t)) + B(\alpha u(t) + \beta u_{\mathrm{s}}(t)) + D_i\zeta(t) \\ \qquad + F_i f(t,x)\} \\ z(t) = \sum_{i=1}^{4} \rho_i(\theta(t)) C_i x(t) \\ x(t) = \Psi(t), \quad t \in [-\tau_0, 0] \end{cases} \tag{6.7}$$

式中，$\sum_{i=1}^{4}\rho_i(\theta(t)) = 1$；$\rho_i(\theta(t)) = \dfrac{\Bbbk_i(\theta(t))}{\sum_{i=1}^{4}\Bbbk_i(\theta(t))} \geqslant 0$，$\Bbbk_i(\theta(t)) = Q_{i1}(\theta_1(t))Q_{i2}(\theta_2(t))$。

注 6.1　不同于现有文献[9]和文献[122]，本章建立了带有未知隶属度函数的 T-S 模糊船舶 DPS。这主要是因为考虑到复杂多变的海洋环境对于艏摇角的影响，从而与艏摇角相关的隶属度函数变得未知。此系统模型的建立对于研究船舶运动控制具有重要的现实意义。

6.2.2　量化器模型

在船舶与控制站之间的网络通信信道中，信号 $\eta(t)$ 和 $\nu(t)$ 会发生量化。与此同时，位于控制站与推进器之间的通信信道中的输出信号 $u(t)$ 在传输到 DP 船舶之前也会发生量化现象。本章采用单参数族量化器[23]：

$$H_\hbar(\text{Ⅎ}) \triangleq \hbar H\left(\frac{\text{Ⅎ}}{\hbar}\right) \triangleq \hbar\,\mathrm{round}\left(\frac{\text{Ⅎ}}{\hbar}\right)$$

式中，$H_\hbar(\cdot)$ 为均匀量化器；$\hbar$ 为量化参数。

通过定义量化误差 $e_\hbar = H_\hbar(\text{Ⅎ}) - \text{Ⅎ}$，有

$$|e_{\hbar_1}| = |H_{\hbar_1}(\phi) - \phi| \leqslant \Delta_1 \hbar_1 \tag{6.8}$$

$$|e_{\hbar_2}|=|H_{\hbar_2}(\phi)-\phi|\leqslant \Delta_2\hbar_2 \tag{6.9}$$

式中，$H_{\hbar}(\phi)$ 为带有固定量化参数 $\hbar_1$ 的静态量化器；$H_{\hbar 2}(x)$ 是带有变化量化参数 $\hbar_2$ 的动态量化器；Δ_1 和 Δ_2 分别为控制输入量化器和系统状态量化器的误差范围。

6.2.3 控制目标

本章的控制目标是在满足假设 3.1 和假设 3.2 的情况下，针对非线性船舶系统（6.1）和（6.2），建立带有未知隶属度函数的 T-S 模糊船舶模型（6.7）；基于滑模状态反馈控制和动态量化参数调节策略，设计一种新的切换型量化滑模容错控制器，使得在发生推进器故障、信号量化和时变时延时，仍能保证 T-S 模糊船舶 DPS 的渐近稳定并实现 DP。

6.3 滑模控制策略设计

本章的主要结果是在切换机制与滑模状态反馈控制的基础上，为带有未知隶属度函数的 T-S 模糊船舶模型设计切换型量化滑模容错控制器。当状态信号经过船舶与控制站之间的通信网络时，不可避免地会发生信号量化和时变时延；同时在控制站与推进器之间发生控制信号量化。其中，远程陆地基站由推力分配装置、基于切换机制的滑模控制器、动态量化参数调节策略和自适应控制律组成。整个控制策略如图 6.1 所示。

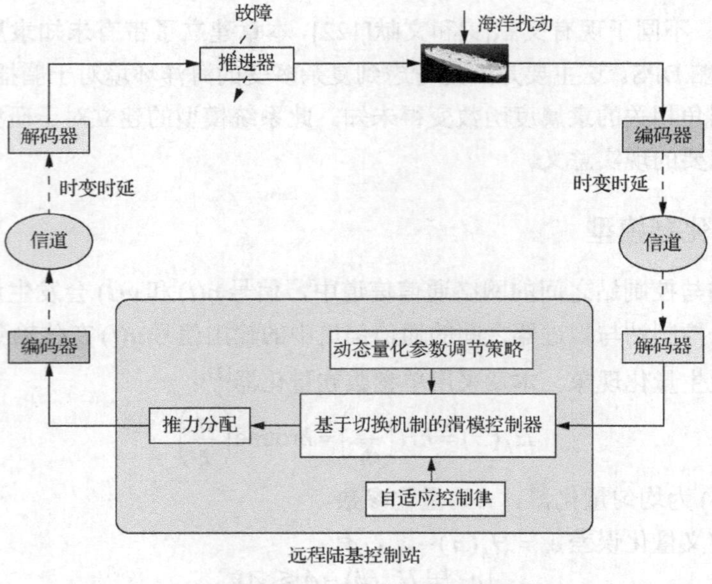

图 6.1 切换型量化滑模容错控制策略结构图

6.3.1 滑模面设计

基于矩阵的满秩分解技术，有

$$B = B_{\mathrm{v}}\mathcal{N} \tag{6.10}$$

式中，$B\in\mathbb{R}^{m}$ 表示控制输入矩阵；$B_{\mathrm{v}}\in\mathbb{R}^{m\times s}$；$\mathcal{N}\in\mathbb{R}^{s\times m}$。通过引入具有灵活调节作用的参数 $\varpi>0$，可得

$$B_{\mathrm{v}} = \frac{1}{\varpi}B_{\mathrm{v}}^{0},\quad \mathcal{N} = \varpi\mathcal{N}^{0} \tag{6.11}$$

针对带有未知隶属度函数的 T-S 模糊船舶 DPS（6.7），设计如下滑模面：

$$\Xi \triangleq \{x:\sigma(x) = Sx(t) = B_{\mathrm{v}}^{\mathrm{T}}P^{-1}x(t) = 0\} \tag{6.12}$$

式中，实数矩阵 P 将在后面的设计中求出。

接下来给出保证滑模面上 T-S 模糊船舶 DPS（6.7）滑动模态稳定的充分条件。

定理 6.1　假设带有未知隶属度函数的 T-S 模糊船舶 DPS（6.7）采用滑模面(6.12)。对于所有的 $\alpha\in\left\{\alpha^{\ell}\mid\alpha^{\ell}=\mathrm{diag}\{\alpha_1^{\ell},\alpha_2^{\ell},\cdots,\alpha_m^{\ell}\},\alpha_j^{\ell}\in\left[\underline{\alpha}_j^{\ell},\overline{\alpha}_j^{\ell}\right]\right\}$，$j\in\{1,2,\cdots,m\}$，$\ell\in\{1,2,\cdots,n\}$，如果存在正定矩阵 P 和矩阵 X 满足下面矩阵不等式：

$$\begin{bmatrix} A_{1i}P+PA_{1i}^{\mathrm{T}}+B\alpha^{j}X+X^{\mathrm{T}}\alpha^{j}B^{\mathrm{T}} & A_{2i} & PC_i^{\mathrm{T}} & P & D_i & F_i \\ * & -I & 0 & 0 & 0 & 0 \\ * & * & -I & 0 & 0 & 0 \\ * & * & * & -\left(\dfrac{1}{1-\varsigma}+\varepsilon_0^2\varpi_1^2\right)I & 0 & 0 \\ * & * & * & * & -\gamma_0^2 I & 0 \\ * & * & * & * & * & -\varepsilon_0^{-2}I \end{bmatrix}<0 \tag{6.13}$$

则滑模面上的 $(m-s)$ 维降阶滑动模态是渐近稳定的且其自适应 H_∞ 性能指标不大于 γ_0。

证明　定义一个非奇异转换矩阵 $T\triangleq\left[\tilde{B}_{\mathrm{v}}^{\mathrm{T}}\quad \tilde{B}_{\mathrm{v}}^{\mathrm{T}}P^{-1}\right]^{\mathrm{T}}=\left[\tilde{B}_{\mathrm{v}}^{\mathrm{T}}\quad S\right]^{\mathrm{T}}$ 和 $T^{-1}=\left[P\tilde{B}_{\mathrm{v}}(\tilde{B}_{\mathrm{v}}^{\mathrm{T}}P\tilde{B}_{\mathrm{v}})^{-1}\quad \tilde{B}_{\mathrm{v}}(S\tilde{B}_{\mathrm{v}})^{-1}\right]$。经过状态变换 $\overline{x}(t)=Tx(t)$，式（6.7）变为

$$\begin{cases} \begin{bmatrix}\dot{\overline{x}}_1(t)\\ \dot{\sigma}(t)\end{bmatrix}=\sum\limits_{i=1}^{4}\rho_i(\theta(t))\left(\begin{bmatrix}\overline{A}_{111i} & \overline{A}_{112i}\\ \overline{A}_{121i} & \overline{A}_{122i}\end{bmatrix}\begin{bmatrix}\overline{x}_1(t)\\ \sigma(t)\end{bmatrix}+\begin{bmatrix}\overline{A}_{211i} & \overline{A}_{212i}\\ \overline{A}_{221i} & \overline{A}_{122i}\end{bmatrix}\begin{bmatrix}\overline{x}_1(t-\tau(t))\\ \sigma(t-\tau(t))\end{bmatrix}\right.\\ \qquad\left.+\begin{bmatrix}0\\ \overline{B}_2\end{bmatrix}(\alpha u(t))+\beta u_{\mathrm{s}}(t))+\begin{bmatrix}\overline{D}_{1i}\\ \overline{D}_{2i}\end{bmatrix}\zeta(t)+\begin{bmatrix}\overline{F}_{1i}\\ \overline{F}_{2i}\end{bmatrix}f(t,\overline{x})\right) \\ z(t)=\sum\limits_{i=1}^{4}\rho_i(\theta(t))\left[\overline{C}_{1i}\,\overline{C}_{2i}\right]\begin{bmatrix}\overline{x}_1(t)\\ \sigma(t)\end{bmatrix} \end{cases} \tag{6.14}$$

式中，$\overline{A}_{111i}=\tilde{B}_{\rm v}^{\rm T}A_{1i}P\tilde{B}_{\rm v}(\tilde{B}_{\rm v}^{\rm T}P\tilde{B}_{\rm v})^{-1}$；$\overline{A}_{112i}=\tilde{B}_{\rm v}^{\rm T}A_{1i}B_{\rm v}(SB_{\rm v})^{-1}$；$\overline{A}_{121i}=SA_{1i}P\tilde{B}_{\rm v}(\tilde{B}_{\rm v}^{\rm T}P\tilde{B}_{\rm v})^{-1}$；$A_{122i}=SA_{1i}B_{\rm v}(SB_{\rm v})^{-1}$；$\overline{A}_{211i}=\tilde{B}_{\rm v}^{\rm T}A_{2i}P\tilde{B}_{\rm v}(\tilde{B}_{\rm v}^{\rm T}P\tilde{B}_{\rm v})^{-1}$；$\overline{A}_{212i}=\tilde{B}_{\rm v}^{\rm T}A_{2i}B_{\rm v}(SB_{\rm v})^{-1}$；$\overline{B}_2=SB$；$A_{222i}=SA_{1i}B_{\rm v}(SB_{\rm v})^{-1}$；$\overline{D}_{1i}=\tilde{B}_{\rm v}^{\rm T}D_i$；$\overline{D}_{2i}=SD_i$；$\overline{F}_{1i}=\tilde{B}_{\rm v}^{\rm T}F_i$；$\overline{F}_{2i}=SF_i$；$\overline{C}_{1i}=C_iP\tilde{B}_{\rm v}\cdot(\tilde{B}_{\rm v}^{\rm T}P\tilde{B}_{\rm v})^{-1}$；$\overline{C}_{2i}=C_iB_{\rm v}(CB_{\rm v})^{-1}$。

根据文献[113]和文献[114]，可得考虑量化误差 $e_{\hbar 1}=u(t)-\phi(t)=H_{\hbar 1}(\phi)-\phi$ 的等效控制律为

$$\phi_{\rm eq}(t)=-(\mathcal{N}\alpha)^{+}(SB_{\rm v})^{-1}SA_{1i}P\tilde{B}_{\rm v}(\tilde{B}_{\rm v}^{\rm T}P\tilde{B}_{\rm v})^{-1}\overline{x}_1(t)-(\mathcal{N}\alpha)^{+}(SB_{\rm v})^{-1}SA_{2i}P\tilde{B}_{\rm v}(\tilde{B}_{\rm v}^{\rm T}P\tilde{B}_{\rm v})^{-1}\cdot\overline{x}_1(t-\tau(t))-(\mathcal{N}\alpha)^{+}\mathcal{N}\beta u_{\rm s}(t)-(\mathcal{N}\alpha)^{+}\mathcal{N}D_i\zeta(t)-(\mathcal{N}\alpha)^{+}\mathcal{N}F_if(t,x)-e_{\hbar_1}$$

式中，$(\mathcal{N}\alpha)^{+}$ 为矩阵 $\mathcal{N}\alpha$ 的 Moore-Penrose 逆。

令 $\dot{\sigma}(t)=\sigma(t)=0$，并用 $\phi_{\rm eq}(t)$ 代替 $u(t)$，有

$$\begin{cases}\dot{\overline{x}}_1(t)=\sum_{i=1}^{4}\rho_i(\theta(t))\{\overline{A}_{111i}\overline{x}_1(t)+\overline{A}_{211i}\overline{x}_1(t-\tau(t))+\overline{D}_{1i}\zeta(t)+\overline{F}_{1i}f(t,\overline{x})\\ z(t)=\sum_{i=1}^{4}\rho_i(\theta(t))\overline{C}_{1i}\overline{x}_1(t)\end{cases}\tag{6.15}$$

考虑到引理 2.1 和文献[133]，如果存在一个正定矩阵 $P_0=\tilde{B}_{\rm v}^{\rm T}P\tilde{B}_{\rm v}$ 和一个矩阵 $Q_0=P_0^{-1}\tilde{B}_{\rm v}^{\rm T}P^2\tilde{B}_{\rm v}P_0^{-1}$ 满足

$$\overline{A}_{111i}P_0+P_0\overline{A}_{111i}^{\rm T}+\overline{A}_{211i}Q_0^{-1}\overline{A}_{211i}^{\rm T}+\gamma_0^{-2}\overline{D}_{1i}\overline{D}_{1i}^{\rm T}+\left(\frac{1}{1-\varsigma}+\varepsilon_0^2\varpi_1^2\right)P_0Q_0P_0+\varepsilon_0^{-2}\overline{F}_i\overline{F}_i^{\rm T}+P_0\overline{C}_{1i}^{\rm T}\overline{C}_{1i}P_0<0$$

那么，上述降阶的 T-S 模糊船舶时变时延 DPS（6.15）是渐近稳定的，且其自适应 H_∞ 性能指标不大于 γ_0。由于 $P\tilde{B}_{\rm v}(\tilde{B}_{\rm v}^{\rm T}P^2\tilde{B}_{\rm v})^{-1}\tilde{B}_{\rm v}^{\rm T}P\leqslant I$，上式变为

$$\tilde{B}_{\rm v}^{\rm T}\left(A_{1i}P+PA_{1i}^{\rm T}+A_{2i}A_{2i}^{\rm T}+\left(\frac{1}{1-\varsigma}+\varepsilon_0^2\varpi_1^2\right)P^2+\gamma_0^{-2}D_iD_i^{\rm T}+\varepsilon_0^{-2}F_iF_i^{\rm T}+PC_i^{\rm T}C_iP\right)\tilde{B}_{\rm v}<0$$

应用引理 2.2，有

$$A_{1i}P+PA_{1i}^{\rm T}+A_{2i}A_{2i}^{\rm T}+\left(\frac{1}{1-\varsigma}+\varepsilon_0^2\varpi_1^2\right)P^2+\gamma_0^{-2}D_iD_i^{\rm T}+\varepsilon_0^{-2}F_iF_i^{\rm T}+PC_i^{\rm T}C_iP+B\alpha X+X^{\rm T}\alpha B^{\rm T}<0$$

根据引理 2.3，上式可等效为式（6.13）。

证毕。 □

6.3.2 切换型量化滑模容错控制器设计

在设计滑模面使滑模面上的降阶 T-S 模糊船舶时变时延 DPS 的滑动模态渐近稳定之后，下一步是设计切换型量化滑模容错控制器和动态量化参数调节策略以保证 T-S 模糊船舶 DPS 的可达性。

设计切换型量化滑模容错控制器为

$$
\begin{aligned}
\phi(t) &= \phi_1(t)+\phi_2(t) \\
\phi_1(t) &= \delta(t)KH_{\hbar_2}(x) \\
\phi_2(t) &= -\eta(t)\mathcal{N}^{\mathrm{T}}\operatorname{sgn}(SH_{\hbar_2}(x))
\end{aligned}
\tag{6.16}
$$

式中，

$$
\eta(t)=\frac{1}{-(\kappa+\varsigma)}(1+\Upsilon)\left(\sum_{j=1}^{m}\left|\mathcal{N}_j\right|_1\hat{\beta}_j(t)\hat{\bar{u}}_{sj}(t)+\left|\mathcal{N}_j\right|_{\infty}\varDelta_1\hbar_1+\left|\mathcal{N}\delta(t)K\right|_{\infty}\varDelta_2\hbar_2+\epsilon\right) \tag{6.17}
$$

$\delta(t)$ 为切换函数，其表达式为

$$
\delta(t)=\begin{cases}1, & \varLambda<0\\ 0, & \varLambda\geqslant 0\end{cases} \tag{6.18}
$$

其中，$\varLambda=\sum_{j=1}^{m}(x^{\mathrm{T}}(t)P^{-1}B)_{j*}\hat{\alpha}_j(XP^{-1}x(t))_{j\bullet}$，$j*$ 和 $j\bullet$ 分别表示第 j 列和第 j 行；$K=XP^{-1}$，X 和 P 在定理6.1中得到设计；$\Upsilon=(\mu\lambda_1-\kappa)/\left(\sqrt{3}(\lambda_2-\varsigma)\right)$，$\lambda_1$ 和 λ_2 分别为矩阵 $\mathcal{N}\mathcal{N}^{\mathrm{T}}$ 的最小特征值和最大特征值，μ 和 κ 分别满足引理2.4和引理6.2；$\hat{\alpha}_j(t)$、$\hat{\bar{u}}_{sj}(t)$ 和 $\hat{\beta}_j(t)$ 分别为故障因子 $\alpha_j(t)$、时变卡死与满舵故障上界值 $\bar{u}_{sj}(t)$ 和故障因子 $\beta_j(t)$ 的估计值；ϵ 是一个任意小的常数；$\operatorname{sgn}(\cdot)$ 是符号函数，在仿真中用连续函数代替，以减小抖振；为了避免式（6.16）的奇异性，式（6.17）的分母不为零。

推进器故障因子 $\hat{a}_j(t)$ 由以下与切换机制相关的自适应律进行估计：

$$
\dot{\hat{\alpha}}_j(t)=\begin{cases}0, & \delta(t)=0\\ -\gamma_{3j}(x^{\mathrm{T}}(t)P^{-1}B)_{j*}(XP^{-1}x(t))_{j\bullet}, & \delta(t)=1\end{cases} \tag{6.19}
$$

其他未知参数的自适应律为

$$
\dot{\hat{\bar{u}}}_{sj}(t)=\gamma_{1i}(1+\Upsilon)\left|\mathcal{N}_j\right|_1\left|SH_{\hbar_2}(x)\right|_1 \tag{6.20}
$$

$$
\dot{\hat{\beta}}_j(t)=\gamma_{2i}(1+\Upsilon)\left|\mathcal{N}_j\right|_1\left|SH_{\hbar_2}(x)\right|_1\hat{\bar{u}}_{sj}(t) \tag{6.21}
$$

式中，γ_{1j}、γ_{2j} 和 γ_{3j} 是自适应增益参数。

定义

$$
\begin{aligned}
\tilde{\alpha}_j(t) &= \hat{\alpha}_j(t)-\alpha_j \\
\dot{\hat{\bar{u}}}_{sj}(t) &= \hat{\bar{u}}_{sj}(t)-\bar{u}_{sj} \\
\tilde{\beta}_j(t) &= \hat{\beta}_j(t)-\beta_j
\end{aligned}
\tag{6.22}
$$

式中，a_j、$\bar{u}_{sj}$ 和 β_j 是常数。那么，自适应参数误差系统（6.22）变为 $\dot{\tilde{a}}(t)=\dot{\hat{a}}(t)$，$\dot{\tilde{u}}_s(t)=\dot{\hat{u}}_s(t)$，$\dot{\tilde{\beta}}(t)=\dot{\hat{\beta}}(t)$。

受文献[114]研究结果的启发，下面给出几个重要引理，来为后面的研究奠定基础。

引理6.1　假设式(6.6)成立，那么一定存在一个非奇异变换矩阵 $T=\begin{bmatrix}T_1 & T_2\end{bmatrix}^{\mathrm{T}}=\begin{bmatrix}\tilde{B}_{\mathrm{v}}^{\mathrm{T}} & S\end{bmatrix}^{\mathrm{T}}$ 和相应的向量 $\bar{x}(t)=\begin{bmatrix}\bar{x}_1(t) & \bar{x}_2(t)\end{bmatrix}^{\mathrm{T}}$，使得下式成立：

$$f^{\mathrm{T}}(t,x)f(t,x)\leqslant\varpi_1^2x^{\mathrm{T}}(t)x(t) \tag{6.23}$$

$$f^{\mathrm{T}}(t,\overline{x})f(t,\overline{x})\leqslant\varpi_2^2\overline{x}^{\mathrm{T}}(t)\overline{x}(t) \tag{6.24}$$

式中，$\varpi_1^2=\dfrac{1}{1-\varrho_1-\varrho_2}\left(\dfrac{1}{\varrho_1}|T_1|_2^2+\frac{1}{\varrho_2}|T_2|_2^2+|T_1^{\mathrm{T}}T_2|_2\right)$；$T_1'=T_1P\tilde{B}_{\mathrm{v}}(\tilde{B}_{\mathrm{v}}^{\mathrm{T}}P\tilde{B}_{\mathrm{v}})^{-1}$；$\varpi_2^2=\dfrac{1}{1-\varrho_1-\varrho_2}\left(\dfrac{1}{\varrho_1}|T_1'|_2^2+\frac{1}{\varrho_2}|T_2'|_2^2+|T_1'^{\mathrm{T}}T_2'|_2\right)$；$T_2'=T_2P\tilde{B}_{\mathrm{v}}(\tilde{B}_{\mathrm{v}}^{\mathrm{T}}P\tilde{B}_{\mathrm{v}})^{-1}$。

引理 6.2 如果$\mathcal{N}$、$\mathcal{N}^0$和μ分别满足式（6.10）、式（6.11）和引理 2.4，那么一定存在参数$\varpi>0$和$\kappa>0$，使得下式

$$\lambda_1=\varpi^2\lambda_{10} \tag{6.25}$$

$$\mu\in\left(\frac{\kappa}{\lambda_1},1\right) \tag{6.26}$$

成立，其中λ_1^0是矩阵$\mathcal{N}^0\mathcal{N}^{0\mathrm{T}}$的最小特征值。

引理 6.3 如果存在一个正标量$\hbar_2(t)$满足

$$\hbar_2(t)<\frac{(\mu\lambda_1-\kappa)|\sigma(t)|_1}{(\sqrt{3}(\lambda_2-\varsigma)+\lambda_1)|S|_1\varDelta_2} \tag{6.27}$$

那么下式一定成立：

$$|Se_{\hbar_2}|_1\leqslant|S|_1\varDelta_2\hbar_2(t)<\Upsilon|SH_{\hbar_2}(x)|_1 \tag{6.28}$$

证明 根据动态量化参数的定义（6.9），有

$$|Se_{\hbar_2}|_1\leqslant|S|_1\varDelta_2\hbar_2(t) \tag{6.29}$$

将式（6.27）左右两侧同时乘以$\left(\sqrt{3}(\lambda_2-\varsigma)+\lambda_1\right)|S|_1\varDelta_2$，式（6.27）变为

$$\left(\sqrt{3}(\lambda_2-\varsigma)+\lambda_1\right)|S|_1\varDelta_2\hbar_2(t)<(\mu\lambda_1-\kappa)|\sigma(t)|_1$$

由引理 6.2 中的式（6.26），可得$\lambda_1>\mu\lambda_1-\kappa$成立。进而，有

$$\left(\sqrt{3}(\lambda_2-\varsigma)+\mu\lambda_1-\kappa\right)|S|_1\varDelta_2\hbar_2(t)<(\mu\lambda_1-\kappa)|\sigma(t)|_1 \tag{6.30}$$

把式（6.30）左右两侧同时除以$\sqrt{3}(\lambda_2-\varsigma)$，可得

$$(1+\Upsilon)|S|_1\varDelta_2\hbar_2(t)<\Upsilon|\sigma(t)|_1$$

式中，$\Upsilon<(\mu\lambda_1+\kappa)/\sqrt{3}(\lambda_2+\varsigma)$。

将上式的左右两侧同时减去$\Upsilon|S|_1\varDelta_2\hbar_2(t)$，有

$$|S|_1\varDelta_2\hbar_2(t)<\Upsilon(|\sigma(t)|_1-|S|_1\varDelta_2\hbar_2(t))$$

考虑到三角形不等式关系$|a+b|\geqslant|a|-|b|,\forall a\in\mathbb{R},b\in\mathbb{R}$和式（6.9），有

$$|\sigma(t)|_1-|S|_1\varDelta_2\hbar_2(t)<|\sigma(t)|_1-|S|_1|e_{\hbar_2}|_1<|S(x+e_{\hbar_2})|_1$$

借助量化误差关系式$x(t)+e_{\hbar 2}=H_{\hbar 2}(x)$，有

$$|Se_{\hbar_2}|_1<\Upsilon|SH_{\hbar_2}(x)|_1 \tag{6.31}$$

结合式（6.29）和式（6.31），可得式（6.28）成立。

证毕。 □

注 6.2　式（6.27）给出了一种新的动态量化参数调节范围，该范围不仅与故障因子有关，还和时变时延参数的下界值有关系。另外，$\left|Se_{\hbar_2}\right|_1$、$|S|_1 \varDelta_2\hbar_2(t)$ 和 $\left|SH_{\hbar_2}(x)\right|_1$ 的关系由式（6.28）给出。虽然文献[113]和文献[114]已经针对不确定线性系统的动态量化参数调节策略给出了研究结果，但是当涉及 T-S 模糊船舶 DPS 和时变时延问题时，之前的结果就变得保守了。本章所设计的动态量化参数调节范围比文献[113]中的研究结果大 $\left(\sqrt{3}\varsigma(\mu\lambda_1-\kappa)\right)/\left(\left(\sqrt{3}(\lambda_2-\varsigma)+\lambda_1\right)\left(\sqrt{3}\lambda_2+\lambda_1\right)\right)$。并且，当 $\mu=1$ 和 $\varsigma=0$ 时，即为文献[114]中的范围。因此，从某种程度上来说，本章的设计更符合实际情况。

定理 6.2　对于带有未知隶属度函数的 T-S 模糊船舶 DPS（6.7），在满足假设 3.1、假设 3.2 和引理 6.1～引理 6.3 情况下，设计切换型量化滑模容错控制器为式（6.16）、切换函数为式（6.18）、自适应律为式（6.19）～式（6.21），那么在发生推进器故障、信号量化和时变时延的情况下，T-S 模糊船舶 DPS 是渐近稳定的，并且状态 $x(t)$ 能够到达带状区域

$$\aleph=\{x(t):|Sx(t)|_1\leqslant\frac{\sqrt{3}(\lambda_2-\varsigma)+\lambda_1}{\mu\lambda_1-\kappa}|S|_1\varDelta_2\hbar_2(t_0)(1+\varepsilon_0)\}$$

之后，在动态量化参数调节的作用下，最终趋于原点。

证明　针对 T-S 模糊船舶 DPS（6.7），选择李雅普诺夫函数为

$$V(t)=V_1(\sigma,x,t)+\sum_{j=1}^{m}\frac{\beta_j\tilde{\bar{u}}_{sj}^2(t)}{\gamma_{1j}}+\sum_{j=1}^{m}\frac{\tilde{\beta}_j^2(t)}{\gamma_{2j}}+\sum_{j=1}^{m}\frac{\tilde{\alpha}_j^2(t)}{\gamma_{3j}}$$

式中，$V_1(\sigma,x,t)=\sigma^{\mathrm{T}}(t)(SB_{\mathrm{v}})^{-1}\sigma(t)+\frac{1}{1-\varsigma}\int_{t-\tau(t)}^{t}x^{\mathrm{T}}(s)x(s)\mathrm{d}s$。

整个证明过程分为两步。

第一步：证明 T-S 模糊船舶 DPS（6.7）的状态轨迹将在切换型量化滑模容错控制器（6.16）的作用下进入到带状区域 $\aleph$。

沿着 T-S 模糊船舶 DPS（6.7），定义 $S_0=(SB_{\mathrm{v}})^{-1}S$，则 $V_1(\sigma,x,t)$ 的导数为

$$\begin{aligned}
&\dot{V}_1(\sigma,x,t)+z^{\mathrm{T}}(t)z(t)-\gamma_0^2\zeta^{\mathrm{T}}(t)\zeta(t)\\
&=\sum_{i=1}^{4}\rho_i(\theta(t))(2x^{\mathrm{T}}(t)S^{\mathrm{T}}S_0A_{1i}x(t)+2x^{\mathrm{T}}(t)S^{\mathrm{T}}S_0D_i\zeta(t)+2x^{\mathrm{T}}(t)S^{\mathrm{T}}S_0A_{2i}x(t-\tau(t)))\\
&\quad+\sum_{i=1}^{4}\rho_i(\theta(t))2x^{\mathrm{T}}(t)S^{\mathrm{T}}S_0F_if(t,x)+2x^{\mathrm{T}}(t)S^{\mathrm{T}}S_0B(\alpha u(t)+\beta u_{\mathrm{s}}(t))+\frac{1}{1-\varsigma}x^{\mathrm{T}}(t)x(t)\\
&\quad-\frac{1-\dot{\tau}(t)}{1-\varsigma}x^{\mathrm{T}}(t-\tau(t))x(t-\tau(t))-\gamma_0^2\zeta^{\mathrm{T}}(t)\zeta(t)+\sum_{i=1}^{4}\rho_i(\theta(t))x^{\mathrm{T}}(t)C_i^{\mathrm{T}}C_ix(t)
\end{aligned}$$

根据引理 6.1，$2x^{\mathrm{T}}(t)S^{\mathrm{T}}S_0F_if(t,x)\leqslant\varepsilon_0^{-2}x^{\mathrm{T}}(t)S^{\mathrm{T}}S_0F_iF_i^{\mathrm{T}}S_0^{\mathrm{T}}Sx(t)+\varepsilon_0^2\varpi^2x^{\mathrm{T}}(t)x(t)$ 成立。由于 $2x^{\mathrm{T}}(t)S^{\mathrm{T}}S_0A_{2i}x(t-\tau(t))\leqslant x^{\mathrm{T}}(t)S^{\mathrm{T}}S_0A_{2i}A_{2i}^{\mathrm{T}}S_0^{\mathrm{T}}Sx(t)+x^{\mathrm{T}}(t-\tau(t))x(t-\tau(t))$ 成立，可以得到

$$\begin{aligned}&\dot V_1(\sigma,x,t)+z^{\mathrm{T}}(t)z(t)-\gamma_0^2\zeta^{\mathrm{T}}(t)\zeta(t)\\&\leqslant\sum_{i=1}^4\rho_i(\theta(t))(x^{\mathrm{T}}(t)(S^{\mathrm{T}}S_0A_{1i}+A_{1i}^{\mathrm{T}}S_0^{\mathrm{T}}S)x(t)+x^{\mathrm{T}}(t)S^{\mathrm{T}}S_0A_{2i}A_{2i}^{\mathrm{T}}S_0^{\mathrm{T}}Sx(t)\\&\quad+x^{\mathrm{T}}(t-\tau(t))x(t-\tau(t))+\gamma_0^{-2}x^{\mathrm{T}}(t)S^{\mathrm{T}}S_0D_iD_i^{\mathrm{T}}S_0^{\mathrm{T}}Sx(t)\\&\quad+\gamma_0^2\zeta^{\mathrm{T}}(t)\zeta(t)+\varepsilon_0^{-2}x^{\mathrm{T}}(t)S^{\mathrm{T}}S_0F_iF_i^{\mathrm{T}}S_0^{\mathrm{T}}Sx(t)+\varepsilon_0^2\varpi^2x^{\mathrm{T}}(t)x(t))\\&\quad+2x^{\mathrm{T}}(t)S^{\mathrm{T}}S_0B(\alpha u(t)+\beta u_{\mathrm{s}}(t))-\gamma_0^2\zeta^{\mathrm{T}}(t)\zeta(t)+\frac{1}{1-\varsigma}x^{\mathrm{T}}(t)x(t)\\&\quad-\frac{1-\dot\tau(t)}{1-\varsigma}x^{\mathrm{T}}(t-\tau(t))x(t-\tau(t))+\sum_{i=1}^4\rho_i(\theta(t))x^{\mathrm{T}}(t)C_i^{\mathrm{T}}C_ix(t)\end{aligned}\tag{6.32}$$

结合切换型量化滑模容错控制器（6.16）和量化误差的定义（6.8）、(6.9)，有

$$\begin{aligned}&2x^{\mathrm{T}}(t)F^{\mathrm{T}}F_0B\alpha u(t)\\&=x^{\mathrm{T}}(t)P^{-1}\delta(t)(B\alpha X+X^{\mathrm{T}}\alpha B^{\mathrm{T}})P^{-1}x(t)+2x^{\mathrm{T}}(t)S^{\mathrm{T}}S_0B\alpha(\delta(t)Ke_{\hbar2}+\phi_2(t)+e_{\hbar1})\end{aligned}$$

式中，$P^{-1}=S^{\mathrm{T}}S_0$。

考虑到 $\sum_{i=1}^4\rho_i(\theta(t))=1$ 和 $\dot\tau(t)\leqslant\varsigma<1$，式（6.32）变为

$$\begin{aligned}&\dot V_1(\sigma,x,t)+z^{\mathrm{T}}(t)z(t)-\gamma_0^2\zeta^{\mathrm{T}}(t)\zeta(t)\\&\leqslant-x^{\mathrm{T}}(t)P^{-1}\sum_{i=1}^4\rho_i(\theta(t))\mathbb{W}_iP^{-1}x(t)+2x^{\mathrm{T}}(t)S^{\mathrm{T}}S_0B\beta u_{\mathrm{s}}(t)\\&\quad+2(\delta(t)-1)x^{\mathrm{T}}(t)P^{-1}\times B\alpha XP^{-1}x(t)+2x^{\mathrm{T}}(t)S^{\mathrm{T}}S_0B\alpha(\delta(t)Ke_{\hbar2}\\&\quad+\phi_2(t)+e_{\hbar1})\end{aligned}\tag{6.33}$$

式中，$-\mathbb{W}_i=A_{1i}P+PA_{1i}^{\mathrm{T}}+A_{2i}A_{2i}^{\mathrm{T}}+\left(\frac{1}{1-\varsigma}+\varepsilon_0^2\varpi^2\right)P^2+\gamma_0^{-2}D_iD_i^{\mathrm{T}}+\varepsilon_0^{-2}F_iF_i^{\mathrm{T}}+PC_i^{\mathrm{T}}C_iP+B\alpha X+X^{\mathrm{T}}\alpha B^{\mathrm{T}}$。

基于定理 6.1，可得 $\mathbb{W}_i>0$。由于动态量化误差的定义（5.4），式（6.33）变为

$$\begin{aligned}&\dot V_1(\sigma,x,t)+z^{\mathrm{T}}(t)z(t)-\gamma_0^2\zeta^{\mathrm{T}}(t)\zeta(t)\\&\leqslant-x^{\mathrm{T}}(t)Wx(t)+2(\delta(t)-1)x^{\mathrm{T}}(t)P^{-1}B\alpha XP^{-1}x(t)+2(SH_{\hbar2})^{\mathrm{T}}S_0B(\alpha\delta(t)Ke_{\hbar2}\\&\quad+\alpha\phi_2(t)+\alpha e_{\hbar1}+\beta u_{\mathrm{s}}(t))-2(Se_{\hbar2})^{\mathrm{T}}S_0B(\alpha\phi_2(t)+\alpha e_{\hbar1}+\alpha\delta(t)Ke_{\hbar2}+\beta u_{\mathrm{s}}(t))\end{aligned}$$

式中，$W=P^{-1}\sum_{i=1}^4\rho_i\big(\theta(t)\big)\mathbb{W}_iP^{-1}$。

根据引理 2.6，上式变为

$$\begin{aligned}&\dot{V}_1(\sigma,x,t)+z^{\mathrm{T}}(t)z(t)-\gamma_0^2\zeta^{\mathrm{T}}(t)\zeta(t)\\&\leqslant-\lambda_{\min}(W)|x(t)|_2^2+2(\delta(t)-1)x^{\mathrm{T}}(t)P^{-1}B\alpha XP^{-1}x(t)\\&\quad+2(SH_{\hbar2})^{\mathrm{T}}S_0B(\alpha\phi_2(t)+\beta u_{\mathrm{s}}(t))+2|Se_{\hbar2}|_1(|S_0B\alpha\delta(t)Ke_{\hbar2}|_\infty\\&\quad+|S_0B\alpha\phi_2(t)|_\infty+|S_0B\beta u_{\mathrm{s}}(t)|_1+|S_0B\alpha e_{\hbar1}|_\infty)+|S_0B\alpha e_{\hbar1}|_\infty\\&\quad+2|SH_{\hbar2}|_1(|S_0B\alpha\delta(t)Ke_{\hbar2}|_\infty)\end{aligned}\tag{6.34}$$

由于推进器时变卡死和满舵故障 $u_{\mathrm{s}}(t)$ 的有界性，可得

$$(SH_{\hbar_2})^{\mathrm{T}}S_0B\beta u_{\mathrm{s}}(t)=\sum_{j=1}^{m}(SH_{\hbar_2})^{\mathrm{T}}\mathcal{N}_j\beta_ju_{\mathrm{s}j}(t)\leqslant\sum_{j=1}^{m}|SH_{\hbar_2}|_1|\mathcal{N}_j|_1\beta_j\bar{u}_{\mathrm{s}j}\tag{6.35}$$

将式（6.35）代入式（6.34），式（6.34）变为

$$\begin{aligned}&\dot{V}_1(\sigma,x,t)+z^{\mathrm{T}}(t)z(t)-\gamma_0^2\zeta^{\mathrm{T}}(t)\zeta(t)\\&\leqslant-\lambda_{\min}(W)|x(t)|_2^2+2\sum_{j=1}^{m}|SH_{\hbar2}(x)|_1|\mathcal{N}_j|_1\beta_j\bar{u}_{\mathrm{s}j}+2(SH_{\hbar2}(x))^{\mathrm{T}}S_0B\alpha\phi_2(t)\\&\quad+2\sum_{j=1}^{m}|Se_{\hbar2}|_1|\mathcal{N}_j|_1\beta_j\bar{u}_{\mathrm{s}j}+2|SH_{\hbar2}(x)|_1(|S_0B\alpha e_{\hbar1}|_\infty+|S_0B\alpha\delta(t)Ke_{\hbar2}|_\infty)\\&\quad+2|Se_{\hbar2}|_1(|S_0B\alpha\phi_2(t)|_\infty+|S_0B\alpha\delta(t)Ke_{\hbar2}|_\infty+|S_0B\alpha e_{\hbar1}|_\infty)+2(\delta(t)-1)\\&\quad\times x^{\mathrm{T}}(t)P^{-1}B\alpha XP^{-1}x(t)\end{aligned}$$

结合引理 6.3，有

$$\begin{aligned}&\dot{V}_1(\sigma,x,t)+z^{\mathrm{T}}(t)z(t)-\gamma_0^2\zeta^{\mathrm{T}}(t)\zeta(t)\\&\leqslant-\lambda_{\min}(W)|x(t)|_2^2+2(SH_{\hbar2}(x))^{\mathrm{T}}S_0B\alpha\phi_2(t)+2\Upsilon|SH_{\hbar2}|_1|\mathcal{N}\alpha\phi_2(t)|_\infty\\&\quad+2(1+\Upsilon)(|S_0B\alpha e_{\hbar1}|_\infty+\sum_{j=1}^{m}|\mathcal{N}_j|_1\beta_j\bar{u}_{\mathrm{s}j}+|S_0B\alpha\delta(t)Ke_{\hbar2}|_\infty)|SH_{\hbar2}(x)|_1\\&\quad+2(\delta(t)-1)x^{\mathrm{T}}(t)P^{-1}B\alpha XP^{-1}x(t)\end{aligned}\tag{6.36}$$

如果设计切换型量化滑模容错控制器为式（6.16），再根据引理 2.4 和引理 2.5，有

$$\begin{aligned}(SH_{\hbar_2}(x))^{\mathrm{T}}S_0B\alpha\phi_2(t)&=-(SH_{\hbar_2}(x))^{\mathrm{T}}\mathcal{N}\alpha\eta(t)\mathcal{N}^{\mathrm{T}}\mathrm{sgn}(SH_{\hbar_2}(x))\\&\leqslant-\mu\lambda_1\eta(t)|SH_{\hbar_2}(x)|_1\end{aligned}\tag{6.37}$$

基于引理 2.4 的证明，很容易得到 $\mathcal{N}\mathcal{N}^{\mathrm{T}}$ 和 $\mathcal{N}\alpha\mathcal{N}^{\mathrm{T}}$ 是正定矩阵。考虑到关系式 $\alpha\leqslant I$、矩阵 $\mathcal{L}_2$ 范数与矩阵 $\mathcal{L}_\infty$ 范数的大小关系和不等式 $\dot{\tau}(t)\leqslant\varsigma<1$，不难得到

$$\begin{aligned}|\mathcal{N}\alpha\phi_2(t)|_\infty&=|-\mathcal{N}\alpha\eta(t)\mathcal{N}^{\mathrm{T}}\mathrm{sgn}(FH_{\hbar2}(x)|_\infty\\&\leqslant\sqrt{3}\eta(t)(\lambda_2+\varsigma)\end{aligned}\tag{6.38}$$

把式（6.37）和式（6.38）代入式（6.36），可得

$$\begin{aligned}&\dot{V}_1(\sigma,x,t)+z^{\mathrm{T}}(t)z(t)-\gamma_0^2\zeta^{\mathrm{T}}(t)\zeta(t)\\&\leqslant-\lambda_{\min}(W)|x(t)|_2^2-2(\kappa+\varsigma)\eta(t)|SH_{\hbar_2}(x)|_1+2(1+\Upsilon)|SH_{\hbar_2}(x)|_1(\sum_{j=1}^{m}|\mathcal{N}_j|_1\beta_j\bar{u}_{\mathrm{s}j}\\&\quad+|S_0B\alpha\delta(t)Ke_{\hbar_2}|_\infty+|S_0B\alpha e_{\hbar_1}|_\infty)+2(\delta(t)-1)x^{\mathrm{T}}(t)P^{-1}B\alpha XP^{-1}x(t)\end{aligned}$$

考虑到量化误差 $e_{\hbar_1}$ 和 $e_{\hbar_2}$ 的影响，上式变为

$$\dot{V}_1(\sigma,x,t)+z^{\mathrm{T}}(t)z(t)-\gamma_0^2\zeta^{\mathrm{T}}(t)\zeta(t)$$
$$\leqslant -\lambda_{\min}(W)|x(t)|_2^2-2(\kappa+\varsigma)\eta(t)|SH_{\hbar_2}(x)|_1+2(1+\Upsilon)|SH_{\hbar_2}(x)|_1(|S_0B\alpha\delta(t)K|_\infty$$
$$\times\Delta_2\hbar_2+|S_0B\alpha|_\infty\Delta_1\hbar_1+\sum_{j=1}^{m}|\mathcal{N}_j|_1\beta_j\bar{u}_{sj})+2(\delta(t)-1)x^{\mathrm{T}}(t)P^{-1}B\alpha XP^{-1}x(t)$$

如果设计自适应参数估计误差为式（6.22），有

$$\dot{V}_1(\sigma,x,t)+z^{\mathrm{T}}(t)z(t)-\gamma_0^2\zeta^{\mathrm{T}}(t)\zeta(t)$$
$$\leqslant -\lambda_{\min}(W)|x(t)|_2^2-2(\kappa+\varsigma)\eta(t)|SH_{\hbar 2}(x)|_1+2(\delta(t)-1)\sum_{j=1}^{m}(x^{\mathrm{T}}(t)P^{-1}B)_{j*}$$
$$\times(\hat{\alpha}_j(t)-\tilde{\alpha}_j(t))(XP^{-1}x(t))_{j\cdot}+2(1+\Upsilon)|SH_{\hbar 2}(x)|_1(|S_0B\alpha\delta(t)K|_\infty\Delta_2\hbar_2$$
$$+|S_0B\alpha|_\infty\Delta_1\hbar_1)+2(1+\Upsilon)|SH_{\hbar 2}(x)|_1\sum_{j=1}^{m}|\mathcal{N}_j|_1(\hat{\beta}_j-\tilde{\beta}_j-\beta_j)\hat{\bar{u}}_{sj}$$

选择 $\eta(t)$ 为式（6.17），有

$$\dot{V}_1(\sigma,x,t)+z^{\mathrm{T}}(t)z(t)-\gamma_0^2\zeta^{\mathrm{T}}(t)\zeta(t)$$
$$\leqslant -\lambda_{\min}(W)|x(t)|_2^2+2(\delta(t)-1)\sum_{j=1}^{m}(x^{\mathrm{T}}(t)P^{-1}B)_{j*}(\hat{\alpha}_j(t)-\tilde{\alpha}_j(t))(XP^{-1}x(t))_{j\cdot}$$
$$-2(1+\Upsilon)|SH_{\hbar_2}(x)|_1(\varepsilon+\sum_{j=1}^{m}|\mathcal{N}_j|_1(\tilde{\beta}_j(t)\hat{\bar{u}}_{sj}(t)+\beta_j\tilde{\bar{u}}_{sj}(t)))\qquad(6.39)$$

利用自适应律（6.19）～（6.21），式（6.39）变为

$$\dot{V}(t)+z^{\mathrm{T}}(t)z(t)-\gamma_0^2\zeta^{\mathrm{T}}(t)\zeta(t)$$
$$\leqslant -\lambda_{\min}(W)|x(t)|_2^2-2(1+\Upsilon)\varepsilon|SH_{\hbar_2}(x)|_1+2(\delta(t)-1)\Lambda$$

式中，$\Lambda=\sum_{j=1}^{m}(x^{\mathrm{T}}(t)P^{-1}B)_{j*}\hat{\alpha}_j(t)(XP^{-1}x(t))_{j\cdot}$。

借助不等关系式 $|a+b|_1\leqslant|a|_1+|b|_1,\forall a\in\mathbb{R},\forall b\in\mathbb{R}$ 和引理 6.3，有

$$|SH_{\hbar 2}(x)|_1\geqslant\frac{\sqrt{3}(\lambda_2-\varsigma)}{\sqrt{3}(\lambda_2-\varsigma)+\mu\lambda_1-\kappa}|Sx|_1$$

进一步，由于 $|Sx|_1\geqslant|Sx|_2=|\sigma(x)|_2$，可得

$$\dot{V}(t)+z^{\mathrm{T}}(t)z(t)-\gamma_0^2\zeta^{\mathrm{T}}(t)\zeta(t)$$
$$\leqslant -\lambda_{\min}(W)|x(t)|_2^2-2\varepsilon|\sigma(x)|_2+2(\delta(t)-1)\Lambda\qquad(6.40)$$

由上式可得，一定存在一个常数 $k_0>0$，使得下式成立：

$$0\leqslant k_0|\tilde{x}(t)|_1\leqslant V(\tilde{x}(t))$$

式中，$\tilde{x}(t)=[\sigma^{\mathrm{T}}(t)\quad x^{\mathrm{T}}(t)\quad \tilde{\bar{u}}_s^{\mathrm{T}}(t)\quad \tilde{\beta}^{\mathrm{T}}(t)\quad \tilde{\alpha}^{\mathrm{T}}(t)]^{\mathrm{T}}$。从而，有

$$V(\tilde{x}(t))$$
$$\leqslant V(\tilde{x}(t_0))-2\int_{t_0}^{t}\lambda_{\min}(w)\|x(s)\|^2\mathrm{d}s-2\int_{t_0}^{t}z^{\mathrm{T}}(s)z(s)\mathrm{d}s-2\int_{t_0}^{t}2\epsilon\|\sigma(s)\|\mathrm{d}s$$
$$+2\int_{t_0}^{t}(\delta-1)\Lambda\mathrm{d}s+2\int_{t_0}^{t}\zeta^{\mathrm{T}}(s)\zeta(s)\mathrm{d}s$$

因为$\zeta(t)\in\mathcal{L}_2$，从上式不难得到，T-S 模糊船舶 DPS（6.7）和自适应参数误差系统（6.22）的解是一致有界的。

将式（6.40）从 0 到∞积分，有

$$V(\infty)-V(0)+\int_0^\infty z^{\mathrm{T}}(t)z(t)\mathrm{d}t\leqslant\gamma_0^2\int_0^\infty\zeta^{\mathrm{T}}(t)\zeta(t)\mathrm{d}t$$

进一步，可得

$$\int_0^\infty z^{\mathrm{T}}(t)z(t)\mathrm{d}t\leqslant\gamma_0^2\int_0^\infty\zeta^{\mathrm{T}}(t)\zeta(t)\mathrm{d}t+V_1(\sigma(0),x(0))+\sum_{j=1}^m\frac{\beta_j\tilde{\bar{u}}_{sj}^2(0)}{\gamma_{1j}}+\sum_{j=1}^m\frac{\tilde{\beta}_j^2(0)}{\gamma_{2j}}+\sum_{j=1}^m\frac{\tilde{\alpha}_j^2(0)}{\gamma_{3j}}$$

当$t\to\infty$时，可得

$$\lim_{t\to\infty}\int_0^t\bar{\zeta}(s)\mathrm{d}s\leqslant V(0)-V(\infty)-\int_0^\infty z^{\mathrm{T}}(s)z(s)\mathrm{d}s+\gamma_0^2\int_0^\infty\zeta^{\mathrm{T}}(s)\zeta(s)\mathrm{d}s$$

式中，$\bar{\zeta}(t)=2\varepsilon\,|\,\sigma(x)|_2-2(\delta(t)-1)\Lambda$。

因为$V_1\left(\sigma(0),x(0)+\sum_{j=1}^m\frac{\beta_j\tilde{\bar{u}}_{sj}^2(0)}{\gamma_{1j}}+\sum_{j=1}^m\frac{\tilde{\beta}_j^2(0)}{\gamma_{2j}}+\sum_{j=1}^m\frac{\tilde{\alpha}_j^2(0)}{\gamma_{3j}}\right)>0$成立，所以 T-S 模糊船舶 DPS（6.7）的次优H_∞性能指标不大于γ_0。另外，由于$\sigma(t)\in\mathcal{L}_2\cap\mathcal{L}_\infty$，并在引理 2.7 和引理 6.3 的限制下，T-S 模糊船舶 DPS（6.7）的状态轨迹会进入到带状区域$\aleph=\{x:|Sx|_1\leqslant\frac{\sqrt{3}(\lambda_2-\varsigma)+\lambda_1}{\mu\lambda_1-\kappa}|S|_1\,\Delta_2\hbar_2(t_0)(1+\varepsilon_0)\}$。

第二步：证明带状区域$\aleph$内的状态将在动态量化参数调节策略的作用下最终趋于原点。

一旦 T-S 模糊船舶 DPS（6.7）的状态轨迹进入到带状区域$\aleph$，可得

$$\sigma(x)=Sx(t)=\varnothing(t)\Omega\,|\,S\,|_1\,\Delta_2\hbar_2(t_0)(1+\varepsilon_0)\tag{6.41}$$

式中，$0<\varnothing(t)<1$；$\Omega=(\sqrt{3}(\lambda_2-\varsigma)+\lambda_1)/(\mu\lambda_1-\kappa)$。

结合式（6.14）和式（6.41），有

$$\begin{cases}\dot{\bar{x}}_1(t)=\sum_{i=1}^4\rho_i(\theta(t))\big(\bar{A}_{111i}\bar{x}_1(t)+\bar{A}_{211i}\bar{x}_1(t-\tau(t))+\bar{D}_{1i}\zeta(t)\\\qquad+F_{1i}f(t,\bar{x})+\bar{A}_{112i}\varnothing(t)\times\Omega\,|\,S\,|_1\,\Delta_2\hbar_2(t_0)(1+\varepsilon_0)\\\qquad+\bar{A}_{212i}\varnothing(t)\Omega\,|\,S\,|_1\,\Delta_2\hbar_2(t_0)(1+\varepsilon_0)\big)\\z(t)=\sum_{i=1}^4\rho_i(\theta(t))\big(\bar{C}_{2i}\varnothing(t)\Omega\,|\,S\,|_1\,\Delta_2\hbar_2(t_0)(1+\varepsilon_0)+\bar{C}_{1i}\bar{x}_1(t)\big)\end{cases}\tag{6.42}$$

针对系统（6.42），选择李雅普诺夫预选函数为

$$V_2(t)=\bar{x}_1^{\mathrm{T}}(t)P_0^{-1}\bar{x}_1(t)+\frac{1}{1-\varsigma}\int_{t-\tau(t)}^t\bar{x}_1^{\mathrm{T}}(s)Q_0^{-1}\bar{x}_1(S)\mathrm{d}s$$

沿着系统（6.42），$V_2(t)$的导数为

$$\begin{aligned}
&\dot{V}_2(t)+z^{\mathrm{T}}(t)z(t)-\gamma_0^2\zeta^{\mathrm{T}}(t)\zeta(t)\\
&=\sum_{i=1}^{4}\rho_i(\theta(t))2\bar{x}_1^{\mathrm{T}}(t)P_0^{-1}(\bar{A}_{111i}\bar{x}_1(t)+\bar{D}_{1i}\zeta(t)+F_{1i}f(t,\bar{x})+\bar{A}_{211i}\bar{x}_1(t-\tau(t))\\
&\quad+\bar{A}_{112i}\varnothing(t)\Omega|S|_1\varDelta_2\hbar_2(t_0)(1+\varepsilon_0)+\bar{A}_{212i}\varnothing(t)\Omega|S|_1\varDelta_2\hbar_2(t_0)(1+\varepsilon_0))\\
&\quad-\frac{1-\dot{\tau}(t)}{1-\varsigma}\bar{x}_1^{\mathrm{T}}(t-\tau(t))Q_0\bar{x}_1(t-\tau(t))+\frac{1}{1-\varsigma}\bar{x}_1^{\mathrm{T}}(t)Q_0\bar{x}_1(t)-\gamma_0^2\zeta^{\mathrm{T}}(t)\zeta(t)\\
&\quad+\sum_{i=1}^{4}\rho_i(\theta(t))((\varnothing(t)\Omega|S|_1\varDelta_2\hbar_2(t_0)(1+\varepsilon_0))^2\bar{C}_{2i}^{\mathrm{T}}\bar{C}_{2i}+\bar{x}_1^{\mathrm{T}}(t)\bar{C}_{1i}^{\mathrm{T}}\bar{C}_{1i}\bar{x}_1(t))
\end{aligned}\tag{6.43}$$

由于 $2\bar{x}_1^{\mathrm{T}}(t)P_0^{-1}\bar{A}_{211i}\bar{x}_1(t-\tau(t))\leqslant\bar{x}_1^{\mathrm{T}}(t)P_0^{-1}\bar{A}_{211i}Q_0^{-1}\bar{A}_{211i}^{\mathrm{T}}P_0^{-1}\bar{x}_1(t)+\bar{x}_1^{\mathrm{T}}(t-\tau(t))Q_0\bar{x}_1\cdot(t-\tau(t))$，$2\bar{x}_1^{\mathrm{T}}(t)P_0^{-1}F_{1i}f(t,\bar{x})\leqslant\varepsilon_0^{-2}\bar{x}_1^{\mathrm{T}}(t)P_0^{-1}F_{1i}F_{1i}^{\mathrm{T}}P_0^{-1}\bar{x}_1(t)+\varepsilon_0^2\varpi_2^2\bar{x}_1^{\mathrm{T}}(t)\bar{x}_1(t)$ 和 $2\bar{x}_1^{\mathrm{T}}(t)\cdot P_0^{-1}\bar{D}_{1i}\zeta(t)\leqslant\gamma_0^{-2}\times\bar{x}_1^{\mathrm{T}}(t)P_0^{-1}\bar{D}_{1i}\bar{D}_{1i}^{\mathrm{T}}P_0^{-1}\bar{x}_1(t)+\gamma_0^2\zeta^{\mathrm{T}}(t)\zeta(t)$ 成立，式（6.43）变为

$$\begin{aligned}
&\dot{V}_2(t)+z^{\mathrm{T}}(t)z(t)-\gamma_0^2\zeta^{\mathrm{T}}(t)\zeta(t)\\
&\leqslant\sum_{i=1}^{4}\rho_i(\theta(t))(\bar{x}_1^{\mathrm{T}}(t)(P_0^{-1}\bar{A}_{111i}+\bar{A}_{111i}^{\mathrm{T}}P_0^{-1})\bar{x}_1(t)\\
&\quad+2\bar{x}_1^{\mathrm{T}}(t)P_0^{-1}\bar{A}_{112i}\varnothing(t)\Omega|S|_1\varDelta_2\hbar_2(t_0)(1+\varepsilon_0)\\
&\quad+\bar{x}_1^{\mathrm{T}}(t)P_0^{-1}\bar{A}_{211i}Q_0^{-1}\bar{A}_{211i}^{\mathrm{T}}P_0^{-1}\bar{x}_1(t)+\bar{x}_1^{\mathrm{T}}(t-\tau(t))Q_0\bar{x}_1(t-\tau(t))\\
&\quad+2x_1^{\mathrm{T}}(t)P_0^{-1}\bar{A}_{212i}\varnothing(t)\Omega|S|_1\varDelta_2\times\hbar_2(t_0)(1+\varepsilon_0)\\
&\quad+\gamma_0^{-2}\bar{x}_1^{\mathrm{T}}(t)P_0^{-1}\bar{D}_{1i}\bar{D}_{1i}^{\mathrm{T}}P_0^{-1}\bar{x}_1(t)+\varepsilon_0^{-2}\bar{x}_1^{\mathrm{T}}(t)P_0^{-1}F_{1i}F_{1i}^{\mathrm{T}}P_0^{-1}\bar{x}_1(t)\\
&\quad+\varepsilon_0^2\varpi_2^2\bar{x}_1^{\mathrm{T}}(t)\bar{x}_1(t)+\gamma_0^2\zeta^{\mathrm{T}}(t)\zeta(t))+\frac{1}{1-\varsigma}\bar{x}_1^{\mathrm{T}}(t)Q_0\bar{x}_1(t)\\
&\quad-\gamma_0^2\zeta^{\mathrm{T}}(t)\zeta(t)-\frac{1-\dot{\tau}(t)}{1-\varsigma}\bar{x}_1^{\mathrm{T}}(t-\tau(t))Q_0\bar{x}_1(t-\tau(t))\\
&\quad+\sum_{i=1}^{4}\rho_i(\theta(t))(\bar{x}_1^{\mathrm{T}}(t)\bar{C}_{1i}^{\mathrm{T}}\bar{C}_{1i}\bar{x}_1(t)+(\varnothing(t)\Omega|S|_1\varDelta_2\hbar_2(t_0)(1+\varepsilon_0))^2\bar{C}_{2i}^{\mathrm{T}}\bar{C}_{2i})
\end{aligned}$$

考虑到 $\sum_{i=1}^{4}\rho_i(\theta(t))=1$ 和 $\dot{\tau}(t)\leqslant\varsigma<1$，上式变为

$$\begin{aligned}
&\dot{V}_2(t)+z^{\mathrm{T}}(t)z(t)-\gamma_0^2\zeta^{\mathrm{T}}(t)\zeta(t)\\
&\leqslant\bar{x}_1^{\mathrm{T}}(t)P_0^{-1}\sum_{i=1}^{4}\rho_i(\theta(t))(\gamma_0^{-2}\bar{D}_{1i}\bar{D}_{1i}^{\mathrm{T}}+\varepsilon_0^{-2}F_{1i}F_{1i}^{\mathrm{T}}+\bar{A}_{111i}P_0+P_0\bar{A}_{111i}^{\mathrm{T}}\\
&\quad+\left(\frac{1}{1-\varsigma}+\varepsilon_0^2\varpi_2^2\right)P_0Q_0P_0+\bar{A}_{211i}Q_0^{-1}\bar{A}_{211i}^{\mathrm{T}}+P_0\bar{C}_{1i}^{\mathrm{T}}\bar{C}_{1i}P_0)P_0^{-1}\bar{x}_1(t)\\
&\quad+\sum_{i=1}^{4}\rho_i(\theta(t))((\varnothing(t)\Omega|S|_1\varDelta_2\hbar_2(t_0)(1+\varepsilon_0))^2\bar{C}_{2i}^{\mathrm{T}}\bar{C}_{2i}\\
&\quad+2\bar{x}_1^{\mathrm{T}}(t)P_0^{-1}\bar{A}_{112i}\varnothing(t)\Omega|S|_1\varDelta_2\hbar_2(t_0)(1+\varepsilon_0)\\
&\quad+2x_1^{\mathrm{T}}(t)P_0^{-1}\bar{A}_{212i}\varnothing(t)\Omega|S|_1\varDelta_2\hbar_2(t_0)(1+\varepsilon_0))
\end{aligned}$$

通过引理 6.1 的证明过程，可以看出，$\sum_{i=1}^{4}\rho_i(\theta(t))(\bar{A}_{111i}P_0+P_0\bar{A}_{111i}^{\mathrm{T}}+\bar{A}_{211i}Q_0^{-1}\bar{A}_{211i}^{\mathrm{T}}+\gamma_0^{-2}\times\bar{D}_{1i}\bar{D}_{1i}^{\mathrm{T}}+\left(\frac{1}{1-\varsigma}+\varepsilon_0^2\varpi_2^2\right)P_0Q_0P_0+\varepsilon_0^{-2}F_{1i}F_{1i}^{\mathrm{T}}+P_0\bar{C}_{1i}^{\mathrm{T}}\bar{C}_{1i}P_0)=-\mathbb{W}_0<0$。经过简单的整理，有

$$\begin{aligned}&\dot{V}_2(t)+z^{\mathrm{T}}(t)z(t)-\gamma_0^2\zeta^{\mathrm{T}}(t)\zeta(t)\\&\leqslant-\lambda_{\min}(W_0)|\bar{x}_1(t)|_2^2+2\sum_{i=1}^{4}\rho_i(\theta(t))|\bar{x}_1(t)|_2(|P_0^{-1}\bar{A}_{112i}|_2+|P_0^{-1}\bar{A}_{212i}|_2)\varnothing(t)\Omega|S|_1\\&\quad\times\Delta_2\hbar_2(t_0)(1+\varepsilon_0)+\sum_{i=1}^{4}\rho_i(\theta(t))((\varnothing(t)\Omega|S|_1\Delta_2\hbar_2(t_0)(1+\varepsilon_0))^2\bar{C}_{2i}^{\mathrm{T}}\bar{C}_{2i}\end{aligned}$$

式中，$W_0=P_0^{-1}\mathbb{W}_0P_0^{-1}$。

当$t'>t_0$，$\bar{x}_1(t)$将会进入到

$$\mathfrak{R}=\left\{\bar{x}_1(t'):\left|\bar{x}_1(t')\right|_2\leqslant\frac{H_2}{\lambda_{\min}(W_0)}\varnothing(t)\frac{\sqrt{3}(\lambda_2+\kappa)+\lambda_1}{\mu\lambda_1-\kappa-\varsigma}|S|_1\Delta_2\hbar_2(t_0)(1+\varepsilon_0)(1+\varepsilon_1)\right\}$$

式中，

$$H_2=\sum_{i=1}^{4}\rho_i(\theta(t))\left(|P_0^{-1}\bar{A}_{112i}|_2+|P_0^{-1}\bar{A}_{212i}|_2+\sqrt{(|P_0^{-1}\bar{A}_{112i}|_2+|P_0^{-1}\bar{A}_{212i}|_2)^2+\lambda_{\min}(W_0)\bar{C}_{2i}^{\mathrm{T}}\bar{C}_{2i}}\right)$$

由于$0<\varnothing(t)<1$，可得$|\sigma(\mathrm{t})|_2=|\varnothing(t)\Omega|S|_1\Delta_2\hbar_2(t_0)(1+\varepsilon_0)|_2\leqslant\Omega|S|_1\Delta_2\hbar_2(t_0)\cdot(1+\varepsilon_0)$。

进而，有

$$\begin{aligned}&|\bar{x}_1(t)|_2\\&=(\bar{x}_1^{\mathrm{T}}(t)\bar{x}_1(t)+\sigma^{\mathrm{T}}(t)\sigma(t))^{\frac{1}{2}}\\&\leqslant|\bar{x}_1(t)|_2+|\sigma(t)|_2\\&\leqslant\frac{H_2}{\lambda_{\min}(W_0)}\varnothing(t)\Omega|S|_1\Delta_2\hbar_2(t_0)(1+\varepsilon_0)(1+\varepsilon_1)+\Omega|S|_1\Delta_2\hbar_2(t_0)(1+\varepsilon_0)\\&\leqslant\Omega|F|_1\Delta_2\hbar_2(t_0)(1+\varepsilon_0)\left(\frac{H_2}{\lambda_{\min}(W_0)}\varnothing(t)(1+\varepsilon_1)+1\right)\end{aligned}$$

定义$\mho=\Omega|S|_1(1+\varepsilon_0)\left(\frac{H_2}{\lambda_{\min}(W_0)}\varnothing(t)(1+\varepsilon_1)+1\right)$，可得以下不等式：

$$|\bar{x}_1(t)|_2\leqslant\mho\Delta_2\hbar_2(t_0),\quad t>t'>t_0$$

进而，可得

$$|H_{\hbar2(t_0)}(x)|_2\leqslant|x(t)|_2+|e_{\hbar2}|_2\leqslant|T^{-1}|_2\mho\Delta_2\hbar_2(t_0)+\Delta_2\hbar_2(t_0)$$

即

$$\left|H\left(\frac{x(t)}{\hbar_2(t_0)}\right)\right|_2 \leqslant \left|T^{-1}\right|_2 \mho \Delta_2 + \Delta_2$$

因为可在通信信道两侧得到$\left|H\left(\frac{x(t)}{\hbar_2(t_0)}\right)\right|$，所以不难得到

$$|x(t)|_2 \leqslant \left|T^{-1}\right|_2 \mho \Delta_2 \hbar_2 + \Delta_2 \hbar_2$$

通过定义$\mathfrak{I} = \left(\left|T^{-1}\right|_2 \mho + 2\right)\Delta_2$，有

$$|e(t)|_2 \leqslant \mathfrak{I}\hbar_2(t_0), \quad t > t' > t_0$$

此时，说明带状区域$\aleph$的状态进入到球域$\wp$。

现在，开始进行动态量化参数调节策略。定义$\hbar_2(t_i) = \Diamond^i \hbar_2(t_0)$，其中$t_i > t_0 = 0$，$\frac{1}{\mathfrak{I}} < \Diamond < 1$，当 DP 船舶系统状态进入到球域$\wp = \{e(t): |e(t)|_2 \leqslant \wp\hbar_2(t_0)\}$之后，随着$i$不断增大，$\Diamond^i$不断变小，$\hbar_2(t_i)$不断减小，最终系统状态会趋于原点，进而可得$|\sigma(e(t))|_1 \to 0$。

证毕。 □

注 6.3 在传统量化滑模控制的设计中，隶属度函数是已知的且可用的。然而，当隶属度函数未知时，文献[100]中的策略可能会失败，并且隶属度函数未知在一定程度上会增加控制器设计的难度。受文献[123]～[125]中切换机制方法的启发，本章针对 T-S 模糊船舶时变时延 DPS 设计了一种新型的切换型量化滑模容错控制器。为了处理未知的隶属度函数，引入切换机制，以确保带有未知隶属度函数的 T-S 模糊船舶 DPS 的渐近稳定。这是在存在推进器故障、信号量化和时变时延的情况下，为带有未知隶属度函数的 T-S 模糊船舶 DPS 设计 DP 控制器。

6.4 仿真算例

为了验证本章所设计的切换型量化滑模容错控制器的有效性，通过一艘典型的浮生船进行仿真，其相关的参数见 3.2.3 节。

不失一般性，选择

$$A_{21} = \begin{bmatrix} 0.0000 & 0.0000 & 0.0000 & 0.0000 & 0.0000 & 0.0159 \\ 0.0000 & 0.0189 & 0.0000 & 0.0000 & 0.0000 & 0.0000 \\ 0.0000 & 0.0000 & 0.0000 & 0.0000 & 0.0000 & 0.0560 \\ 0.0000 & 0.0000 & 0.0000 & -0.0510 & 0.0000 & 0.0000 \\ 0.0000 & 0.0120 & 0.0000 & 0.0000 & 0.0000 & 0.0650 \\ -0.0110 & 0.0000 & 0.0000 & 0.0360 & 0.0000 & 0.0000 \end{bmatrix}$$

$$A_{22}=\begin{bmatrix}0.0000 & 0.0360 & 0.0000 & 0.0000 & 0.0000 & 0.0000\\ 0.0000 & 0.0000 & 0.0000 & 0.0000 & 0.0000 & 0.0238\\ 0.0000 & 0.0000 & -0.0170 & 0.0000 & 0.0000 & 0.0000\\ 0.0680 & 0.0000 & 0.0000 & 0.0230 & 0.0000 & 0.0000\\ 0.0000 & 0.0000 & 0.0000 & 0.0000 & 0.0000 & 0.0950\\ -0.0560 & 0.0000 & 0.0000 & 0.0350 & 0.0000 & 0.0000\end{bmatrix}$$

$$A_{23}=\begin{bmatrix}0.0000 & 0.0160 & 0.0000 & 0.0000 & 0.0000 & 0.0000\\ 0.0000 & 0.0000 & 0.0010 & 0.0000 & 0.0000 & 0.0238\\ 0.0000 & 0.0000 & 0.0236 & 0.0000 & 0.0000 & 0.0000\\ -0.0900 & 0.0000 & 0.0000 & 0.0230 & 0.0000 & 0.0000\\ 0.0000 & 0.0000 & 0.0000 & -0.0555 & 0.0000 & 0.0000\\ 0.0348 & 0.0000 & 0.0000 & 0.0956 & 0.0000 & 0.0689\end{bmatrix}$$

$$A_{24}=\begin{bmatrix}0.0000 & 0.0000 & -0.0300 & 0.0000 & 0.0000 & -0.0200\\ 0.0000 & 0.0000 & 0.0000 & 0.0591 & 0.0000 & 0.0000\\ 0.0020 & 0.0000 & 0.0000 & 0.0000 & 0.0349 & 0.0000\\ 0.0000 & -0.0036 & 0.0000 & 0.0000 & 0.0000 & 0.0159\\ 0.0000 & 0.0000 & 0.0000 & -0.0210 & 0.0000 & 0.0958\\ -0.0090 & 0.0000 & 0.0000 & 0.0000 & 0.0359 & 0.0000\end{bmatrix}$$

本章中的海洋扰动 $\zeta(t)$ 为

$$\begin{cases}\zeta_1(t)=0.27\mathbb{M}_1(s)\mathbb{N}_1(t)\mathbb{N}_2(t)\\ \zeta_2(t)=-0.6\cos(1.6t)\mathrm{e}^{-0.12t}\\ \zeta_3(t)=0.58\mathbb{M}_2(s)\mathbb{N}_3(t)\mathbb{N}_4(t)\end{cases}$$

式中，整形滤波器 $\mathbb{M}_1(s)=K_{\zeta 1}s/(s^2+2\epsilon_1\varrho_1 s+\varrho_1^2)$，$\mathbb{M}_2(s)=K_{\zeta 2}s/(s^2+2\epsilon_2\varrho_2 s+\varrho_2^2)$，其中，主波强度系数为 $K_{\zeta 1}=0.26$，$K_{\zeta 2}=0.2$，阻尼系数为 $\epsilon_1=0.5$，$\epsilon_2=1.7$，遭遇波频率为 $\varrho_1=1.3$，$\varrho_2=1.9$；$\mathbb{N}_1(t)$ 和 $\mathbb{N}_3(t)$ 分别为噪声能量为 2.69 和 1.56 的有界白噪声，且

$$\mathbb{N}_2(t)=\begin{cases}1, & t\in[0,6]\mathrm{s}\\ 0, & \text{其他}\end{cases},\quad \mathbb{N}_4(t)=\begin{cases}1, & t\in[0,5.5]\mathrm{s}\\ 0, & \text{其他}\end{cases}$$

在仿真中，自 $t=10\mathrm{s}$ 处开始发生推进器故障，满舵故障值设置为 0.01；时变卡死故障信号为 $u_{\mathrm{s}}(t)=0.01\sin(2t)$。为了简洁且清楚，所有推进器发生故障的模式设置如表 6.1 所示。

表 6.1 推进器故障情况

推进器	故障情况
左舷主推进器	失效率为 50%的部分故障
右舷主推进器	满舵值为 0.01 的满舵故障
艉侧槽道推进器 I	卡死值为 0.01sin(2*t*)的时变卡死故障
艉侧槽道推进器 II	正常
艏侧槽道推进器	虚假故障
艏侧全回转推进器	全部故障

为了更好地说明本章所提出方案的有效性，下面将本章的结果与未考虑时变时延的量化滑模容错控制方法（情况 1）和未考虑量化的滑模容错控制方法（情况 2）进行比较。

情况 1：时变时延对 T-S 模糊船舶 DPS 的影响。

关于时变时延对 T-S 模糊船舶 DPS 影响的状态响应曲线、推进器输出响应曲线和动态量化参数响应曲线的比较仿真结果分别如图 6.2～图 6.4 所示。在仿真图像中，实线为本章的结果，点虚线是未考虑时变时延的仿真。从图 6.2 不难看出，本章的控制算法更容易使船舶达到期望的位置和艏摇角，并且纵荡速度、横荡速度和艏摇角速度都在可接受的小波动范围内。尤其，当 10s 推进器发生故障之后，未考虑时变时延的状态趋于发散，而本章的状态却最终趋于零。图 6.3 表明，本章设计的控制方法比未考虑时变时延的控制器的性能高，能够补偿推进器故障、量化误差和时变时延影响，实现 T-S 模糊船舶 DPS 的渐近稳定。在图 6.4 中，本章的动态量化参数不同于未考虑时延情况下的 $\hbar_2(t)$，虽在推进器发生故障后有明显的变化但最后却趋于零。

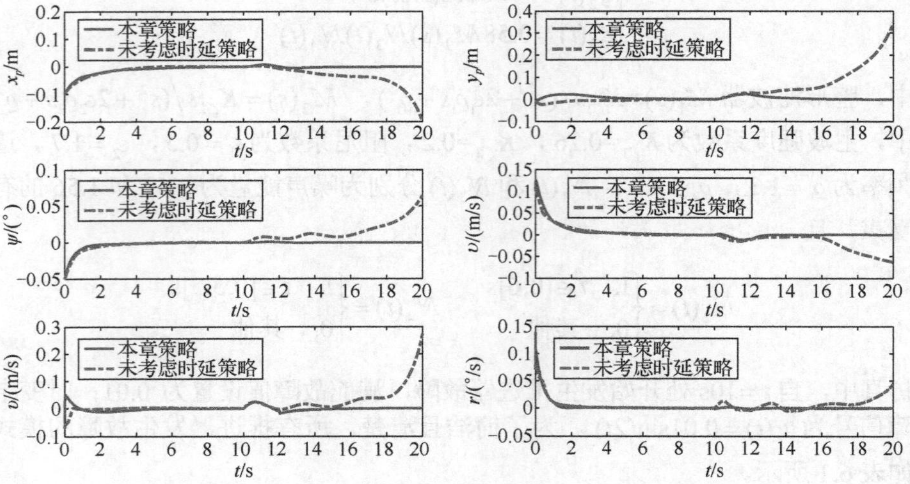

图 6.2 情况 1 中位置、艏摇角和速度对比响应曲线

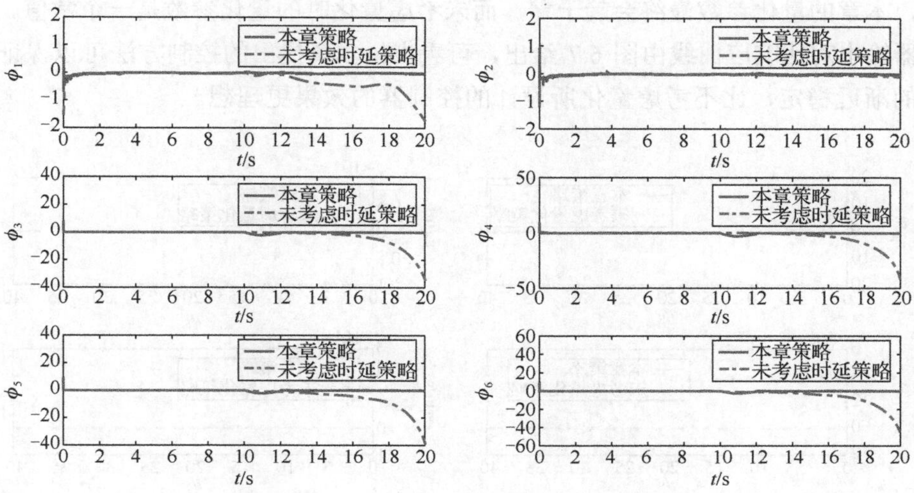

图 6.3　情况 1 中推进器输出对比响应曲线

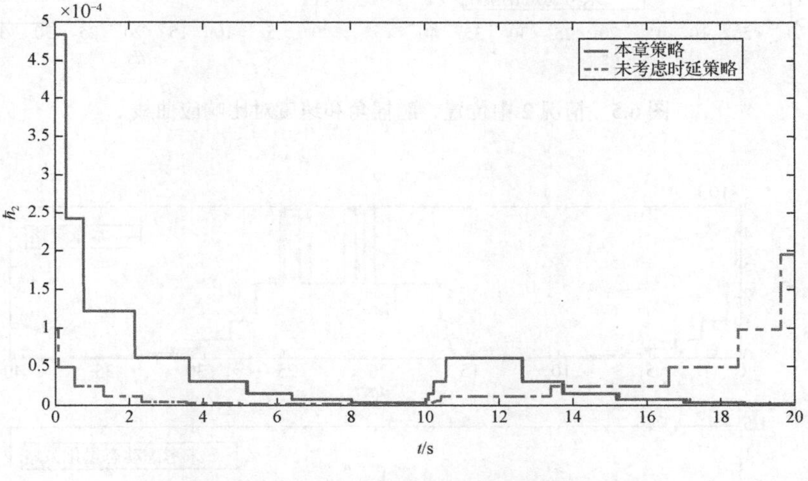

图 6.4　情况 1 中动态量化参数的对比响应曲线

情况 2：信号量化对 T-S 模糊船舶 DPS 的影响。

关于信号量化对 T-S 模糊船舶 DPS 影响的比较仿真结果如图 6.5～图 6.7 所示。当存在推进器故障、信号量化和时变时延时，T-S 模糊船舶 DPS 性能通过系统状态、推进器输出和动态量化参数来体现。仿真结果中，虚线表示未考虑信号量化的结果。图 6.5 给出了不同策略位置、艏摇角和速度的结果。当同时发生信号量化和时变时延时，与忽略信号量化的滑模容错控制方案相比，本章的状态在所设计的方法下可趋于零，尤其发生推进器故障之后。图 6.6 是动态量化参数的对比响应曲线。很明显，本章的量化参数最终会趋于零，而未考虑量化时的量化参数是一个常值。推进器输出对比响应曲线由图 6.7 给出，可看出：本章提出的控制方法可以保证系统的渐近稳定，比不考虑量化所设计的控制器的效果更理想。

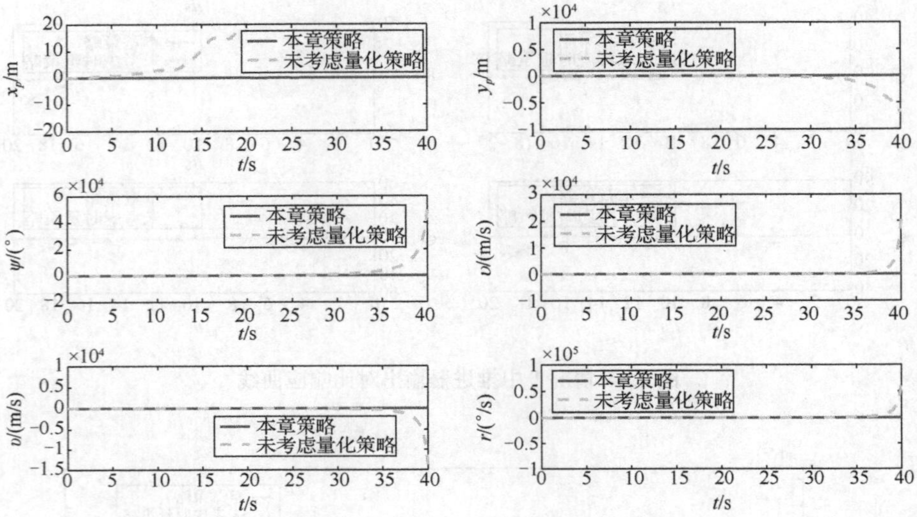

图 6.5　情况 2 中位置、艏摇角和速度对比响应曲线

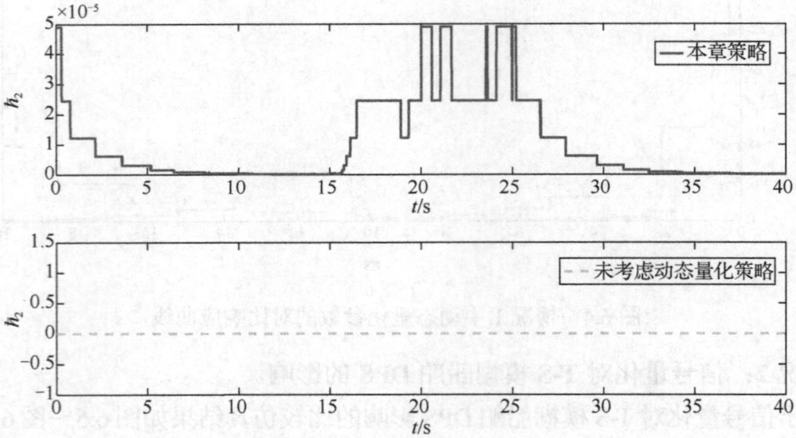

图 6.6　情况 2 中动态量化参数的对比响应曲线

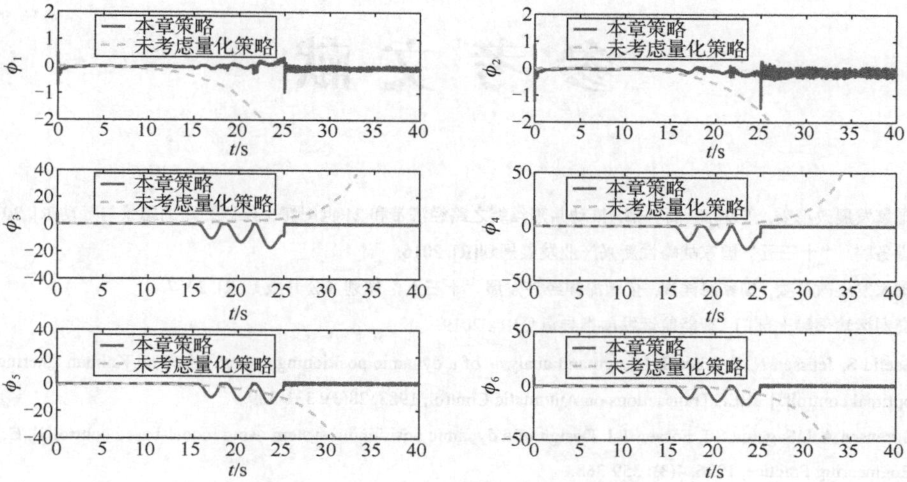

图 6.7　情况 2 中推进器输出对比响应曲线

上述两种情况的比较仿真结果都验证了本章的切换型量化滑模容错控制器的有效性。也就是说，在发生推进器故障、信号量化和时变时延的情况下，本章的控制策略将保证 T-S 模糊船舶 DPS 的渐近稳定。

6.5　本章小结

本章针对带有未知隶属度函数的 T-S 模糊船舶 DPS 设计了一种切换型量化滑模容错控制方法。首先，建立了带有未知隶属度函数的 T-S 模糊船舶时变时延 DPS 模型。然后，考虑网络通信中的信号量化和时变时延现象，提出了一种新的动态量化参数调节算法。接着，基于切换机制和量化参数调节策略，设计了鲁棒滑模容错控制器，保证了在发生推进器故障、信号量化和时变时延的 T-S 模糊船舶 DPS 的 DP 控制。最后，将本章的结果与未考虑量化或时变时延的结果进行对比实验，仿真结果表明了本章所提方法的有效性。

参 考 文 献

[1] 国家发展改革委, 外交部, 商务部. 推动共建丝绸之路经济带和 21 世纪海上丝绸之路的愿景与行动[R]. 2015.

[2] 国务院. “十三五”国家战略性新兴产业发展规划[R]. 2016.

[3] 国家发展改革委, 国家海洋局. 全国海洋经济发展“十三五”规划（公开版）[R]. 2017.

[4] 交通运输部等七部门. 智能航运发展指导意见[R]. 2019.

[5] Saelid S, Jenssen N, Balchen J. Design and analysis of a dynamic positioning system based on Kalman filtering and optimal control[J]. IEEE Transactions on Automatic Control, 1983, 28(3): 331-339.

[6] Sørensen A J, Sagatun S I, Fossen T I. Design of a dynamic positioning system using model-based control[J]. Control Engineering Practice, 1996, 4(3): 359-368.

[7] Fossen T I. Guidance and control of ocean vehicles[M]. New York: John Wiley & Sons Inc., 1994.

[8] Sørensen A J. A survey of dynamic positioning control systems[J]. Annual Reviews in Control, 2011, 35(1): 123-136.

[9] Wang Y L, Han Q L, Fei M R, et al. Network-based T-S fuzzy dynamic positioning controller design for unmanned marine vehicles[J]. IEEE Transactions on Cybernetics, 2018, 48(9): 2750-2763.

[10] Du J L, Hu X, Krstić M, et al. Robust dynamic positioning of ships with disturbances under input saturation[J]. Automatica, 2016, 73: 207-214.

[11] Wang Y L, Han Q L. Network-based fault detection filter and controller coordinated design for unmanned surface vehicles in network environments[J]. IEEE Transactions on Industrial Informatics, 2016, 12(5): 1753-1765.

[12] 李鸣阳. 动力定位船推进器故障容错控制方法研究[D]. 哈尔滨: 哈尔滨工程大学, 2018.

[13] Hao L Y, Yu Y, Li H. Fault tolerant control of UMV based on sliding mode output feedback[J]. Applied Mathematics and Computation, 2019, 359: 433-455.

[14] 郝立颖, 韩金城, 郭戈, 等. 带有推进器故障的船舶动力定位系统的鲁棒滑模容错控制[J]. 控制与决策, 2020, 35(6): 1291-1296.

[15] Hao L Y, Yu Y, Li T S, et al. Quantized output feedback control for unmanned marine vehicles with thruster faults via sliding mode technique[J]. IEEE Transactions on Cybernetics, 2022, 52(9): 9363-9376.

[16] 佚名. 海洋钻井史上最惨重的九大事故[J]. 石油知识, 2018(5): 30-31.

[17] 佚名. 印度孟买附近海上油田钻井平台起火已救起 271 人[J]. 信息导刊, 2005(30): 1.

[18] Hauff K S. Analysis of loss of position incidents for dynamically operated vessels[D]. Ingrid Bouwer Utne: Institutt for Marin Teknikk, 2014.

[19] Delchamps D F. Stabilizing a linear system with quantized state feedback[J]. IEEE Transactions on Automatic Control, 1990, 35(8): 916-924.

[20] Yan Y, Yu S H. Sliding mode tracking control of autonomous underwater vehicles with the effect of quantization[J]. Ocean Engineering, 2018, 151: 322-328.

[21] Niederlinski A. A heuristic approach to the design of linear multivariable interacting control system[J]. Automatica, 1971, 7(6): 691-701.

[22] 郝立颖. 基于滑模技术的不确定线性系统的容错控制方法研究[D]. 沈阳: 东北大学, 2013.

[23] 郝立颖，郑柏超．基于滑模技术的鲁棒与容错控制[M]．北京：科学出版社, 2017.
[24] 韩金城．基于滑模技术的船舶动力定位系统的鲁棒容错控制研究[D]．大连：大连海事大学, 2019.
[25] Hao L Y, Li H, Guo X G, et al. Robust adaptive fault tolerant control for a steering subsystem of unmanned underwater vehicles[C]. The 34th Chinese Control Conference (CCC), Hangzhou, China, 2015: 3335-3340.
[26] Zhang M J, Liu X, Wang F. Backstepping based adaptive region tracking fault tolerant control for autonomous underwater vehicles[J]. Journal of Navigation, 2017, 70(1): 184-204.
[27] Yu W Z, Xu H X, Feng H. Robust adaptive fault-tolerant control of dynamic positioning vessel with position reference system faults using backstepping design[J]. International Journal of Robust and Nonlinear Control, 2018, 28(2): 403-415.
[28] Liu X, Zhang M J, Yao F. Adaptive fault tolerant control and thruster fault reconstruction for autonomous underwater vehicle[J]. Ocean Engineering, 2018, 155: 10-23.
[29] Liu X, Zhang M J, Wang Y J, et al. Design and experimental validation of an adaptive sliding mode observer-based fault-tolerant control for underwater vehicles[J]. IEEE Transactions on Control Systems Technology, 2019, 27(6): 2655-2662.
[30] Wang Y J, Zhang M J, Chu Z Z, et al. Fault-tolerant control based on adaptive sliding mode for underwater vehicle with thruster fault[C]. The 11th World Congress on Intelligent Control and Automation, Shenyang, China, 2014: 5323-5328.
[31] Wang A M, Li J N, Xu X B. Asynchronous adaptive fault-tolerant control for networked stochastic unmanned surface vehicles with multiple types of actuator faults[J]. Complexity, 2020, online. DOI: 10.1155/2020/8130601.
[32] Omerdic E, Roberts G. Thruster fault diagnosis and accommodation for open-frame underwater vehicles[J]. Control Engineering Practice, 2004, 12(12): 1575-1598.
[33] 刘大勇，俞建成，李智刚. UUV 推进系统容错控制分配算法研究[J]．微计算机信息, 2008(14): 222-224.
[34] 杨立平．舵桨联控式水下机器人容错控制技术研究[D]．哈尔滨：哈尔滨工程大学, 2010.
[35] Liu Q, Zhu D Q, Yang S X. Unmanned underwater vehicles fault identification and fault-tolerant control method based on FCA-CMAC neural networks, applied on an actuated vehicle[J]. Journal of Intelligent & Robotic System, 2012, 66(4): 463-475.
[36] 黄海，万磊，庞永杰，等. SY-II 遥控式水下机器人推力器容错控制的研究[J]．应用基础与工程科学学报, 2012, 20(6): 1118-1127.
[37] Yang K C H, Yuh J, Choi S K. Fault-tolerant system design of an autonomous underwater vehicle ODIN: An experimental study[J]. International Journal of Systems Science, 1999, 30(9): 1011-1019.
[38] Corradini M L, Longhi S, Monteriù A, et al. Observer-based fault tolerant sliding mode control for remotely operated vehicles[J]. IFAC Proceedings Volumes, 2010, 43(20): 173-178.
[39] Corradini M L, Monteriù A, Orlando G. An actuator failure tolerant control scheme for an underwater remotely operated vehicle[J]. IEEE Transactions on Control Systems Technology, 2011, 19(5): 1036-1046.
[40] 万磊，张英浩，孙玉山，等．基于重构容错的智能水下机器人定深运动控制[J]．兵工学报, 2015, 36(4): 723-730.
[41] 谢文博，付明玉，丁福光，等．带有输入时滞的动力定位船鲁棒滑模控制[J]．哈尔滨工程大学学报，2013, 34(10): 1249-1253.
[42] Elmokadem T, Zribi M, Youcef-Toumi K. Trajectory tracking sliding mode control of underactuated AUVs[J]. Nonlinear Dynamics, 2016, 84(2): 1079-1091.
[43] 谢文博，付明玉，施小成．动力定位船舶自适应滑模无源观测器设计[J]．控制理论与应用，2013, 30(1):

131-136.
[44] 刘润琪，杨宣访，郭亮琨. 动力定位船舶的自适应滑模观测器设计[J]. 船舶工程, 2019, 41(12): 95-101.
[45] 夏国清，邵兴超. 基于非线性无源观测器的动力定位船舶反步滑模控制[J]. 控制工程, 2013, 20(4): 738-743.
[46] Bagheri A, Moghaddam J J. Simulation and tracking control based on neural-network strategy and sliding-mode control for underwater remotely operated vehicle[J]. Neurocomputing, 2019, 72(7-9): 1934-1950.
[47] Yao X L, Wang X W, Zhang L, et al. Model predictive and adaptive neural sliding mode control for three-dimensional path following of autonomous underwater vehicle with input saturation[J]. Neural Computing & Applications, 2020, 32(22): 16875-16889.
[48] 朱齐丹，于瑞亭，夏桂华，等. 风浪流干扰及参数不确定欠驱动船舶航迹跟踪的滑模鲁棒控制[J]. 控制理论与应用, 2012, 29(7): 959-964.
[49] Xu J, Wang M, Qiao L. Dynamical sliding mode control for the trajectory tracking of underactuated unmanned underwater vehicles[J]. Ocean Engineering, 2015, 105: 54-63.
[50] Qiao L, Zhang W D. Adaptive non-singular integral terminal sliding mode tracking control for autonomous underwater vehicles[J]. IET Control Theory & Applications, 2017, 11(8): 1293-1306.
[51] 杨超，郭佳，张铭钧. 基于RBF神经网络的作业型AUV自适应终端滑模控制方法及实验研究[J]. 机器人, 2018, 40(3): 336-345.
[52] Qiao L, Zhang W D. Adaptive second-order fast nonsingular terminal sliding mode tracking control for fully actuated autonomous underwater vehicles[J]. IEEE Journal of Oceanic Engineering, 2019, 44(2): 363-385.
[53] Qiao L, Zhang W D. Double-loop integral terminal sliding mode tracking control for UUVs with adaptive dynamic compensation of uncertainties and disturbances[J]. IEEE Journal of Oceanic Engineering, 2019, 44(1): 29-53.
[54] Qiao L, Zhang W D. Trajectory tracking control of AUVs via adaptive fast nonsingular integral terminal sliding mode control[J]. IEEE Transactions on Industrial Informatics, 2020, 16(2): 1248-1258.
[55] Zhang J Q, Yu S H, Wu D F, et al. Nonsingular fixed-time terminal sliding mode trajectory tracking control for marine surface vessels with anti-disturbances[J]. Ocean Engineering, 2020, 217(8): 108158.
[56] Yang X, Yan J, Hua C C, et al. Trajectory tracking control of autonomous underwater vehicle with unknown parameters and external disturbances[J]. IEEE Transactions on Systems, Man, and Cybernetics: Systems, 2021, 51(2): 1054-1063.
[57] Yu Y L, Guo C, Shen H Q, et al. Integral sliding mode adaptive path-following of unmanned surface vessels with uncertain parameters and time-varying disturbances[C]. The 37th Chinese Control Conference (CCC), Wuhan, China, 2018: 3051-3056.
[58] Yu Y L, Guo C, Yu H M. Finite-Time PLOS-based integral sliding-mode adaptive neural path following for unmanned surface vessels with unknown dynamics and disturbances[J]. IEEE Transactions on Automation Science and Engineering, 2019, 16(4): 1500-1511.
[59] Li J, Guo H, Zhang H H, et al. Double-loop structure integral sliding mode control for UUV trajectory tracking[J]. IEEE Access, 2019, 7: 101620-101632.
[60] Izadi-Zamanabadi R, Blanke M. A ship propulsion system as a benchmark for fault-tolerant control[J]. Control Engineering Practice, 1999, 7(2): 227-239.
[61] Edwards C, Spurgeon S K. A sliding mode observer based FDI scheme for the ship benchmark[J]. European Journal Control, 2000, 6(4): 341-355.
[62] Blanke M. Diagnosis and fault-tolerant control for ship station keeping[C]. The 13th IEEE International Symposium on, Mediterrean Conference on Control and Automation Intelligent Control, Limassol, Cyprus, 2005: 1379-1384.

[63] Blanke M, Nguyen D T. Fault tolerant position-mooring control for offshore vessels[J]. Ocean Engineering, 2018, 148: 426-441.

[64] Cavanini L, Ippoliti G. Fault tolerant model predictive control for an over-actuated vessel[J]. Ocean Engineering, 2018, 160: 1-9.

[65] Zhang M, Liu X, Yin B, et al. Adaptive terminal sliding mode based thruster fault tolerant control for underwater vehicle in time-varying ocean currents[J]. Journal of the Franklin Institut, 2015, 352(11): 4935-4961.

[66] Fossen T I, Grovlen A. Nonlinear output feedback control of dynamically positioned ships using vectorial observer backstepping[J]. IEEE Transactions on Control Systems Technology, 1998, 6(3):121-128.

[67] Skjetne R, Fossen T I, Kokotović P V. Robust output maneuvering for a class of nonlinear systems[J]. Automatica, 2004, 40(3):373-383.

[68] Wang Y L, Han Q L. Network-based modelling and dynamic output feedback control for unmanned marine vehicles in network environments[J]. Automatica, 2018, 91(2): 43-53.

[69] Zhou K M, Doyle J C, Glover K. Robust and optimal control[M]. New Jersey: Prentice Hall, 1996.

[70] Gahinet P, Apkarian P. A linear matrix inequality approach to H_∞ control[J]. Internatioal Journal of Robust Nonlinear Control, 1994, 4(4): 421-448.

[71] 俞立. 鲁棒控制——线性矩阵不等式[M]. 北京：清华大学出版社, 2002.

[72] Yun S W, Yun J C, Park P. H_2 control of continuous-time uncertain linear systems with input quantization and matched disturbances[J]. Automatica, 2009, 45(10): 2435-2439.

[73] Popov V M. Hyperstability of control system[M]. Berlin: Springer-Verlag, 1973.

[74] Choi H H. Output feedback stabilization of uncertain fuzzy systems using variable structure system approach[J]. Fuzzy Sets Systems, 2009, 160(19):2812-2823.

[75] Blanke M, Izadi-Zamanabadi R, Lootsma T F. Fault monitoring and re-configurable control for a ship propulsion plant[J]. International Journal of Adaptive Control and Signal Processing, 1998, 12(8): 671-688.

[76] Wu N E, Thavamani S, Zhang Y M, et al. Sensor fault masking of a ship propulsion system[J]. Control Engineering Practice, 2006, 14(11): 1337-1345.

[77] Liu Z X, Zhang Y M, Yuan C. Active fault tolerant control of an unmanned surface vehicle[C]. The 15th International Conference on Control, Automation and Systems (ICCAS), Busan, 2015: 66-71.

[78] Soylu S, Buckham B J, Podhorodeski R P. A chattering-free sliding-mode controller for underwater vehicles with fault-tolerant infinity-norm thrust allocation[J]. Ocean Engineering, 2008, 35(16): 1647-1659.

[79] Huang H, Wan L, Chang W T, et al. A fault-tolerable control scheme for an open-frame underwater vehicle[J]. International Journal of Advanced Robotic Systems, 2014, 11: 1-12.

[80] Henrique F D S C , Kang Cardozo D I , Reginatto R, et al. Bank of controllers and virtual thrusters for fault-tolerant control of autonomous underwater vehicles[J]. Ocean Engineering, 2016, 121: 210-223.

[81] Ye D, Yang G H. Adaptive fault-tolerant tracking control against actuator faults with application to flight control[J]. IEEE Transactions on Control Systems Technology, 2006, 14(6): 1088-1096.

[82] Narimani M, Narimani M. Design of adaptive-sliding mode controller for positioning control of underwater robotics[C]. The 19th IEEE Canadian Conference on Electrical and Computer Engineering, Ottawa, Canada, 2006: 414-417.

[83] Cui R X, Zhang X, Cui D. Adaptive sliding-mode attitude control for autonomous underwater vehicles with input nonlinearities[J]. Ocean Engineering, 2016, 123: 45-54.

[84] Yan Z P, Yu H M, Hou S P. Diving control of underactuated unmanned undersea vehicle using integral-fast terminal sliding mode control[J]. Journal of Central South University, 2016, 23(5): 1085-1094.

[85] Podder T K, Sarkar N. Fault-tolerant control of an autonomous underwater vehicle under thruster redundancy[J]. Robotics and Autonomous Systems, 2001, 34(1): 39-52.

[86] Hao L Y, Park J H, Ye D. Integral sliding mode fault-tolerant control for uncertain linear systems over networks with signals quantization[J]. IEEE Transactions on Neural Networks and Learning Systems, 2017, 28(9): 2088-2100.

[87] Hao L Y, Park J H, Ye D. Fuzzy logic systems-based integral sliding mode fault-tolerant control for a class of uncertain non-linear systems[J]. IET Control Theory & Applications, 2016, 10(3): 300-311.

[88] Utkin V I. Sliding modes in control and optimization[M]. Berlin: Springer-Verlag, 1992.

[89] Edwards C, Spurgeon S K. Sliding mode control: theory and applications[M]. London: Taylor and Francis Ltd, 1998.

[90] Choi H H. Robust stabilization of uncertain fuzzy systems using variable structure system approach[J]. IEEE Transactions on Fuzzy Systems, 2008, 16(3): 715-724.

[91] Chen M, Jiang B, Cui R. Actuator fault-tolerant control of ocean surface vessels with input saturation[J]. International Journal of Robust and Nonlinear Control, 2016, 26(3): 542-564.

[92] Hao L Y, Zhang H, Yue W, et al. Fault-tolerant compensation control based on sliding mode technique of unmanned marine vehicles subject to unknown persistent ocean disturbances[J]. International Journal of Control, Automation and Systems, 2020, 18(3): 739-752.

[93] Lin Y, Du J, Zhu G, et al. Thruster fault-tolerant control for dynamic positioning of vessels[J]. Applied Ocean Research, 2018, 80: 118-124.

[94] Chen X T, Tan W W. Tracking control of surface vessels via fault tolerant adaptive backstepping interval type-2 fuzzy control[J]. Ocean Engineering, 2013, 70(4): 97-109.

[95] Benetazzo F, Ippoliti G, Longhi S, et al. Advanced control for fault-tolerant dynamic positioning of an offshore supply vessel[J]. Ocean Engineering, 2015, 106: 472-484.

[96] Wang X H, Tan C P. Dynamic output feedback fault tolerant control for unmanned underwater vehicles[J]. IEEE Transactions on Vehicular Technology, 2020, 69(4): 3693-3702.

[97] Hao L Y, Zhang H, Li T S, et al. Fault tolerant control for dynamic positioning of unmanned marine vehicles based on T-S fuzzy model with unknown membership functions[J]. IEEE Transactions on Vehicular Technology, 2021, 70(1):146-157.

[98] Fossen T I, Sagatun S I, Sørensen A J. Identification of dynamically positioned ships[J]. Control Engineering Practice, 1996, 4(3): 369-376.

[99] Edwards C, Spurgeon S K. Sliding mode stabilization of uncertain systems using only output information[J]. International Journal of Control, 1995, 62(5): 1129-1144.

[100] Xue Y M, Zheng B C, Yu X H. Robust sliding mode control for T-S fuzzy systems via quantized state feedback[J]. IEEE Transactions on Fuzzy Systems, 2018, 26(4): 2261-2272.

[101] Zheng B C, Park J H. Sliding mode control design for linear systems subject to quantization parameter mismatch[J]. Journal of the Franklin Institute, 2016, 353(1): 37-53.

[102] Hao L Y, Zhang H, Guo G, et al. Quantized sliding mode control of unmanned marine vehicles: various thruster faults tolerated with a unified model[J]. IEEE Transactions on Systems, Man, and Cybernetics: Systems, 2021, 51(3): 2012-2026.

[103] Kameneva T, Nešić D. Robustness of quantized control systems with mismatch between coder/decoder initializations[J]. Automatica, 2009, 45(3): 817-822.

[104] Skjetne R, Fossen T I, Kokotović P V. Adaptive maneuvering, with experiments, for a model ship in a marine control laboratory[J]. Automatica, 2005, 41(2): 289-298.

[105] Jing Y H, Yang G H. Fuzzy adaptive quantized fault-tolerant control of strict-feedback nonlinear systems with mismatched external disturbances[J]. IEEE Transactions on Systems, Man, and Cybernetics: Systems, 2020, 50(9): 3424-3434.

[106] Liu M, Zhang L X, Shi P, et al. Fault estimation sliding mode observer with digital communication constraints[J]. IEEE Transactions on Automatic Control, 2018, 63(10): 3434-3441.

[107] Liu M, Zhang L X, Shi P, et al. Sliding mode control of continuous-time Markovian jump systems with digital data transmission[J]. Automatica, 2017, 80(11): 200-209.

[108] Yao X M, Park J H, Dong H R, et al. Robust adaptive nonsingular terminal sliding mode control for automatic train operation[J]. IEEE Transactions on Systems, Man, and Cybernetics: Systems, 2019, 49(12): 2406-2415.

[109] Corradini M L, Orlando G. Robust quantized feedback stabilization of linear systems[J]. Automatica, 2008, 44(9): 2458-2462.

[110] Brockett R W, Liberzon D. Quantized feedback stabilization of linear systems[J]. IEEE Transactions on Automatic Control, 2000, 45(7): 1279-1289.

[111] Zheng B C, Yu X H, Xue Y M. Quantized sliding mode control in delta operator framework[J]. International Journal of Robust and Nonlinear Control, 2018, 28(2): 519-535.

[112] Zheng B C, Yu X H, Xue Y M. Quantized feedback slidingmode control: an event-triggered approach[J]. Automatica, 2018, 91(7): 126-135.

[113] Hao L Y, Yang G H. Robust fault tolerant control based on sliding mode method for uncertain linear systems with quantization[J]. ISA Transactions, 2013, 52(5): 600-610.

[114] Hao L Y, Yang G H. Fault-tolerant control via sliding-mode output feedback for uncertain linear systems with quantisation[J]. IET Control Theory & Applications, 2013, 7(16): 1992-2006.

[115] Grovlen A, Fossen T I. Nonlinear control of dynamic positioned ships using only position feedback: An observer backstepping approach[C]. The 35th IEEE Conference on Decision and Control, Kobe, Japan, 1996, 3388-3393.

[116] Liu J X, Fu M Y, Xu Y J. Robust synchronization of multiple marine vessels with time-variant disturbance and communication delays[J]. IEEE Access, 2019, 7: 39680-39689.

[117] Yan J, Gao J, Yang X, et al. Position tracking control of remotely operated underwater vehicles with communication delay[J]. IEEE Transactions on Control Systems Technology, 2020, 28(6): 2506-2514.

[118] Yan J, Gao J, Yang X, et al. Tracking control of a remotely operated underwater vehicle with time delay and actuator saturation[J]. Ocean Engineering, 2019, 184: 299-310.

[119] Choi H H. An LMI approach to sliding mode control design for a class of uncertain time-delay systems[C]. The 35th IEEE Conference on Decision and Control, Karlsruhe, Germany, 1999, 3679-3684.

[120] Kong L H, He W, Yang C G, et al. Adaptive fuzzy control for coordinated multiple robots with constraint using impedance learning[J]. IEEE Transactions on Cybernetics, 2019, 49(8): 3052-3063.

[121] Chang W J, Chen G J, Yeh Y L. Fuzzy control of dynamic positioning systems for ships[J]. Journal of Marine Science and Technology, 2002, 10(1): 47-53.

[122] Chen S H, Chou J H, Ho W H. Optimal control of Takagi-Sugeno fuzzy-model-based systems representing dynamic ship positioning systems[J]. Applied Soft Computing, 2013, 13(7): 3197-3210.

[123] Li X J, Yang G H. Fault detection for T-S fuzzy systems with unknown membership functions[J]. IEEE Transactions on Fuzzy Systems, 2014, 22(1): 139-152.

[124] Li X J, Yang G H. Finite frequency L_2-L_∞ filtering of T-S fuzzy systems with unknown membership functions[J]. IEEE Transactions on Systems, Man, and Cybernetics: Systems, 2017, 47(8): 1884-1897.

[125] Yang G H, Wang H M. Fault detection and isolation for a class of uncertain state-feedback fuzzy control systems[J]. IEEE Transactions on Fuzzy Systems, 2015, 23(1): 139-151.

[126] Wang H M, Yang G H. Decentralized fault detection for affine T-S fuzzy large-scale systems with quantized measurements[J]. IEEE Transactions on Fuzzy Systems, 2018, 26(3): 1414-1426.

[127] Wang H M, Yang G H. Decentralized event-triggered H_∞ control for affine fuzzy large-scale systems[J]. IEEE Transactions on Fuzzy Systems, 2019, 27(11): 2215-2226.

[128] Guo X G, Fan X, Wang J L, et al. Event-triggered switching-type fault detection and isolation for fuzzy control systems under DoS attacks[J]. IEEE Transactions on Fuzzy Systems, 2021, 29(11): 3401-3414.

[129] Ye D, Diao N N, Zhao X G. Fault-tolerant controller design for general polynomial-fuzzy-model-based systems[J]. IEEE Transactions on Fuzzy Systems, 2018, 26(2): 1046-1051.

[130] Ye D, Chen M M, Yang H J. Distributed adaptive event-triggered fault tolerant consensus of multi-agent systems with general linear dynamics[J]. IEEE Transactions on Cybernetics, 2019, 49(3): 757-767.

[131] Deng C, Che W W, Shi P. Cooperative fault-tolerant output regulation for multiagent systems by distributed learning control approach[J]. IEEE Transactions on Neural Networks and Learning Systems, 2020, 31(11): 4831-4841.

[132] Roberts G N, Sutton R. Advances in unmanned marine vehicles[M]. London: The Institution of Engineering and Technology, 2006.

[133] Cao Y Y, Frank P M. Analysis and synthesis of nonlinear time-delay systems via fuzzy control approach[J]. IEEE Transactions on Fuzzy Systems, 2000, 8(2): 200-211.